KB102972

전체주의의 심리학

THE PSYCHOLOGY OF

TOTALITARIANISM

마티아스 데스멧(Mattias Desmet) 지음

김미정 옮김

원더박스

De Psychologie van Totalitarisme by Mattias Desmet
Copyright © 2022 by Mattias Desmet and Pelckmans Uitgevers nv.
Originally published in Belgium by Pelckmans Uitgevers nv.
All rights reserved.
Korean translation copyright © 2023 by Bulkwang Media(Wonderbox)
The Korean translation rights are arranged with Pelckmans Uitgevers nv. through AMO Agency, Korea

이 책의 한국어판 저작권은 AMO에이전시를 통해 저작권자와 독점 계약한 불광미디어(원더박스)에 있
습니다. 저작권법에 의해 한국 내에서 보호를 받는 저작물이므로 무단 전재와 무단 복제를 금합니다.

일러두기

- 이 책의 본문에 인용된 도서 중 국내에 이미 출간된 책은 그 책에서 사용하고 있는 번역어와 문장을 차용하였습니다. 다만, 명백한 오탈자나 비문의 경우는 일부 바로 잡았음도 밝혀둡니다.
- 주석의 경우에도 영문판 도서의 이름, 쪽수와 함께 국내에 발간된 책일 경우 번역서 제목, 해당 쪽수를 함께 밝혀두었습니다.

이 책의 본문에 인용 혹은 주석 표시된 국내 출간 도서는 다음과 같습니다.

- 한나 아렌트, 박미애, 이진우 옮김, 《전체주의의 기원 1~2 》(한길사, 2006)
- 한나 아렌트, 김선욱 옮김, 《예루살렘의 아이히만》(한길사, 2006)
- 귀스타브 르봉, 강주헌 옮김, 《군중심리》(현대지성, 2021)
- 엘리아스 카네티, 강두식, 박병덕 옮김, 《군중과 권력》(바다출판사, 2010)
- 알렉산드르 솔제니친, 김학수 옮김, 《수용소군도 1~6》(열린책들, 2020)
- 데이비드 그레이버, 김병화 옮김, 《불쉿 잡》(민음사, 2021)
- 피에르 시몽 라플라스, 조재근 옮김, 《확률에 대한 철학적 시론》(지만지, 2012)
- 제임스 글릭, 박래선 옮김, 김상욱 감수, 《카오스》(동아시아, 2013)
- 스티븐 호킹, 레너드 믈로디노프, 전대호 옮김, 《위대한 설계》(까치, 2010)
- 버트런드 러셀, 박정환 옮김, 《러셀, 마음을 파헤치다》(북하이브, 2022)
- 애니 머피 폴, 박인균 옮김, 《오리진: 엄마 뱃속 9개월에 관한 모든 오해와 진실》(추수밭, 2011)
- 막스 베버, 전성우 옮김, 《직업으로서의 학문》(나남출판, 2017)
- 피터 괴체, 윤소하 옮김, 《위험한 제약회사》(공존, 2017)
- 헨리 데이비드 소로, 강승영 옮김, 《월든》(은행나무, 2011)
- 미셸 푸코, 이규현 옮김, 《광기의 역사》(나남출판, 2020)
- 에리히 프롬, 김석희 옮김, 《자유로부터의 도피》(휴머니스트, 2020)
- 지그문트 프로이트, 김종엽 옮김, 《토템과 타부》(문예마당, 1995)
- 유발 하라리, 김명주 옮김, 《호모 데우스》(김영사, 2017)
- 클라우스 슈밥, 티에리 말르레, 이진원 옮김, 《클라우스 슈밥의 위대한 리셋》(메가스터디북스, 2021)
- 놈 촘스키, 황의방 옮김, 《환상을 만드는 언론》(두레, 2004)
- 앙리 푸앵카레, 조진남 옮김, 《과학과 방법/생명이란 무엇인가?/사람 몸의 지혜》(동서문화사, 2016)
- 마르셀 모스, 이상률 옮김, 《증여론》(한길사, 2002)
- 켄 윌버, 박병철, 공국진 옮김, 《현대물리학과 신비주의》(고려원미디어, 1991)

《전체주의의 심리학》에 보내는 찬사

"미국의 대형 의료센터 복도를 걸어갈 때면, 지나가는 나를 피해 얼른 시선을 다른 쪽으로 돌리는 사람들을 볼 수 있다. 환자들에 관한 일상적인 논의에서도 코로나19라는 주제를 꺼내면 "그 얘긴 안 했으면 좋겠다."라며 망설이는 듯한 반응이 나온다. 의사들 사이에서는 붐비는 엘리베이터 공기 분자 속의 SARS-CoV-2 바이러스보다 공포, 수치심, 그리고 끝없이 돌고 도는 집단사고가 더 잘 전염되는 것을 목격하곤 한다. 마티아스 데스멧은 유도 미사일처럼 문제의 핵심을 정확히 맞췄다. 의료계는 대중 형성에 사로잡혀 있고 이 때문에 일반 사람들은 더 큰 그림자 속에 휩싸이게 되었다. 이 책에서 데스멧은 탄탄한 구조를 갖춘 해석 틀을 수립해 지금 벌어지고 있는 일을 설명하며, '주문'을 깨고 일상성을 회복하기 위해 우리 모두가 밟아야 할 다음 단계를 간명하게 일러준다. 이 시대에 꼭 읽어야 할 책이다."
- 피터 A. 맥콜로Peter A. McCullough / 의학박사, 공중보건석사
　건강을 위한 진실 재단Truth for Health Foundation 수석 의료 고문

"이 책은 의학적 논쟁을 넘어 코로나바이러스라고 불리는 사회 현상을 들여다보는 데 꼭 필요한 창문을 제공한다."
- 찰스 아이젠스타인Charles Eisenstein
　《신성한 경제학의 시대》,《대관식》의 저자

"마티아스 데스멧은 대중 형성 현상에 정통한 세계적인 전문가이자 21세기를 대표하는 가장 진지하고 사려 깊고 중요한 지성인 중 한 사람이다. 사회적 차원에서 코로나바이러스 팬데믹에 대한 반응이 왜 그렇게 나타났는지, 더 중요하게는 그런 터무니없는 일이 또다시 일어나지 않도록 방지할 방법은 무엇인지 알고 싶다면《전체주의의 심리학》을 꼭 읽어야 한다. 데스멧은 갈수록 비인간화되고 기계화되는 세상 속에서 우리의 인간다움을 되찾을 방법을 제시한다."
- 라이너 풀미히Reiner Fuellmich 박사 / 변호사
　베를린 코로나 조사 위원회Berlin's Corona Investigative Committee 공동설립자

"이 훌륭한 저서에서 데스멧은 우리가 어떻게 전체주의의 문턱까지 오게 되었는지를 질문한다. 그는 역사, 과학, 심리학의 학문 영역을 거침없이 넘나드는 여정으로 독자들을 이끌면서 예기치 않은, 하지만 꼭 필요한 해답을 제시한다."
- 헤더 헤잉Heather Heying 박사 / 진화생물학자
《21세기를 여행하는 수렵채집인을 위한 안내서》공동 저자

"데스멧은 우리가 지금에 이르게 된 과정을 훌륭하게 설명함으로써 현재 우리가 처한 위험 상황에 관해 많은 사람을 일깨워준다."
- 로버트 F. 케네디 주니어Robert F. Kennedy, Jr.

"마티아스 데스멧의 대중 형성 이론은 코로나19 팬데믹과 이에 수반되는 사회적 이탈을 이해하는 가장 중요한 렌즈다. 《전체주의의 심리학》에서 데스멧은 사람들이 기꺼이 자신의 자유를 포기하게 되는 과정과 이유, 대중이 전체주의 지도자를 탄생시키는 과정, 그리고 가장 중요하게는 우리가 이러한 현상에 저항하고 우리의 공통된 인간다움을 유지하는 비결을 설명한다. 2022년 한 해 통틀어 가장 중요한 책이다."
- 로버트 말론Robert Malone 박사
《정부가 내게 들려준 거짓말Lies My Gov't Told Me》저자

"마티아스 데스멧의 (대중 형성 최면에 관한) 이론은 대단하다. … 그가 말한 것이 현실에서 나타나는지 가볍게 살펴보기 시작하자 사방에서 그런 현상이 눈에 들어왔다."
- 에릭 클랩튼Eric Clapton

목차

3 기계론적 세계관을 넘어

들어가는 말

전체주의에 관한 책을 써야겠다고 처음 생각한 것은 2017년 11월 4일이었다. 아니 더 정확하게는, 나중에 논문이나 책을 쓸 때 유용할까 싶어 무엇이든 끄적여두던 내 연구 노트에 그 주제가 처음 등장한 때가 그날이었다고 해야 할 것이다.

당시 나는 아르덴Ardennes(프랑스 동북부에서 벨기에 남동부, 룩셈부르크 서부에 걸친 산림 지대-옮긴이)의 한 오두막에 머물고 있었다. 그 오두막은 나의 몇몇 친구가 소유한 곳이었다. 떠오르는 태양이 주변 숲을 가만히 비추는 이른 아침이면 노트를 펼쳐 간밤에 머릿속에 맴돌던 생각들을 적어두었다. 아마도 자연환경이 주는 평화와 고즈넉함 덕분에 평소보다 더 높은 감수성을 발휘할 수 있었겠지만, 11월 그날 아침 나는 이제 막 발아해 사회 구조를 경직시킨 새로운 전체주의를 확실하고도 분명하게 인식하게 되었다.

이미 2017년경에도 더는 부인할 수 없는 점이 있었다. 사생활에 대한 정부의 통제력이 급속도로 커지고 있다는 사실 말이다. (특히 9·11 테러 이후로) 사생활권이 침해되고, 다른 의견들(특히 기후 논쟁의 맥락에서)은 점점 더 검열과 억압의 대상이 되었으며, 치안부대가 수행하는 침입 행동도 급격히 늘어나는 등 많은 일이 벌어지고 있었다.

그러나 이러한 전개의 주체는 정부만이 아니었다. '워크woke' 문화(정치, 사회, 문화 부문의 주요 사안을 속속들이 알고, 깨어 있는 자세로 각종 차별과 불의 등의 문제에 관심을 두는 것-옮긴이)가 급부상하고 기후 운동이 점점 성장하자 극도로 엄격한 새로운 정부의 필요성이 **사람들 자체 내에서** 일어나게 되었다. 테러리스트, 기후변화, 양성애자, 그리고 더 나중에 등장한 바이러스 등은 너무도 위험해서 낡은 방편으로는 맞설 수 없는 대상이라고 여겨졌다. 기술을 동원해 사람들을 '추적하고 찾아내는' 일이 점점 더 용인되고 심지어 이는 필요한 일이라고까지 생각되었다.

독일계 유대인 철학자 한나 아렌트Hannah Arendt가 제시했던 음울한 비전이 우리 사회의 수면 위로 어렴풋이 모습을 드러냈다. 더는 이오시프 스탈린Joseph Stalin이나 아돌프 히틀러Adolf Hitler와 같은 현란한 '폭민의 지도자'가 아니라, 무미건조한 관료와 기술관료technocrat(과학적 지식 및 기술을 바탕으로 조직이나 사회에서 중요한 의사결정을 내리며 영향력을 행사하는 사람-옮긴이)가 주도하는 새로운 전체주의의 출현이 그것이다.

11월 그날 아침, 나는 전체주의의 심리학적 뿌리를 탐구하는 책의 청사진을 대략 그려보았다. 그때 다음과 같은 의문이 들었다. 국가 형태로서의 전체주의가 20세기 전반에 처음 등장한 이유는 무엇일까? 그때의 전체주의가 과거 고전적인 독재와 다른 점은 무엇일까? 나는 이 차이의 본질이 심리학 차원에 놓여 있음을 깨달았다.

독재는 원시적인 심리 기제를 토대로 삼는다. 즉, 독재 정권의 잔혹한 잠재력을 바탕으로 사람들 사이에 공포 분위기를 조성하는 것이다. 이와 달리 전체주의는 **대중 형성**mass formation이라는 음흉한 심리적 과정에 뿌리를 두고 있다. 집단(예, 대중)의 연대를 위해 자신의 사적 이익을 기꺼이 희생하려는 개인들의 과장된 태도, 다른 의견에 대한 심각한 비관용, 유사·과학적 세뇌와 선전에 대한 뚜렷한 취약성 등 '전체화된' 사람들의 충격적인 행동을 이해하려면 대중 형성 과정을 철저히 분석해야 한다.

본질상 대중 형성은 개인들의 윤리적 자기 인식을 파괴하고 그들의 비판적 사고력을 앗아가는 일종의 집단 최면이다. 이 과정은 음흉한 속성이 있는 까닭에 사람들이 의심 없이 희생양이 되게 만든다. 유발 하라리의 말을 빌리면, 대다수 사람은 전체주의 체제로의 전환을 알아차리지도 못할 것이다. 우리는 전체주의를 주로 노동, 수용收容·concentration, 죽음의 수용소 등과 연관 짓지만, 이것들은 기나긴 과정의 당혹스러운 최종 단계일 뿐이다.

첫 기록을 남긴 이후로 몇 달, 몇 년간 전체주의와 관련된 더 많은 참고자료가 연구 노트에 차곡차곡 쌓였다. 길고 긴 실로 뻗어나간 이 정보들은 내가 관심을 두고 있는 타 학문 영역과도 유기적으로 연결되었다. 예를 들어 전체주의의 심리학적 문제는 2005년 학계에 불거진 위기와도 연관되었는데, 이는 내가 박사 과정 시절에 광범위하게 탐구한 주제였다. 엉성한 연구, 오류들, 편향된 결과, 심지어 노골적인 사기 행위가 학계에 너무도 만연한 나머지 전체 연구 논문 중 엄청나게 높은 비율—몇몇 분야에서는 최대 85퍼센트—이 극도로 잘못된 결론을 내고 있었다. 심리학적 관점에서 가장 흥미로운 것은 대다수 연구자가 자신은 어느 정도 올바르게 연구를 수행하고 있다고 굳게 확신했다는 점이다. 어떤 이유에서인지 그들은 자신들의 연구가 그들을 사실에 더 가까이 이끌기는커녕 오히려 허구의 새로운 현실을 만들어내고 있다는 사실을 깨닫지 못했다.

물론 이는, 특히 세상을 이해하는 가장 믿을 만한 방식이 과학이라고 믿는 현대 사회에서 심각한 문제다. 또한 앞서 말한 문제는 전체주의 현상과도 직접적인 관계가 있다. 사실 아렌트도 정확히 이 부분을 지적했다. '사실에 대한 심각한 경멸'을 드러내는 일종의 통계-수치상의 '과학적 허구'에 대한 맹목적인 믿음이 전체주의의 저류를 구성한다는 것이다. "전체주의 지배의 이상적인 신하는 골수 나치나 골수 공산주의자가 아니라, 사실과 허구의 차이와 참과 거짓의 차이를 더 이상 보지 못하는 사람들이다."[1]

과학 연구의 낮은 질은 더 근본적인 문제를 드러낸다. 우리의 과학적 세계관에 상당한 단점이 있고, 이에 따른 결과는 학문 연구 부문을 훨씬 넘어선다는 점이다. 이 단점들은 심각한 집단 불안의 기원이 되기도 한다. 최근 수십 년간 집단 불안은 우리 사회에 점점 더 분명하게 나타났다. 미래를 내다보는 사람들의 관점은 회의주의로 얼룩져 있고 아무런 전망도 없으며 이런 태도는 나날이 짙어진다. 이를테면 해수면 상승이 문명을 휩쓸어 버리지 않는다면 분명 난민들이 문명을 쓸어낼 것이라는 식이다. 순화해서 말하자면, 사회에 관한 거대 서사Grand Narrative—계몽주의의 이야기—가 더는 어제의 낙관주의와 긍정주의로 이어지지 않는다. 상당수 사람이 거의 완전한 사회적 고립에 갇혀 있다. 정신적 고통으로 인한 결근 사례도 급증했고, 향정신성 의약품 사용도 유례없는 수준으로 확산하고 있으며, 직원들의 번아웃 현상도 기업과 정부 기관을 통째로 마비시킬 정도로 번지고 있다.

2019년, 내가 몸담은 분야에서도 이러한 곤경을 뚜렷하게 확인할 수 있었다. 수많은 동료가 심리적 문제로 인해 기본적인 일상 업무조차 수행하기가 어려워 일을 그만두었다. 한 예로, 2019년 당시 내 연구 프로젝트를 시작하는 데 필요한 계약서 서명을 얻기까지 무려 아홉 달이나 걸렸다. 대학 내 여러 부서에서 계약서를 검토하고 승인을 내려야 했는데, 늘 누군가가 정신적인 문제로 병가를 내는 등 결근자가 너무 많아 계약서가 마무리되지 못한 것이다. 그 시기 동안 모든 사회적 스트레스 지표가 기하급수적으로 치솟았다. 시스템 이론에 익숙한 사람이라면 이것이 무슨 뜻인지 알 것이다. 시스템이 임계점을 향해 가고 있다. 이 시스템은 스스로를 재조직해 새로운 평형 상태를 찾아야 할 경계점에 와 있다.

2019년 12월 말, 나는 앞서 언급했던 아르덴의 오두막에서 친구들과 함께 언젠가 우리가 다른 사회에서 깨어날 것이라는 작은 예측을 과감하게 해보았다. 이 직관적인 예감은 나를 부추겨 행동에 나서게까지 만들었다. 며칠 후 은행에 가서 집을 사느라 얻었던 주택담보대출을 상환한 것이다. 이것이 현명한 일이었는지는 전적으로 여러분의 관점에 따라 판단할 일이다. 경제적 또는 조세적 관점에서만 따지자면 현명한 행동이 아니었겠으나 나로서는 전혀 걱정할 일이 아니었다. 나는 무엇보다도 나의 주권을 되찾고 싶었다. 금융 시스템에 빚진 상태로 계속 얽혀 있기는 싫었다. 내가 보기에는 그런 시스템이 곧 벌어질 사회적 교착상태에서 일정한 역할을 하는 듯했다. 은행 담당자는 내 이야기를 차분히 들어주고 심지어 내 의견에 동의하기까지 했다. 하지만 그는 왜 꼭 그렇게까지 단호하게 상환을 하려는지 알고 싶다며 고집스럽게 물었다. 한 시간 반 동안이나 대화를 나눴음에도 그의 가려운 부분을 시원하게 긁어주기에는 역부족이었다. 끝내 나는 그의 궁금증을 해소해주지 못하고 나왔는데, 시간을 보니 폐점 시간이 훌쩍 지나 있었다. 그리고 그 지점은 얼마 못 가서 완전히 문을 닫았다.

몇 달이 지난 2020년 2월, 지구촌의 토대가 흔들리기 시작했다. 세계가 불길한 위기에 직면했고 그 결과는 헤아릴 수 없을 만큼 막대했다. 단 몇 주 만에 모든 사람이 바이러스에 관한 이야기―명백히 사실에 기반한 이야기―에 사로잡혔다. 그런데 이 바이러스는 과연 어떤 사실에 기반했을까? 우리가 처음 접한 '사실'은 중국에서 찍힌 동영상 장면이었다. 바이러스 하나 때문에 중국 정부는 가장 엄격한 조치에 나서야 했다. 도시 전체가 격리되었고, 서둘러 병원들이 신축되었으며, 흰 방역복을 착용한 사람들이 공공장소를 소독했다. 전체주의적인 중국 정부가 과잉 반응한다는 소문, 신종 바이러스가 독감보다 심각하지는 않다는 소문 등이 여기저기서 나돌았다. 한편 이와 정반대되는 의견도 떠돌았다. 정부가 그렇게 대대적인 조치에 나서는 데는 이유가 있다면서 바이러스가 보기보다 훨씬 심각한 것이 분명하다는 의견이었다. 이때만 해도 아직은 모든 일이 저 멀리서 벌어졌기에 우리는 굳이 사실의 전모를 확인할 필요가 없다고 생각했다.

바이러스가 유럽에 다다르자 상황이 달라졌다. 유럽에서도 감염자와 사망자가 늘어나기 시작했다. 이탈리아의 과밀한 응급실 상황, 시체를 나르는 군용차의 호송대, 관으로 가득 찬 시체 안치소 등의 장면이 시야를 가득 채웠다. 영국 런던의 임페리얼 칼리지 런던Imperial College London에 소속된 저명한 과학자들은 가장 대대적인 조치가 없다면 수천만 명이 바이러스로 인해 목숨을 잃을 것이라고 자신 있게 예측했다. 이탈리아 베르가모에서는 밤낮으로 사이렌이 울렸고, 이 때문에 공공 영역에서 감히 사실 정보에 의문을 제기하는 목소리들은 모두 억제되었다. 이때부터 이야기와 사실이 합쳐지는 듯했고, 불확실성은 확실성에 자리를 내주었다.

그러자 상상할 수 없는 일이 벌어졌다. 지구상의 거의 모든 나라가 갑자기 중국의 예를 따라 무수히 많은 사람을 사실상 가택 연금 상태에 놓는 장면이 펼쳐진 것이다. 이 상황을 일컫는 말로 '봉쇄lockdown'라는 용어가 고안되었다. 하늘에는 비행기가 뜨지 않았고, 도로라는 동맥에는 혈액이 흐르지 않았으며, 헛된 욕망을 좇는 먼지도 모두 가라앉았다. 인도에서는 공기가 너무 맑아져 몇몇 장소에서 30년 만에 처음으로 히말라야산맥을 수평선 너머로 볼 수 있을 정도였다.[2]

여기서 끝이 아니었다. 놀랄 만한 권력 이동도 나타났다. 신뢰할 수 없는 정치인들을 대체할 사람들로 조지 오웰의 소설 속 돼지들—농장에서 가장 똑똑한 동물—과 같은 전문 바이러스학자들이 소환되었다. 이들이 역병의 시대에 정확한('과학적인') 정보를 동원해 사회라는 동물농장을 운영할 터였다. 하지만 머지않아 이 전문가들 역시 다수의 인간적 결함을 지닌 것으로 밝혀졌다. 그들은 통계와 그래프를 다루면서 '보통' 사람조차 쉽게 저지르지 않을 실수를 저질렀다. 그 정도가 심해지더니 어느 순간 그들은 심장발작 등으로 사망한 사람들을 포함해 **모든** 사망을 코로나바이러스로 인한 사망으로 집계했다.

전문가들은 자신의 약속을 지키지 못했다. 그들은 백신 접종 2회를 마치고 나면 다시 자유의 문이 열릴 것이라고 약속했지만, 그때가 된 후에도 상황이 변하지 않자 그들은 3차 접종이 필요하다고 제안했다. 그리고 오웰의 돼지들처럼 그들도 때로는 하룻밤 사이에 눈에 띄지 않게 규칙을 바꾸기도 했다. 처음에 사람들이 할 일은 대응 조치를 준수하는 것이었다. 아픈 사람의 수가 보건 체계의 역량을 초과해서는 안 되었기 때문이다(바이러스의 확산 속도를 늦추는 것). 하지만 어느 날 아침 눈을 떠보니, 바이러스를 뿌리 뽑기 위해 대응 조치를 확대한다는 벽보가 붙어 있었다(감염자/사망자를 거의 0으로 만드는 것). 결국에는 규칙들이 너무 자주 바뀌는 통에 전문가들만이 정확한 규칙을 아는 듯했다. 이마저도 확신할 수는 없었다.

그러자 의심을 품는 사람들이 생겨났다. 어떻게 전문가라는 사람들이 비전문가도 저지르지 않는 실수를 저지를 수 있을까? 그들은 우리를 달까지 데려다주고 인터넷을 선사해준 과학자들이 아닌가? 그런 그들이 이토록 어리석을 수가 있을까? 과연 최종 단계는 무엇일까? 과학자들의 권고는 우리를 같은 방향으로 더 멀리 데려간다. 새로운 단계가 개시될 때마다 우리는 자유를 조금 더 잃어버리고, 마지막에 도달하는 최종 목적지에서 인간은 거대한 기술만능주의적 의학 실험 속에서 QR 코드로 축소된다.

이렇게 해서 대다수 사람은 저마다 나름의 확신에 이르게 되었다. 이는 굳건한 확신이었지만 그 대상은 가장 반대되는 것들이었다. 어떤 사람들은 우리가 상대하는 것이 죽음의 바이러스라고 확신했고, 어떤 사람들은 그것이 계절성 독감에 지나지 않는다고 확신했으며, 또 다른 사람들은 애초에 바이러스란 존재하지도 않았고 우리가 상대하는 건 세계적인 규모의 음모일 뿐이라고 믿었다. 한편 또 다른 소수는 계속 불확실성을 감내하면서 다음과 같이 자문했다. '어떻게 하면 지금 우리 사회에서 벌어지는 일들을 제대로 이해할 수 있을까?'

코로나바이러스 위기는 느닷없이 생겨난 것이 아니다. 이것은 테러리스트, 지구온난화, 코로나바이러스 등의 공포 대상 앞에 드러나는 점점 더 절박하고 자기-파괴적인 일련의 사회적 반응과 일치한다. 새로운 공포 대상이 나타날 때마다 지금 우리의 사고방식이 내놓는 반응과 방어는 하나뿐이다. 바로 통제의 증가다. 여기서 인간이 감내할 만한 통제에는 한계가 있다는 사실은 완전히 간과된다. 강압적인 통제는 공포로 이어지고, 공포는 더 많은 강압적 통제를 낳는다. 마찬가지로 사회가 악순환의 희생양이 되면 이는 불가피하게 전체주의, 즉 극단적인 정부의 통제로 이어져 결국 인간의 심리적, 육체적 완전성을 철저히 파괴하게 된다.

우리는 지금의 공포와 심리적 불쾌 자체를 하나의 문제로 여겨야 한다. 이 문제는 바이러스 하나 또는 그 외 '위협의 대상'으로 축소시킬 수 없다. 우리의 공포는 완전히 다른 수준, 즉 우리 사회를 주름잡는 거대 서사의 실패에서 비롯한다. 이는 기계론적 과학의 서사로서 이 안에서 인간은 하나의 생물학적 유기체로 축소된다. 이 서사는 인간의 심리적, 상징적, 윤리적 차원을 무시하므로 인간관계 차원에서 파괴적인 효과를 일으킨다. 이 서사의 무언가로 인해 인간은 동료 인간 그리고 자연으로부터 고립된다. 그 안에 있는 무언가 때문에 인간은 주변 세상과의 공명을 멈춘다. 그 안에 있는 무언가가 인간을 원자화된 피지배자at-omized subject로 바꿔놓는다. 아렌트에 따르면 이 원자화된 피지배자가 전체주의 국가의 기본 구성요소다.

전체주의는 역사 속에 벌어진 우발적 사건이 아니다. 전체주의를 끝까지 분석해보면 이는 기계론적 사고, 그리고 인간의 합리성이 전능하다고 여기는 망상적 믿음이 초래하는 논리적 결과다. 이런 점에서 전체주의는 계몽주의 전통의 결정적인 특징을 담고 있다. 몇몇 저술가가 이 점을 주장한 바 있지만, 이를 심리적 분석의 주제로 삼은 적은 없었다. 그러나 이제 이 책이 그 틈을 메워준다. 이 책에서는 전체주의의 증상을 분석하고, 전체주의를 그 일부로 담고 있는 더 넓은 맥락의 사회 현상 안에 그것을 위치시키려 한다.

1부(1장~5장)는 인간과 세계에 관한 기계론적-유물론적 관점이 대중 형성 및 전체주의가 번성하는 구체적인 사회-심리학적 조건을 만들어내는 과정을 다룬다. 2부(6장~8장)에서는 대중 형성의 과정, 그리고 대중 형성과 전체주의 사이의 관계를 자세히 설명한다. 마지막으로 3부(9장~11장)는 인간과 세계가 처한 지금의 상태를 초월함으로써 전체주의가 불필요해지게 할 방법을 살펴본다. 사실 1부와 3부에서는 전체주의를 약간만 언급한다. 이 책에서는 전체주의와 주로 연관되는 것들—강제 수용소, 세뇌, 선전—보다는 전체주의가 등장하는 더 넓은 문화적-역사적 과정에 초점을 맞추고자 한다. 이렇게 접근하면 다음과 같은 가장 중요한 점에 집중할 수 있다. 바로 우리의 일상생활에서 벌어지는 사태의 전개와 경향성 안에 전체주의의 뿌리가 놓여 있다는 점이다.

궁극적으로 이 책은 우리가 갇혀 있는 듯한 지금의 문화적 교착상태로부터 탈출구를 찾을 가능성을 살펴본다. 21세기 초에 고조되는 사회 위기들은 근본적으로 심리적, 이념적 차원의 대변동—세계관이 놓여 있는 지각판의 교체—을 드러내는 징후다. 우리는 낡은 이데올로기들이 붕괴 직전에 마지막으로 총력을 발휘하는 순간을 경험하고 있다. 무엇이 되었든 지금의 사회 문제들을 옛 이데올로기의 기반 위에서 치료하려 할 때마다 사태는 더 악화할 뿐이다. 문제를 해결하겠다면서 애초에 그 문제를 발생시킨 사고방식을 동원할 수는 없는 노릇이다. 우리의 공포와 불확실성에 대한 해결책은 (기술적) 통제를 늘리는 데 있지 않다. 개인이자 사회로서 우리가 직면한 진짜 과제는 인간과 세계에 대한 새로운 관점을 정립하고, 우리의 정체성을 위한 새로운 토대를 마련하며, 다른 사람과 함께 살아가는 데 필요한 새로운 원칙을 세우고, 이 시기에 꼭 필요한 인간의 능력—진실 말하기—을 재검토하는 것이다.

SCIENCE AND

ITS PSYCHOLOGICAL

EFFECTS

1

과학이
불러일으키는
심리적 효과

1

과학과 이데올로기

Science and Ideology

때는 1582년 어느 여름날. 갈릴레오 갈릴레이Galileo Galilei라는 이름의 젊은 학생이 피사의 대성당 안에 앉아 있다. 그의 앞에는 한 신부가 성서를 낭독하며 서 있다. 신부의 머리 위로 아치형 천장에 얇은 사슬로 연결된 샹들리에가 걸려 있다. 여기저기 열린 문으로 더운 여름 바람이 불어와 샹들리에를 움직이고 있다. 이 바람은 제단 위쪽에 있는 램프를 원래 자리에서 저만치 멀리 떨어진 곳까지 보내놓는가 하면 잠시 뒤에는 아주 조금만 움직이게도 한다. 갈릴레오에게 신부의 목소리는 배경 속에 묻혀 들리지 않는다. 그의 시선은 앞으로 갔다 뒤로 가기를 반복하는 램프에 고정되어 있다. 손으로 자기 맥박을 재어 심박수를 세어보니, 이동 거리와 관계없이 진자가 시작점으로 돌아오기까지 매번 같은 시간이 걸린다.

피사의 대성당에서 있었던 이 사건들은 뒤따른 여러 세기를 특징짓는 문화적, 사회적 격변을 구체적으로 보여주는 신화적 의미를 지니게 되었다. 이후 고대 텍스트에서 유래한 교리 체계를 기반으로 한 종교적 담론은 권위를 잃어버렸다. 이제 지식은 신이 인간에게 드러내 주는 무언가가 아니라 인간 스스로 찾아내는 것이었다. 인간 자신의 두 눈으로 현상을 관찰하고 논리적으로 사고하기만 하면 되었다.

수천 년간 종교적 담론은 인간이 내면을 응시하며 '죄인인 인간'이라는 개념 주변을 빙빙 돌게 했다. 이 개념에 따르면 인간은 거짓과 기만을 일삼고, 세속의 유혹에 무릎 꿇으며, 언젠가 찾아올 죽음 앞에 늘 대비해야 하는 존재였다. 만약 신의 창조물인 이 세상에서 인간이 고통을 겪는다면, 이는 그가 죄 속에 뒤엉켜 살아가는지라 도덕적이고 윤리적인 존재가 되지 못한 탓이었다. 문제 삼을 것은 세상이 아니라 인간 자신이었다.

과학이 등장하면서 모든 것이 바뀌었다. 인간은 이성의 힘을 활용해 세상을 조정하면서도 그 자신은 원래 모습을 지킬 수 있다는 사실을 믿게 되었다. 나아가 인간은 과감히 자기 운명의 지휘자가 되었다. 자신의 지적 능력을 활용해 세상을 이해하고 새롭고 합리적인 사회를 만들어보겠다고 나선 것이다. 인간은 너무도 오랫동안 아무도 본 적 없는 신이라는 이름 앞에 숨죽여 있어야만 했다. 너무도 오랫동안 사회는 아무런 합리적 근거가 없는 교리의 무게 아래 억눌려 있었다. 이제야말로 이성의 빛으로 어둠을 몰아낼 때가 왔다. 1784년 위대한 독일의 계몽주의 철학자 임마누엘 칸트Immanuel Kant는 이렇게 언명했다. "계몽은 인간이 자초한 후견 상태로부터 놓여나는 것이다. 후견 상태란 인간이 다른 누군가의 지도 없이는 스스로 자기 이해력을 활용하지 못한다는 것을 말한다. … 그러므로 '감히 스스로 생각하라! 과감히 자신의 이성(오성)을 사용하라!' 이것이 계몽주의의 표어다."[1]

갈릴레오는 감히, 스스로 생각했다. 미사가 끝난 후, 그는 부리나케 기숙사로 돌아가 진자를 가지고 실험하기 시작했다. 흔들리는 물체의 무게, 물체를 움직이게 하는 힘, 물체가 걸려 있는 사슬의 길이 등을 이리저리 바꿔보았다. 이후 몇 달이 채 되지 않아, 그는 진자운동에 관한 기본 법칙—사슬의 길이(진자의 줄)만이 움직임의 지속성에 영향을 미친다—을 수립할 수 있었다.

다른 뛰어난 사상가들, 이를테면 니콜라우스 코페르니쿠스Nicolaus Copernicus와 아이작 뉴턴Isaac Newton 역시 교리가 씌워놓은 눈꺼풀을 떼어내고 열린 마음으로 주변 세상을 받아들였다. 그들은 수학적, 기계적 공식을 동원해 현실의 일부 측면을 놀랍도록 정확하고 엄밀하게 파악할 수 있음을 보여주었다. 논쟁의 여지없이 우주라는 책은 수학의 언어로 쓰인 듯했다.

이 사상가들은 위대한 지적 성취를 거뒀을 뿐 아니라, 세상과 그 안에 존재하는 사물을 대하는 인간적이고 윤리적인 독특한 태도를 보이기도 했다. 그들이 살던 당시의 편견과 교리를 제쳐두려면 용기가 필요했다. 그들은 자신의 무지를 인정하고 호기심과 열린 마음을 가지고 현상이 스스로 말하는 것에 귀를 기울였다. 이러한 '알지 못함'이 새로운 지식을 낳았고, 이 새로운 지식을 위해 그들은 무엇이든 하려 했다. 이를 위해서라면 기꺼이 자신의 자유도 포기할 수 있었고, 때로는 목숨까지도 내놓을 의향이 있었다.

갓 태어난 이 과학—이제 막 싹을 틔운 지식—은 프랑스 철학자 미셸 푸코Michel Foucault가 정의한 **진실 말하기**truth-telling[2]의 모든 특징을 드러냈다. 진실 말하기란 예로부터 존재하는—때로는 암묵적인—사회적 합의를 정면으로 부딪쳐 깨뜨리는 발언 방식이다. 진실을 말하는 사람은 누구나 그가 속한 집단이 보호, 안락, 안전을 누리고자 기대곤 하는 기존의 굳어진 이야기를 주저 없이 열어젖힌다. 따라서 진실을 말한다는 것은 위험한 시도다. 집단 안에 공포심을 불어넣어 분노와 공격을 유발하기 때문이다.

진실 말하기는 위험한 행위이지만 동시에 꼭 필요한 것이기도 하다. 특정 시점에 존재하는 하나의 사회적 합의가—시간이 흐르면서 해체되고 새롭게 되지 않는 한—아무리 유익하다고 해도, 언젠가 이 합의는 부패를 일으키고 결국 숨이 막힐 정도로 사회를 옥죄고 만다. 이러한 시기에 진실은 진지한 목소리로 등장해 기존의 이야기가 담고 있는 지루한 상투어를 깨부수고, 사그라지지 않는 오래된 말에 새로운 의미를 입힌다. 유대계 프랑스 시인 막스 자코브Max Jacob의 말처럼, "진실은 언제나 새롭다 (Le vraie est toujours neuf)."[3]

과학은 본질적으로 열린 사고방식이라고 정의할 수 있다. 계몽주의의 기초가 되었던 초기의 과학 수행 방식은 관찰 대상에 대한 편견을 유보하는 것이었다. 그리고 관념과 사상, 다양한 가정과 가설이 품고 있는 최대한의 다양성을 열린 자세로 대했다. 이 과정에서 일어나는 의심은 적극적으로 장려하고 불확실성은 오히려 미덕으로 여겼다. 사실 자체가 설명을 내놓는다고 보았고, 그 사실에 어떤 사상이나 이론을 엮는 것이 좋을지도 주어진 사실을 두고 판단했다. 이렇게 사실facts은 이제 막 싹을 틔우는 새로운 진실이라고 재해석되었다.

자유롭게 자신을 주장하게 된 것은 사실만이 아니었다. 볼테르Voltaire(어쩌면 그의 전기작가 에블린 베아트리스 홀Evelyn Beatrice Hall)는 "당신의 말과 내 의견이 다를 수는 있겠지만, 당신이 그 말을 할 권리만큼은 끝까지 옹호하겠소."라고 선언했다. 한편, 과학은 인간이 스스로 초래한 미성숙 상태에서 벗어나도록 만들기도 했다. 공적인 영역에서 강압과 탄압, 가식, 위선, 기만과 거짓으로 퇴락해 가던 종교적 교리가 앞세운 규칙을 이 과학이 과감히 깨뜨렸으니 말이다.

이러한 열린 사고방식은 풍성한 열매를 맺었다. 과학적 방식은 천체의 움직임을 이해하고 예측하며, 진자를 설명하고 중력 가속도를 계산하며, 나아가 동물의 행동을 연구하고, 정신의 작동 방식을 이해하고, 언어의 구조를 지도화하며, 다양한 문화를

서로 비교하는 데도 사용되었다. 과학적 방식은 모든 탐구 주제
와 연구 대상에 적합하도록 융통성 있게 조정할 수 있었고, 온갖
영역에서 숭고한 발견이 이루어지도록 이끌었다. 각종 모양과
색깔도 과학의 조명 아래 어느 때보다도 정교하게 묘사되었고,
갖가지 소리도 어느 때보다 선명하게 들을 수 있게 되었다.

이러한 열린 사고방식, 즉 어떤 값을 치르더라도 이성을 추
구하겠다는 충실한 태도는 결국 수 세기 동안 끊임없는 노력을
통해 가장 숭고한 통찰들을 낳았다. 이 통찰들은 **놀라운 것**이기
도 했다. 20세기 전반부에 활약한 위대한 물리학자들은 가장 엄
밀한 방식을 동원해, 대상을 관찰하는 행위로는 사물의 핵심 요
소를 가려낼 수 없다는 것을 입증했다. 이들은 물질로 이루어진
대상을 관찰하는 그 순간에 대상 자체가 달라진다는 것을 보여
주었다(에르빈 슈뢰딩거Erwin Schrödinger는 "보는 행위가 대상을 변화시킨
다."라고 선언했다).

더욱이 그들은 인간이 어쩌면 확실성을 얻을 수도 있다는 환
상을 버렸다. 베르너 하이젠베르크Werner Heisenberg는 그의 불확
정성 원리uncertainty principle를 통해, 물질 입자가 머물러 있는 시
공간적 위치와 같이 순수하게 물질적인 '사실'조차 명백하게 결
정할 수 없다는 것을 보여주었다.[4] 가장 엄격하게 이성과 사실
을 따랐던 위대한 사람들은 결국 사물의 본질이 논리를 넘어서
는 까닭에 이해될 수 없다는 결론에 도달했다. 덴마크의 물리학
자 닐스 보어Niels Bohr는 소립자의 이해할 수 없는 행동을 묘사
할 수 있는 것은 시詩뿐이라면서, "원자에 관해서는 하나의 언

어, 곧 시의 언어만 쓸 수 있다."고 말했다.

물질세계의 예측 가능성이라는 개념—18세기에 프랑스 과학자 피에르 시몽 라플라스Pierre-Simon Laplace가 열광적으로 선언했던 것—도 20세기에 들어와 미국 수학자이자 기상학자인 에드워드 로렌츠Edward Lorenz에 의해 무효화되었다. 만일 여러분이 복잡하고 역동적인 하나의 현상(지극히 자연적인 현상을 포함한 것이라도)을 수학 공식 안에 담아낸다고 해도, 그 현상이 단 1초 뒤에 나타낼 양상은 온갖 공식으로도 예측할 수 없을 것이다.

마지막으로, 우주는 죽어 있는 공간으로서 지향성 없이(비목적적으로) 기계적으로 운행된다는 견해 역시 과학적으로 뒷받침할 수 없다고 판명되었다. 물질이 기계적 용어로는 도저히 설명할 수 없는 방식으로 끊임없이 자신을 조직해나간다는 것을 실로 혁신적인 방식으로 보여준 것이 카오스 이론이다. 우주에는 방향과 의지volition가 부여되어 있다. 이에 관해서는 이 책 마지막 부분에서 자세히 살펴보기로 하자.

사실 위의 이야기들은 이미 17세기에 뉴턴이 다뤘던 것들이다. 즉, 그는 역학 법칙들이 현실에 매우 제한적으로만 적용된다고 논했다. 이는 과학이 발전하면서 점점 더 분명해졌다. 적어도 이를 알아챌 안목이 있는 사람들에게는 말이다. 20세기 들어 위대한 수학자 르네 톰René Thom은 이렇게 표현했다. "계산을 허용하는 법칙들로 말끔히 설명할 수 있는 현실의 부분은 극도로 제한적이다." 뒤이어 그는 훨씬 더 중요한 말을 남겼다. "내가 생각하기에 모든 주요한 이론적 발전은 '사물의 표면 안으로 들어가' 외부 세계의 모든 개체에 공감할 줄 아는 발명가들의 능력 덕분에 이루어졌다. 이러한 공감성이야말로 객관적인 현상을 구체적인 사고 실험으로 전환해주는 것이다."[5]

이 말은 과학의 본질에 관해 놀라운 통찰을 안겨준다. 대다수 사람은 '객관적으로' 관찰 가능한 사실들 사이의 딱딱하고 논리적인 연관성을 밝히는 것이 과학이라고 생각하곤 한다. 그러나 사실 과학의 특징은 관찰자와 그가 조사하는 현상 사이의 친밀감, 즉 공감empathy에 있다. 따라서 과학은 논리적 설명을 벗어나는 불가지하고 신비로운 본질을 우연히 맞닥뜨리며, 이는 오직 시와 은유의 언어로만 묘사할 수 있다.

이러한 본질과 조우한 이들은 중대한 종교적 경험—종교적 제도나 교리에 물들지 않은, 그보다 선행하는 종교적 경험—이라 할 만한 상황에 이르기도 한다. 이런 경험에 관해 독일의 물리학자 막스 플랑크Max Planck는 가장 직접적이고 취약한 방식으로 다음과 같이 증언했다. "결국 과학은 한때 종교가 시작되었던 지점에 도달해, 이름 붙일 수 없는 대상과 개인적으로 만나게 된다"(이에 관해서는 11장을 참고하길 바란다).

이러한 경험을 바탕으로 20세기 물리학자들은 위대한 종교와《우파니샤드Upanishads》등의 신비주의 저작을 재평가했다. 이 같은 텍스트, 이미지, 상징주의의 내용과 구조는 그 어떤 논리적이고 합리적인 담론보다 현실을 잘 파악하게 해준다. 온갖 종교적 담론의 교리로부터 놓여난 과학은—기나긴 여정 끝에—결국 신비적이고 종교적인 텍스트를 재발견하고 이들에 휘황찬

란한 고유의 지위, 즉 인간 정신으로부터 영원히 가려져 있는 상징적이고 은유적인 텍스트라는 지위를 다시 안겨주었다.

이 책 후반부에서 논하겠지만, 이성에 대한 충실한 추구는 이성 자신의 경계를 설정했다는 가장 수준 높고 숭고한 성취를 이뤄냈다. 인간 정신은 자신의 한계를 받아들였고, 궁극적 지식은 인간 정신이 닿을 수 없는 저 너머에 있다고 다시 한번 결론지었다. 과학의 궁극적 성취는 그 자신이 인간을 안내하는 지침 원리가 될 수 없다는 깨달음에 이르러 마침내 무릎을 꿇었다는 것이다. 인간의 이성은 사물의 핵심을 꿰뚫는 것이 아니라, 인간이 한 개인으로서 윤리적이고 도덕적인 선택을 내리고, 동료 인간과 관계를 맺으며, 이름 붙일 수 없는 대상으로서 그 중심에서 인간에게 말을 거는 대상과 관계를 맺는 데 있다.

그러나 과학의 나무는 처음부터 다른 방향—초기의 과학적 관행과는 정반대 방향—으로도 가지를 뻗었다. 일부 사람들은 과학의 위대한 성취를 토대로 열린 사고방식을 신념으로까지 밀고 나갔다. 이제 그들에게 과학은 이데올로기나 다름없었다. 이는 기계론적-유물론적 관점으로써 우리를 가장 황홀하게 만든 이른바 '하드 사이언스hard science'다. 이 과학은 원리 면에서 간단하고(역학 법칙), 구체적인 대상을 다루며(실재하는 가시 세계), 실제적 응용 측면에서 경이감을 불러일으키는(증기기관, 텔레비전, 원자폭탄, 인터넷 등등) 까닭에 인간을 매혹할 모든 요소를 갖추고 있다. 인간은 과학에 대한 이러한 관점을 바탕으로 우주를 정복한다. 덕분에 우리는 지구 반대편에서 벌어지는 일들을 보고 들을 수 있으며, 뇌의 활동을 시각화할 수 있다. 신이 기적을 베풀어주길 하릴없이 기다렸던 과거와 달리, 이 과학은 실제로 기적이 일어나게 해주었다. 인간은 믿음의 단계를 벗어나 이제 자신이 아는 것을 성공적으로 의지할 수 있었다. 적어도 인간은 그렇다고 믿었다.

계몽주의 이후로 기계론적 사고는 서구 문명에서 '거대 서사Grand Narrative'를 제공했다. 이 서사에 따르면, 빅뱅을 시작으로 우주 팽창이 진행되었고 이 과정에서 점점 더 복잡성이 증가하는 일련의 현상이 발생했다. 가장 먼저 수소가 형성되었고, 그다음으로 헬륨, 뒤이어 융합과 폭발이 번갈아 일어나며 각종 원소가 형성되었다. 이 원소들이 서로 엉겨 붙어 별과 행성을 이루었고 그중 하나인 지구는 물을 포함하게 되었다. 물의 존재 덕분에 생명의 첫 번째 형태라고 간주되곤 하는 아미노산이 형성되었다. 여기서부터는 자연선택의 과정에 따라 간단한 생명체로부터 서서히 더 복잡한 형태가 나타나고, 마침내 인간—잠정적으로 진화의 종점—이 출현했다. 이러한 방식으로 과학적 담론은 나름의 창조 신화를 만들어냈다.

이런 관점에서 인간이 지닌 주관성의 총체는 기계적 과정의 하찮은 부산물에 불과하다.

인간은 깨닫지 못할 수도 있지만, 그의 인간성은 그리 중요하지도 않고, 전혀 본질적인 것도 아니다. 인간의 존재 전체, 그의 열망과 욕정, 그의 낭만적 비탄과 가장 피상적인 욕구, 그의 기쁨과 슬픔, 그의 의심과 선택, 그의 분노와 불합리함, 그의 쾌락과 고통, 그의 가장 깊은 혐오와 가장 고상한 미적 감상, 즉 인간 존재를 이루는 드라마 전체는 결국 역학 법칙에 따라 상호작용하는 소립자들로 축소될 수 있다.

이것이 기계론적 유물론의 신조다.

"누구든지 이 신조에 의심을 품는 사람은 자신이 어리석거나 미쳤다고 자발적으로 선언하는 것이다." 물론 의심이 들 수도 있겠지만 '옳은' 것에 관해서만 의심해야 한다. 이렇게 과학의 나무는 애초에 생겨난 싹으로부터 반대 방향으로도 가지를 뻗어냈다. 갓 태어났을 때 과학은 각종 교리를 배격하고 신념에 의문을 제기하는 사고방식 및 열린 사고방식과 동의어였다. 그러나 과학은 진화해 나가는 과정에서 스스로가 이데올로기, 신념, 편견으로 변하기도 했다.

모든 이데올로기가 그렇듯 과학도 이렇게 변화를 겪었다. 처음에 과학은 소수가 다수에 도전장을 내는 하나의 담론이었으나, 나중에는 과학 자체가 다수의 담론이 되어버렸다. 이 변화의 과정에서 과학적 담론은 처음과는 반대되는 목표를 지향하게 되었다. 대중을 조작하게 만들고, 사람들이 경력을 쌓게 하고("논문을 내든지 사라지든지publish or perish"-연구 논문을 내지 않으면 학자 지위를 유지할 수 없다는 것을 강조하는 표현-옮긴이), 상품을 홍보하고("연구 결과 우리 회사의 비누가 가장 깨끗하게 씻어준다고 합니다."), 기만을 퍼뜨리고("나는 내가 조작한 통계만 믿는다."-윈스턴 처칠), 타인을 얕

잡아보고 낙인을 찍게("대체의학을 믿는 사람은 전부 어리석은 바보들이지.") 했다. 실제로 분리와 배제를 정당화하는(과학적 이데올로기의 표지—이를테면 마스크나 백신 여권—를 보여주지 않으면 공공장소에 접근하지 못하게 하는 경우) 데도 과학적 담론이 작용했다. 요컨대 여느 지배적 담론처럼 과학적 담론도 기회주의, 거짓말, 기만, 조작, 권력을 뒷받침하는 특권적 도구가 되었다.

과학적 담론은 하나의 이데올로기가 되었다는 점에서 진실 말하기의 미덕을 잃어버렸다. 2005년 학계에서 터져 나온 이른바 재현 위기만큼 이를 잘 드러내는 예는 없다. 이 위기는 온갖 심각한 과학 사기 사례가 밝혀지면서 일어났다. 당시 과학적 스캔을 비롯한 촬영 방식이 조작된 것으로 판명되고[6], 고고학적 유물들이 위조된 것으로 밝혀지며[7], 배아 복제도 날조된 것으로 드러났다.[8] 몇몇 연구자는 쥐의 피부를 이식하는 데 성공했다고 주장했지만, 그들이 한 것이라곤 아무런 수술적 처치 없이 실험동물의 피부를 염색한 데 불과했다.[9] 그런가 하면 인간과 원숭이의 두개골 조각을 가지고 '잃어버린 고리Missing link'(인류가 유인원에서 진화했다는 결정적인 고고학적 증거-옮긴이)를 거짓으로 만들어 낸 경우도 있었다.[10] 일부 연구자는 자신의 연구를 하나부터 열까지 전부 지어낸 듯하다.[11]

물론 이렇게 전면적으로 사기를 저지른 경우는 상대적으로 드물지만, 사실 이보다 더 큰 문제가 있었다. 가장 큰 문제는 이보다 덜 극적이면서도 의문의 여지가 있는 연구 관행들이었는데, 이는 유행병 수준으로 번져가고 있었다. 다니엘 파넬리Daniele Fanelli가 2009년에 수행한 체계적인 설문조사 결과, 조사 대상 연구자 중 최소 72퍼센트가 자신의 연구 결과를 이런저런 방식으로 왜곡할 의향이 있는 것으로 나타났다.[12] 게다가 학자들의 연구는 의도치 않은 계산 오류를 비롯한 갖가지 오류가 넘쳐났다. 〈네이처Nature〉지의 한 기사는 이를 가리켜 '오류의 비극'이라고 적절히 표현했다.[13]

이 모든 사례는 과학적 연구 결과의 재현 가능성 문제와 연관되었다. 간단히 말해, 과학 실험에서 안정된 결과를 반복적으로 얻을 수 없다는 뜻이다. 같은 실험이라도 연구자가 다르면 다른 결과가 나왔다. 예를 들어 경제학은 연구 결과의 재현 실패율이 50퍼센트였고[14], 암 연구는 60퍼센트였으며[15], 생의학 연구는 재현 실패율이 무려 85퍼센트가 넘었다[16]. 연구의 질적 가치가 너무도 형편없어 세계적으로 유명한 통계학자 존 이오어니디스John Ioannidis는 "출간된 연구 결과 대다수가 가짜인 이유"라는 직설적인 제목의 기사를 써내기도 했다.[17] 역설적이게도 연구의 질적 측면을 평가하는 연구들마저 서로 다른 결론에 이르기도 했다. 이는 이 문제가 얼마나 근본적인지를 가장 단적으로 보여주는 증거일 것이다.

최근 수십 년간 학계는 연구의 질을 높이고자 다양한 노력을 기울여왔다. 연구자에게 연구 결과를 출간하라는 압박에 의문을 제기하기도 하고, 연구 자료를 대중에 공개하도록 연구자들을 독려하기도 하며, 금전적 이익에 관해 더 높은 투명성을 요구하는 등 여러 시도가 있었다. 전반적으로는 이러한 조치들이 뚜렷한 효과를 가져오지 않은 듯하다. 2021년 설문조사 결과, 익명으로 조사에 참여한 학자 중 50퍼센트는 자신들의 연구 결과를 편향된 방식으로 제시한 적이 있었다고 시인했다. 이미 전체의 절반이 문제인데, 패널리에 따르면 이 수치가 상당 부분 과소평가된 것이 거의 확실하다고 한다. 익명으로 실시된 조사라 하더라도 연구자의 상당수는 자신이 의심스러운 연구 관행에 관여한 사실을 시인하지 않을 것이기 때문이다. 아무리 좋은 의도였다고 해도 과학 연구의 질을 향상하고자 기울인 조치들은 문제 해결에 실패했다.

　재현 위기는 단순히 연구자들의 진지함과 신중함 부족을 보여주는 것이 아니다. 무엇보다도 이는 근본적인 인식론적 위기—과학 수행 방식의 위기—를 지적한다. 우리는 객관성을 잘못 해석하고 있으며, 사실 판명에는 우선 숫자를 활용하면 된다는 생각에 지나치게 치우쳐 있다. 최악의 재현 가능성 결과를 가지고 과학 분야들을 살펴보면, 현상의 측정 가능성measurability이 중대한 역할을 맡는다는 점이 분명해진다. 예를 들어 화학과 물리학은 상황이 그리 나쁘지 않았다. 그러나 심리학과 의학은 상황이 심각하다. 이 분야에 몸담은 연구자들은 극도로 복잡하고 역동적인 현상—인간의 신체적, 심리적 기능—을 평가한다. 이 '대상'은 일차원적 특징으로 축소할 수 없는 까닭에(4장 참조) 본질적으로 매우 제한된 정도만 측정할 수 있다. 그런데도 우리는 이를 데이터 속에 집어넣어 평가하려는 절박한 시도를 숱하게 보곤 한다.

의학과 심리학 모두 수치 점수를 결과로 얻는 테스트를 바탕으로 대상을 측정하곤 한다. 이 수치들은 객관적이라는 인상을 주지만 그러려면 특정한 관점을 적용해야 한다. 이른바 '교차-방법 일치cross-method agreement'에 관한 연구들은 간단하면서도 흥미로운 질문에서부터 시작한다. "만약 서로 다른 측정 방법을 동원해 같은 '대상'을 측정한다면, 어느 정도까지 결과가 일치할까?" 하는 것이다. 측정 방법들이 정밀하다면 결과는 사실상 일치해야 한다. 그러나 현실적으로는 그렇지 않다. 비슷한 결과도 나오지 않는다. 예를 들어 심리학에서 서로 다른 측정 방법을 활용해 도출한 결괏값 사이의 상관계수는 0.45를 넘는 경우가 드물다. 이렇게 말하면 막연한 숫자로밖에 들리지 않을 테니, 대학 강의 시절 학생들에게 제시했던 구체적인 예시 하나를 제시한다. 여러분이 집을 한 채 짓고 있는데, 목수가 와서 여덟 개의 창문을 측정한다고 해보자. 그는 각각의 창문을 잴 때마다 세 가지 도구(접자, 줄자, 레이저 계측기)를 사용한다. 이 목수의 측정이 심리학자의 방식만큼 부적절하다면, 다음과 같은 결과(표 1.1)를 내놓을 것이다.

표 1.1 심리학자의 정확성을 발휘한 목수의 측정 결과

	접자 (단위: cm)	줄자 (단위: cm)	레이저 계측기 (단위: cm)
창문 1	180	130	60
창문 2	100	200	150
창문 3	160	220	130
창문 4	100	170	210
창문 5	30	100	20
창문 6	120	80	160
창문 7	110	150	60
창문 8	30	90	10

접자를 쓰면 창문 1의 너비는 180cm지만, 줄자를 쓰면 130cm, 레이저 계측기를 쓰면 60cm로 측정된다. 두 번째 창문에서도 같은 시나리오가 펼쳐진다. 접자를 쓰면 너비가 100cm지만, 줄자를 쓰면 200cm, 레이저 계측기를 쓰면 150cm로 측정된다. 세 가지 측정 방식으로 얻은 모든 결괏값 사이의 상관계수가 0.45다.

여러분이라면 이 목수를 고용하겠는가? 심리학자들이 서로 다른 측정 도구를 활용했을 때 기대할 수 있는 최고의 결과가 이 정도다. 그렇다고 모든 심리학적 측정이 무의미하다는 뜻은 아니지만, 그 측정값들이 '객관적'이라는 말은 맥락을 고려해서 들어야 한다.[18]

젊은 연구자였던 나는 이 측정의 문제를 해결해보려 했었다. 유독 심리학 분야만 이 정도로 문제가 심각해 보였기 때문이다. 나중에 알고 보니 이 문제는 의학(그리고 다른 여러 과학 분야)에도 똑같이 적용되었다(이 부분은 4장에서 다룰 예정이다). 의학계에서 사용하는 검사와 측정 도구들은—깜짝 놀랄지도 모르지만—심리학에서 흔히 사용하는 것들보다 나을 것이 없다. 그레고리 메이어Gregory Meyer와 그의 동료들이 실행했던 심층 설문조사 연구를 한번 살펴보라.[19]

코로나바이러스 위기 동안 PCR 검사의 명백한 문제점들을 목격한 대중은 의학 측정치의 상대성을—아마 처음으로—인식하게 되었다. 검사는 다양한 방식으로 이루어질 수 있고, 그 결과는 매우 가변적일 수 있으며, 검사 결과 역시 갖가지 방식으로 해석될 수 있다는 등의 사실이 이내 명백해졌다. 요한 괴테Johann Goethe는 이렇게 말한 적이 있다. "사물을 측정하는 것은 조잡한 행위로서, 생체를 측정할 때는 극도로 불완전한 것 외에는 달리 적용할 방법이 없다." 측정할 수 없는 것을 측정하고자 시도할 때, 측정은 일종의 유사 객관성pseudo-objectivity을 띠게 된다. 이러한 측정 절차는 연구자를 연구 대상에 더 가까이 다가가도록 이끌기는커녕 오히려 그를 연구 대상에서 멀어지게 한다. 숫자라는 가림막 뒤에 조사 대상을 숨겨버리기 때문이다.

타당도가 낮은 검사와 자료 수집 방식들은 그 자체만 문제되는 것이 아니다. 이는 연구자가 덜 정교해 보이지만 실제로는 더 적절한 방식—이를테면 단지 언어의 수단을 사용하는 것—

등 다른 방식으로 연구 대상을 파악하려는 시도를 가로막는다. 이는 의학, 심리학 등의 분야에서 실제로 펼쳐지는 드라마다. 이 분야의 학자들은 숙련된 임상의가 수행한 면밀한 사례 연구 등의 고전적인 연구 방법을 버리는 대신, 과학적인 것처럼 보이나 실은 그렇지 않을 때가 많은 연구를 택했다. 계량적 데이터는 연구 대상을 기술하는 더 정교하고 객관적인 방법처럼 보일지 모르지만, 이는 언어를 수단으로 삼는 능숙한 설명에 견줄 만한 정보를 전달하지 못할 때가 많다. 부분적으로 이 때문에 과학의 위기에서 드러난 다른 문제들이 생겨났다. 여기저기 드러나는 오류들, 엉성한 연구, 편향된 결론 등 앞서 이야기했던 문제들 말이다. 누구든지 측정 불가능한 것을 숫자 속에 끼워 맞추려는 사람은 그의 연구에 진정한 가치가 거의 없다는 사실을 깨닫고 의욕이 저하되며, 정확한 연구를 수행해야겠다는 의무감도 줄어들 것이다.

과학 연구의 질적 저하는 몇 가지 심각한 문제를 야기한다. 그중에는 블라인드 동료 검토blind peer review 제도에 관한 것도 있다. 이 제도는 모든 과학 저널에 사용되는 것으로 과학적 정당성을 승인하는 최종 방편이라고 간주된다. 동료 검토를 하려면 연구 논문 발표에 앞서 해당 분야의 독립된 전문가 2~3인이 연구 자료를 읽고 비판적 평가를 해야 한다. 이 전문가들은 '블라인드'(연구 수행자가 누구인지 모른다.) 방식으로 평가를 진행해야 하지만, 실제로는 논문 작성자가 누구인지 대개 알고 있다. 자기 분야에서 활동하는 다른 연구자들을 익히 알고 있기 때문이다.

따라서 대개는 해당 연구를 누가 실행했는지 짐작할 수 있다. 따라서 전문가를 통해 공정한 평가를 진행하려면 그가 충분한 시간과 에너지—지금의 학계 분위기에서는 결코 쉽게 주어지지 않는 자원—를 기꺼이 할애하는 것만으로는 부족하다. 이에 더하여 평가를 맡은 전문가가 해당 연구 및 논문 작성자에 관한 자신의 개인적 편견을 인식하고 이를 제쳐둘 줄도 알아야 한다. 다시 말해, 동료 검토는 전문가의 윤리적이고 도덕적 자질, 즉 그의 주관적이고 인간적인 특성에 따라 성패가 갈린다.

이렇게 해서 본 장은 다시 원점으로 돌아왔다. 위대한 과학 Great Science(열린 사고방식을 유지하며 이성을 추구하는 과학)과 인색한 과학small science(이데올로기로 전락한 과학) 모두 애초에 시야에서 밀어냈던 것, 즉 주관적이고 윤리적인 존재인 인간과 결국에는 다시 조우한다. 이때 첫 번째 종류의 과학은 긍정적인 태도로 이 차원의 중요성을 인정하고 이를 이론의 기준점으로 삼는다. 이 과학은 과감하고 젊은 과학으로 시작해 눈을 외부로 돌려 물질세계를 관찰하고, 현상을 기록한 뒤, 이들 사이의 논리적 연관 관계를 수립했다. 그리고 이것이 지식을 주관하는 방식이라고 가정했다(어느 정도는 합당한 말이다). 원대한 과학 안에서 인간 존재는 정신적, 상징적, 도덕적, 윤리적 차원에서 배경으로 사라졌지만 이 상태가 오래가지는 않았다. 주관적 속성을 지닌 관찰자가 관찰 대상에 중대한 영향력을 행사한다는 사실을 발견했기 때문이다. 이러한 통찰을 닻으로 삼은 이론들, 이를테면 양자역학 및 복잡한 동역학 시스템 이론 등은 인간이 내놓은 가장 위대한 업적 중 하나로 여겨야 한다(이에 관해서는 3부에서 자세히 탐색하고자 한다).

이데올로기, 신념, 교리로 전락한 과학—인색한 과학—도 주관적 차원을 지닌 인간 존재가 초점의 중심이라고 확정 지었다. 그러나 이 경우에 과학은 부정적인 태도를 보였고 자신의 실패를 통해 이를 증언했다. 즉, 이 과학은 점점 더 주관적 경험의 수용을 무시하더니, 결국 주관적 경험은 뇌 속에서 일어나는 물질적, 생화학적 과정의 부산물로 나타나는 사소하고, 어떤 면에서는 실재하지 않는 것이라고 치부했다. 그러나 이렇게 한다고 주관적 차원이 자취를 감춘 것은 아니었다. 오히려 이런 차원은 무성하게 자라나 기괴할 만큼 큰 비율을 차지하면서 오류, 엉성함, 의심스러운 연구 관행, 노골적인 사기의 급류 속에 명백한 존재감을 드러냈다. 궁극적으로 인간의 주관성은 인색한 과학 속에서도 자신의 왕좌를 되찾은 것이다.

3장에서 더 광범위하게 논의하겠지만, 가장 충격적인 사실은, 일반적으로 연구자들이 자신의 방법론에 뭔가 잘못된 것이 있다고 자인하는 경우는 거의 없다는 것이다. 대체로 그들은 사실 정보, 그리고 이로부터 나온 왜곡된 메아리인 숫자 사이를 혼동하면서 자신이 만든 과학적 허구를 현실이라고 여긴다. 이 논리는 상당수 연구자에게 그대로 적용된다. 종교가 추락한 지금, 달리 기댈 이데올로기적 피난처가 없는 까닭에 그들은 이러한 과학적 이데올로기를 맹목적으로 신뢰한다. 신뢰할 만한 자격을 갖춘 누군가가 대중 매체에 내놓은 숫자와 그래프는 사실상 많은 사람이 사실이라고 간주한다. 한나 아렌트Hannah Arendt는 바로 이 수준에서 전체주의 국가의 이상적인 피지배자—과학을 사칭하는 허구와 현실 사이의 차이점을 더는 분별하지 못하는 피지배자—가 존재한다고 본다. 21세기 초반이 되기 전까지지만 해도 이런 사람들이 그렇게 많았던 적은 없었다. 즉, 그전까지 이 정도로 전체주의에 취약한 사회적 조건이 나타난 적은 단 한 번도 없었다.

2

과학의 실제적 응용

Science and Its

Practical Applications

과학은 지식 획득과 지적 진보를 이끌 뿐 아니라, 실제적 응용을 통해 현실 세계에 효과를 나타내기도 한다. 이런 점에서 특히 기계 과학은 큰 야망을 품고 있었다. 이 과학은 세상을 사람에 맞춰 조정하고 삶을 더 수월하고 편안하게 만들어 궁극적으로 고통, 나아가 죽음마저도 없애길 원한다.

과학이 이런 야망을 어느 정도 충족시킨 것은 사실이다. 갈릴레오의 발견 덕분에 15년 후 크리스티안 하위헌스Christiaan Huyghens는 시간을 측정하는 기계 장치인 진자시계를 만들어냈다. 그전까지 사람들은 주로 자연의 순환을 보고 시간을 파악했지만, 이제 진자 추의 길이를 변화시켜 원하는 시간만큼 지속하는 인위적 주기를 만들어낼 수 있었다. 이에 따르면 하루는 86,400회의 동일한 진자 초로 나눌 수 있었다. 난해한 자연의 순환으로만 인식되던 시간은 수량화할 수 있는 과정이 되었고, 좀 더 시간이 흐른 뒤에는 정확히 동일한 기계적 단계로 바뀌었다.

그 뒤로 증기기관, 카메라, 인공조명, 라디오, 텔레비전, 자동차, 비행기, 인터넷 등등 실제적 응용 사례들이 끝도 없이 줄줄 쏟아져나왔다. 뉴턴이 운동의 기본 법칙을 수립한 이후로 2세기—인류 역사 전체를 놓고 보면 찰나에 불과한 시간—만에 사회는 현기증이 날 정도로 다양한 방식으로 기계화되고 산업화되었다. 수천 년간 자연의 지배를 받아온 인간이 이제는 자기 의지를 자연에 부과했다. 처음으로 인간은 자신이 놓인 곤란한 상황을 근본적으로 바꾸어 삶을 더 수월하게 만들었다. 아니 적어도, 자신이 그럴 수 있다는 인상을 받았다.

물론 여기에는 부인할 수 없는 반대 측면이 있었다. 편리함이 더해질 때마다 자연적, 사회적 환경과의 연결성이 약해지는 등의 대가를 치르게 된 것이다. 인공조명은 해와 달이 일상 활동에 부여해온 리듬을 깨버렸고, 시계는 자연적 순환 과정(아침 이슬이 마르자마자 만나기, 해가 가장 높이 떠 있을 때 식사하기, 밤이 되면 잠자리에 들기 등)으로부터 인간 정신을 떼어놓았으며, 나침반은 인간이 별들로부터 눈을 돌리게 했고, 산업 노동은 논밭과 숲으로부터 인간을 데려가 버렸다. 이 모든 변화가 가져오는 심리적 여파는 그리 중요치 않다고 치부되곤 했다—그런 여파를 조금이라도 고려했다면 말이다. 하지만 의심의 여지없이 이 여파는 어마어마했다. 기계화가 일어나기 전, 인간의 경험 세계는 시시각각 변하는 자연의 형태와 끊임없이 공명했다. 기계화 이후에 인간은 주로 단조롭고 기계적인 리듬에 사로잡혔다.

사회적 연결성도 알아볼 수 없을 만큼 변화되었다. 라디오와 텔레비전이 발명되면서 대중 매체가 부상했고, 이에 따라 단순한 사회적 기능을 수행하던 인간 사이의 직접적인 상호작용이 감소했다. 이웃과의 저녁 모임, 선술집 모임, 추수 축제, 각종 의례, 기념 의식 등은 매체가 제시하는 것을 소비하는 형태로 점차 대체되었다. 이는 우리가 사회적으로 나태한 상태에 빠지도록 유혹했다. 더는 동료 인간과 소통하는 데 필요한 노력을 기울일 필요가 없었기 때문이다.

논쟁이 벌어질 위험도 없고, 곤욕스러운 질투심, 수치, 부끄러움을 맞닥뜨릴 일도 없어졌으며, 옷을 차려입거나 심지어 집 밖을 나서야 할 필요도 없어졌다. 이는 사회적 교류를 균일화시키기도 했다. 정치적 공론장을 비롯한 공공 영역은 날이 갈수록 소수의 목소리가 지배했고 이들은 대중 매체를 통해 각 가정의 거실을 점령했다.[1] 다시 말해, 사회적 관계들이 다양성과 독창성을 잃어버렸다.

노동 과정의 기계화는 사회적 구조와 연결성에 심대한 변화를 낳았고, 마르크스는 역사적 유물론을 통해 이 차원을 탐구했다. 예를 들어 증기기관이 무수히 많은 베틀에 동력을 제공해 수많은 사람에게 일자리를 선사하자 노동자들은 공장촌과 같은 새로운 형태의 사회를 형성했다. 이 공동체들은 대량 생산에만 주의를 기울였고, 이들을 하나로 묶어주는 유일한 요소는 임금 노동뿐이었다. 마찬가지로 산업화는 다양한 직업, 관공서, 권위자(신부, 시장) 등의 존재로 형성되던 전통적 사회 구조를 해체했다. 전통적 구조들이 수 세기 동안 인간의 자유를 제한하고 때로는 극도로 억압했던 것은 사실이지만, 다른 한편으로 이 구조들은 인간에게 하나의 심리적 기반과 참조틀이 되어주기도 했다. 덕분에 인간은 규칙과 법, 계명과 금지 사항을 지켰고, 자신의 욕망과 충동의 경계를 알았으며, 불안, 좌절, 분노를 느껴야할 대상을 명확히 알았다. 이 구조들이 사라지자 인간은 자기 존재의 어둠에 갇혀 혼란에 빠지고 말았다. 존재론적 불안에 휩싸였고, 정체를 알 수 없는 불안감에 짓눌렸다. 6장에서 살펴보겠지만, 이러한 한정 없는 불안은 대중 형성과 전체주의에서 중요한 역할을 맡는다.

기계화된 세상은 의미 형성 측면에도 직접적인 영향을 끼쳤다. 대량 생산은 노동의 최종 결과를 명확하게 눈으로 확인하기 어렵게 만들었다. 과거 인간은 자신과 주변 사람의 육체적 실존을 지탱하는 데 필요한 물건을 만들기 위해 일했다. 노동을 통해 식량을 얻고, 집을 따뜻하게 데우며, 몸에 옷을 둘러 거친 환경과 타인의 시선을 피했다. 하지만 산업 환경이 등장해 이를 바꿔놓았다. 이제 개인이 노동을 통해 만들어내는 물건은 저 멀리에 있는 사람들을 위한 것이었다. 노동의 의미에 대한 답이 더는 자기 몸에서 나오지 않게 된 것이다.

게다가 내 노동의 열매를 거두는 타인은 익명의 존재였다. 나의 노동이 타인에게 미치는 영향을 더는 볼 수도 느낄 수도 없게 되었다. 지역 내에서 소규모로 이루어지던 (상당수의) 수공예 생산이 사라지자 생산자와 소비자를 이어주던 직접적인 연결고리가 끊어지고 말았다. 재화를 생산한 사람이 그것을 사용하게 될 사람과 더는 접촉하지 못하는 경우가 많아졌다. 제품이 전달될 때, 그것을 생산한 사람은 수령자 얼굴에 묻어나는 기쁨이나 감사의 표정을 더는 읽을 수 없었다. 그러나 이런 가시적이고 미묘한 물리적 효과야말로 인간이 일 속에서 느끼는 만족감의 주된 원천이다. 이것이야말로 내 일이 의미 있다는 것을 가장 직접적으로 보여주는 표지이기 때문이다. 이렇게 산업화는 일하는 사람 자신의 몸뿐만 아니라 의미 형성의 출처가 되는 타인마저도 사라지게 했다. 흔히 하는 말처럼, 노동자는 예정된 임금에 대한 기대만을 윤활유 삼는 산업용 기계의 톱니바퀴가 되어버렸다. 번거롭지만 본질적으로 의미 있는 실존적 과업이었던 노동은 육체에서 분리된 공리적 필요로 변하고 말았다.

의미의 쇠퇴 외에도 문제는 또 있었다. 놀랍게도 노동을 산업화하고 기계화한다고 필요한 노동이 줄어드는 것은 아니었다. 20세기 초, 영국 경제학자 존 메이너드 케인스John Maynard Keynes는 기술의 진보 덕분에 20세기 말이면 주당 15시간 노동 시대가 열릴 것이며, 이는 사회에 필요한 모든 것을 생산하는 데 충분하리라 예측했다.[2] 후자의 지적은 옳았다. 사실, 옳고도 남는다. 사회에 필요한 모든 것을 얻는 데 필요한 노동 시간은 15시간보다 적을 것이다. 하지만 그의 예측은 실현되지 않았다. 20세기 말에 사람들이 노동에 투여한 시간은 그 어느 때보다도 길었다.

케인스가 고려하지 못한 것은 무의미하고 불필요한 노동이 어마어마한 규모로 많아졌다는 점이다. 이에 관해 인류학 교수 데이비드 그레이버David Graeber는 이제 널리 알려진 그의 저서 《불쉿 잡Bullshit Jobs》에서 다음과 같이 설명했다. 그는 무작위로 고른 사람들에게 자기 일이 사회에 의미 있게 이바지한다고 생각하는지를 물었다. 응답자의 약 37퍼센트는 명확히 "아니오"라고 답했고, 그 외 13퍼센트는 잘 모르겠다고 답했다.[3] 이러한 불쉿 직업bullshit jobs(데이비드 그레이버는 불쉿 직업을 가리켜 '유급 고용직으로 그 업무가 너무나 철저하게 무의미하고 불필요하고 해로워서, 그 직업의 종사자조차도 그것이 존재해야 할 정당한 이유를 찾지 못하는 직업 형태'라고 정의했다(《불쉿 잡》 p. 44)-옮긴이)은 주로 행정과 경제 부문, 그리고 이 부문들을 뒷받침하는 수많은 직종에서 생겨났다. 그레이버는 독일 군대에 보조 서비스를 제공하는 하청 업체 직원 '쿠르트Kurt'의 사례를 소개하면서, 날이 갈수록 많은 사람의 노동 생활과 존재를 특징짓기 시작한 어처구니없는 상황을 보여준다.

쿠르트　　독일 군대는 IT 작업을 처리하는 한 하청 업체와 계약했다. 그 회사에는 또 물류를 처리하는 하청 업체가 있다. 그 물류 회사에는 인사관리를 담당하는 또 다른 하청 업체가 있다.

나는 그 업체에서 일한다.

군인 A가 두 칸 떨어진 방으로 사무실을 옮긴다고 해보자. 그는 자기 컴퓨터를 그 방에 바로 가져가는 것이 아니라 서류를 작성해야 한다.

IT 하청 업체에서 서류를 수령하면 직원이 읽고 승인한 뒤 물류 회사에 전달한다. 물류 회사는 두 칸 떨어진 방으로 컴퓨터를 옮기는 것을 승인해야 하며, 우리 회사에 직원을 요청할 것이다. 우리 회사의 직원이 뭐가 되었든 맡은 일을 하고 나면 이제 그다음이 내 차례다.

나는 "시간 C에 B 바라크에 가라."라는 이메일을 받는다. 대개 이런 바라크는 내가 사는 곳에서 100~500킬로미터 정도의 거리에 있기 때문에 나는 자동차를 렌트한다. 차를 타고 바라크로 가서 내가 왔음을 운송부에 알리고 서식을 써내고, 컴퓨터 전원을 빼내고, 그것을 상자에 넣고 봉인한 다음, 물류 회사의 직원을 시켜서 상자를 새 사무실로 운반하게 한다. 거기서 상자를 열고 또 다른 서식을 써내고, 컴퓨터를 전원에 연결하고, 운송부에 내가 몇 시간을 썼는지 통보하고, 서명을 몇 개 받고는, 렌터카를 타고 집으로 와서, 운송부에 온갖 서류를 보낸 다음 보수를 받는다.

그러니까 군인 한 명이 자기 컴퓨터를 5미터 떨어진 곳으로 옮기는 것이 아니라 두 사람이 여섯 시간 내지 열 시간 운전하고 열대여섯 페이지의 서류를 작성하고, 납세자의 돈을 400유로씩이나 소모하는 것이다.[4]

이 사례를 통해 무의미한 일자리 현상이 드러내는 흥미로운 측면을 볼 수 있다. 언뜻 생각하면 자본주의를 추구하는 민간 기업들은 이익을 기준으로 모든 것을 판단하므로 이런 불쑥 직업이 존재하지 않을 것 같다. 이윤을 추구하는 기업이 수익성 없는 노동자에게 왜 돈을 쏟아붓는단 말인가? 그러나 이런 생각은 착각의 영역 속에 밀어 넣어둬야 할지도 모른다.[5] 현실에서는 민간 부문에도 무의미한 일자리가 넘쳐난다. 우선 이 현상의 원인은 기업 문화의 변화에서 찾아볼 수 있다. 오늘날 기업 임원들이 개인의 실질적 이해관계를 자신들이 이끄는 기업의 성패에 거는 경우는 거의 없다. 그들은 무의미한 일자리를 만들 만한 충분한 여력이 있다. 친구들에게 호의를 베푼다거나, 필요하다면 오로지 자사의 고용 통계를 최적화하려는 이유에서 어떤 방식으로든 '전문가'를 고용해 기업에 세련된 이미지를 입히려고 할 수도 있다. 기업이 파산하더라도 임원들은 그 시점에 이미 다른 어딘가에 고용되어 있을 것이다.

문제는 여기서 그치지 않는다. 행정, 경제 부문이 급속히 늘어나는 것은 우리 사회의 더 근본적인 심리적 경향성과 관계된다. 규칙, 절차, 행정 업무의 끝없는 확산은 대체로 대인 간의 불신, 불확실성, 위험 요소를 감내하는 능력이 부족한 탓에 발생한다. 정부와 국민 모두 만사가 **올바르게** 이루어져야 한다고 점점 더 요구하고 있다. 이 때문에 무슨 일이 잘못되면 금전적, 법률적으로 책임을 물을 사람을 결정하기 위해 끝없는 절차 조항이 필요해진다. 5장에서 논하겠지만, 오늘날 규제와 통제에 집착하는 현상은 끊임없이 커져만 가는 불안을 다스리려는 일종의 광란적인 시도라고 할 수 있다.

　근본적 불신이 인간관계의 특징으로 자리 잡을 때, 삶은 절망스러울 만큼 복잡해지고 사회는 갖가지 '치안 기제'를 만드는 데 에너지를 쏟아붓게 된다. 하지만 이는 더 심한 불신을 부추길뿐더러 무엇보다도 심리적으로 매우 소모적인 일이다. 이런 점에서 불쉿 직업 현상은 직장에서 번아웃이 만연하는 것과도 직접적으로 연관된다. 실제로 업무에 요구되는 것 때문에 업무 수행이 참을 수 없는 경우는 별로 없다. 이보다는 의미와 만족감을 경험할 수 없고, 하나의 **창조** 행위로서 일을 경험할 수 없다는 사실이 견디기 힘든 것이다. 한 사람을 사무실에 앉혀놓고 10분에 한 번씩 버튼 누르기와 같은 쓸모없는 일을 수행하는 대가로 두둑한 임금을 지급한다고 하자. 과연 이런 일은 삶의 무게를 훌훌 벗고 홀가분한 기분이 들게 할까, 아니면 참을 수 없을 정도로 삶을 하찮게 만들어놓을까?

　결국 여기서 하나의 역설이 일어난다. 의미 있는 일자리를 가진 사람들을 향해 원망과 복수심이 드는 것이다. 놀랍게도 실제로 해고를 당하거나, 보수가 너무도 열악해 겨우 생계를 유지하거나, 보조금으로 살아가야 하는 사람들은 대개 직접적으로 유용한 일을 수행하는 사람들—의료계 종사자, 쓰레기 청소부, 숙련공, 농부—이다(생각해보라. 농부들은 모든 물건 중에서도 우리에게 가장 필요한 식량을 생산하지 않는가). 반면, 행정직처럼 가장 무의미한 일자리들은 계속 늘어나고 비교적 점점 더 후한 보상을 받는다. 여기에는 (무의식적으로) 다음과 같은 논리가 다소 작용한다. "만일 당신이 무의미한 일자리를 하나 얻을 정도로 충분히 운이 좋다면, 그 이상의 적절한 보상은 기대하지 말아야 한다." 그리고 정말 그렇기라도 하듯, 우리는 의미 있는 일을 선택하려는 의도 자체가 어리석다고 간주하는 지경에 이르게 되었다.

무의미한 직종들의 부상이 보여주는 것은 인류가 안고 있는 진정한 문제가 자연의 힘이나 노동의 물리적 요구와의 투쟁보다 인간관계에 더 많이 놓여 있다는 점이다. 간단히 말해, 인간관계가 만족스러운 사회에서는 원시적인 생산 수단밖에 없더라도 삶을 견딜 수 있다. 그러나 인간관계가 피폐하고 해로운 사회에서는 기계적-기술적 진화 측면에서 아무리 '진보한' 사회라 해도 삶이 힘겹고 버거울 것이다.

요약하자면 과학은 산업화와 기계화를 통해 물질세계를 바꿔놓을 수 있는 놀라운 능력을 인간에게 안겨주었다. 그러나 이로 인해 여러 문제가 불거진 것도 사실이다. 특히 우리가 다른 인간과 맺는 관계, 그리고 자연과 맺는 관계에 문제가 생겨났다. 이뿐만 아니라 과학—또는 오늘날 과학이라고 받아들여지는 것—이 때로는 정확하지도 않고 믿을 수도 없다는 사실 때문에 갖가지 문제에 부딪히기도 했다.

연구의 질이 가장 문제시되는 분야가 의학이라는 점은 1장에서 설명했었다. 의학 연구의 무려 85퍼센트가 각종 오류, 엉성함, 사기로 인해 의심스러운 결론에 도달한다. 이를 생각하면

예컨대 임상시험에서는 안전하다고 판명된 약이 현실에서는 수천 명의 목숨을 앗아가거나 심각한 부작용을 일으키는 이유를 이해할 만하다. 가장 잘 알려진 예는 탈리도마이드 사건일 것이다. 탈리도마이드Thalidomide(브랜드명 '소프테논Softenon')는 임신부의 구역감을 진정시키는 의약품으로 1958년에 시판되었다. 그러나 1961년경 탈리도마이드는 최소 1만 명의 태아에게 심각한 기형을 초래해 대다수가 미발달된 사지로 태어나거나 아예 사지가 없는 채로 태어나게 했다는 것이 분명해졌다. 이 사건에서 가장 믿기 어려운 것은 그 후로도 제약회사들이 수년간 이 약을 제조했고, (벨기에를 비롯한) 일부 국가에서는 1963년까지도 이 약을 처방전 없이 살 수 있었다는 점이었다. 수천 명의 영아를 기형으로 만들고 수천 명의 생명을 파괴한 이 약품은 1969년까지 시장에서 판매되었다. 이를 정당화하는 논리는 당혹스럽지만 최대한 순화해서 표현하면 이렇다. 우선 정부가 이 약품과 태아의 기형 사이에 실제로 연관 관계가 있는지를 100퍼센트 확신하고 싶었다는 것이다.

또 다른 극적인 예로 인공 호르몬인 디에틸스틸베스트롤di-ethylstilbestrol·DES을 꼽을 수 있다. DES는 1947~1976년에 유산을 예방하려는 목적으로 널리 처방되었다. 그러나 1976년경 DES 사용이 끔찍한 실수였다는 것이 명확해졌다. 이 합성 에스트로겐은 유산 예방은커녕 수 세대에 영향을 미치는 심각한 부작용들을 초래했다.[6] DES를 복용한 여성은 유방암에 걸릴 위험도 더 컸다. DES를 복용한 여성에게서 태어난 여성 자손의 첫 세대는 자궁 내막 이상, 임신 합병증, 생식기 기형에 걸릴 위험이 더 컸고 자궁경부암, 유방암, 질암의 발병 위험도 더 컸다. 반대로, DES를 복용한 여성에게서 태어난 남성 자손의 첫 세대는 부고환에 혹이 생길 위험이 더 컸으며, 남성 자손의 두 번째 세대는 요관에 이상이 생길 확률이 더 높았다. DES가 유발한 이상이 언젠가는 멈추게 될지, 멈춘다면 과연 어느 세대에서 멈출지는 아무도 모른다.

의료 사건 중에는 탈리도마이드와 DES가 가장 잘 알려졌지만, 수많은 피해자를 유발한 사건은 이뿐만이 아니다. 2019년 미국에서는 지난 20년간 40만 명을 숨지게 하고 그 외 알려지지 않은 수백만 명의 삶을 망쳐놓은 오피오이드opioid 위기를 놓고 몇몇 제약회사들에 책임을 묻는 대규모 소송이 제기되었다. 이 비극에서 얻는 한 가지 교훈은 오랜 기간 널리 사용된 의약품이라고 반드시 안전하지만은 않다는 사실이다. 인기 있는 진통제로 1955년부터 시판된 아세트아미노펜(브랜드명 '타이레놀Tylenol')에 발암 물질이 함유되어 있고 태아에게 해로울 수 있다는 것도 2021년에야 밝혀진 사실이다.

하지만 의약품의 효과와 부작용은 이미 시판 전에 충분히 검사하지 않는가? 그렇다면 어떻게 이 모든 해로운 부작용을 사전에 발견하지 못한 것일까? 문제는 이렇다. '건강' 혹은 '약물 반응'이라는 현상은 복잡하고 역동적이므로 총체적으로 측정하거나 이해하기가 불가능하다. 연구자는 매우 제한된 수의 반응(예, 증상에 나타나는 효과, 혈압에 일으키는 영향 또는 호흡)만을 기록하고 조사

할 수 있을 뿐이다. 그 외 모든 것은 연구자에게 가려져 있다. 게다가 연구는 제한된 시기 동안만 수행된다. 그 기간 이후로, 심지어 탈리도마이드처럼 수 세대 이후에 나타나는 부작용은 연구 과정에서 다 고려할 수가 없다. 마지막으로 부작용 중에는 너무 미묘하게 나타나 당장은 탐지되지 않지만, 전반적인 면역력 저하와 같이 시간이 지나면서 매우 심각해지는 것도 있다.

이 밖에 엄밀한 예측을 까다롭게 만드는 강력한 심리적 요인도 있다. 플라세보 효과placebo effect(약물 효능에 대한 환자의 믿음 때문에 나타나는 긍정적인 효과)와 노세보 효과nocebo effect(약물이 해롭다는 환자의 믿음 때문에 나타나는 부정적인 효과)는 널리 인정되는 현상이다. 누군가는 이 효과들이 결코 가볍지 않다고 말할지도 모른다. 몇몇 연구자(예, 샤피로Shapiro[7]와 웜폴드Wampold[8])는 의학 치료가 가져오는 효과의 최대 90퍼센트는 심리적 요인에 기인한다고 추산한다. 만약 이 말이 사실이라면, 엄밀히 말해 대다수 의학 치료는 (인정되지 않은) 심리치료라고 할 수 있을 것이다.

다른 모든 데이터처럼 이 데이터들도 상대적이긴 하지만, 심리적 요인의 영향이 상당하다는 점은 분명하다(10장에서 이 점을 집중적으로 다룬다). 이 때문에 의약품과 의료적 개입의 효과는 예측하기가 어렵고 그마저도 시대정신이 변하면 달라질 수 있다. 다양한 담론은 다양한 기대를 낳고, 다양한 기대는 다양한 효과를 낳는다. 이는 의약품들이 시판 이후로 어느 정도 시간이 지나면 초기의 효능을 잃는 것처럼 보이는 현상을 잘 설명해준다. 새로운 치료법은 높은 기대를 유발해 강력한 플라세보 효과를 일으킨다. 의료적 개입의 효과를 실험으로써 객관적으로 측정할 수 있다는 믿음은 순진한 기계론적 관점에서만 나오는 것이다.

의학 연구의 열악한 질은 심각한 윤리적 문제들도 일으킨다. 예를 들어 의학 연구의 질적 문제는 실험을 진행하려는 무자비한 의도에 따가운 시선을 보내게 한다. 의학 실험에 사용되는 실험동물의 수는 해마다 증가하고 있다.[9] 2005년, 전 세계에서 실험에 희생된 동물 수는 약 1억 마리였다(!). 2020년, 이 수는 거의 두 배로 늘어나 2억 마리에 가까웠다(!). 이 동물들의 운명은 참혹하며 그중에는 말로 표현하기 어려울 만큼 끔찍한 경우도 많다. 의학 연구의 85퍼센트가 잘못되었고, 편향적이며, 심지어 사기성을 띠고 있음을 고려한다면(1장 참조), 동물들이 겪는 이러한 고통은 매우 끔찍할뿐더러 그 절대다수는 무의미하고 불필요하다는 결론에 이를 수밖에 없다. 실험과 고문을 가르는 정확한 선을 어디서 그을 수 있을까? 이런 관행이 한 사회에서 심한 부조리 속에 대대적인 규모로 이루어진다면, 그 사회는 심각한 병에 걸렸다고 결론지을 수밖에 없다.

기계론적 사고는 인간에게 물질세계를 조작할 수 있는 어마어마한 능력을 선사했다. 이 능력은 인간에게 내재한 (자기) 파괴적 경향과 결합해 인간을 어느 때보다 위태로운 상황에 몰아넣었다. 역사상 처음으로 인간은 전 세계 어족 자원을 고갈시키고 열대우림을 통째로 개간하는 등 자신이 의존하던 '천연자원'을 파괴할 수 있게 되었다. 게다가 전쟁의 산업화와 기계화를 통해 기계론적 사고는 그 파괴적 잠재력을 노골적이고 직접적인 방식으로 드러냈다. 세계대전에 투입된 파괴 기계에 희생된 수천만 명은 이를 증언하는 침묵의 목격자다. 그 이후로도 과학은 살인적인 분노와 사악하게 결합해 엄청난 파괴를 일으킴으로써 과거의 불행을 상대적으로 희미하게 만들었다. 하나만 예를 들자면, 몬산토사Monsanto가 제조한 7,600만 리터의 고엽제는 베트남에 뿌려져 나뭇잎을 없애고 정글에서 베트콩을 몰아내는 데 사용되었다. 그 결과는 어땠을까? 베트남과 미국 양쪽의 군인 수백 명이 중병에 걸렸고, 종양과 암이 발병한 사람도 많았으며, 최소 15만 명의 아동이 기형 장애를 앓게 되었다.

기계 과학의 의도는 인간에게 더 안락한 생활을 선사하려던 것이었지만, 이는 여러 면에서 오히려 인간을 더 위험한 상태에 놓이게 했다. 인간은 자연에서 놓여난 자신의 힘 앞에서 위협을 느낄 수밖에 없었다. 그리고 그러한 힘의 상당 부분은 소수가 차지하게 되었다. 세상이 산업화, 기계화, 기술화됨에 따라 생산 역량, 경제적 권력(자기 중앙화하는 금융 시스템), 심리적 권력(대중 매체의 주도)은 점점 더 소수의 손에 떨어졌다. 계몽주의의 전통은 사람들에게 자율성과 자유를 약속했지만, 어떤 면에서는 그 어느 때보다 많은 의존성과 무력(의 감정)을 사람들에게 안겨주었다. 이 무력감은 사람들이 권력층을 점점 더 불신하게 만들었다. 19세기를 보내는 동안 정치 지도자들이 공공 영역에서 자신들의 목소리를 대변하고 자신들의 이해관계를 수호한다고 느끼는 사람은 점점 줄어들었다. 그 결과, 인간은 정치인으로 대변되는 사회 계급으로부터 분리되었고, 더는 사회 전체와 연결되지도 못하고 유의미한 사회 집단에 소속되지도 못한 채 뿌리가 뽑히게 되었다.

　계몽주의 전통은 세계를 이해하고 통제하려는 인간의 낙관적이고 에너지 넘치는 포부에서 비롯되었지만, 몇몇 측면에서 이는 정반대의 결과인 통제력 상실을 초래했다. 이렇게 인간은 고독한 상태에 놓인 자신을 발견하게 되었다. 자연으로부터 끊어지고, 사회적 구조와 연결성으로부터 분리되었으며, 깊은 무의미감이 초래하는 무력감을 느끼고, 상상할 수 없는 파괴적 잠재력을 지닌 막연한 상태 속에 살아가는 것이다. 동시에 심리적, 물질적으로는 행복한 소수에 의존하는데, 그 소수는 신뢰하지도 않거니와 나와 동일시할 수도 없는 이들이다. 한나 아렌트는 이런 개인들을 가리켜 **원자화된 피지배자**atomized subject라고 명명했다. 그리고 우리는 이 원자화된 피지배자 속에서 전체주의 국가의 기본적 구성요소를 발견할 수 있다.

3

인공적인 사회

The Artificial Society

　기계론적 이데올로기의 최종 단계는 무엇일까? 이 질문에 대답하려면, 17세 소년 갈릴레오 갈릴레이가 흔들리는 램프를 응시했던 피사의 대성당으로 돌아가야 한다. 젊은이답게 개방적이고 호기심이 넘쳤던 갈릴레오는 그전까지 수많은 사람의 눈이 포착하지 못한 무언가를 간파했다. 진자의 이동 거리가 멀든 가깝든, 앞뒤로 흔들리는 데 걸리는 시간은 늘 같다는 사실이다. 자세히 살펴보면 이는 이치에 들어맞는다. 멀리 움직일 때는 더 높은 시작점에서 움직이므로 아래쪽으로 내려오는 과정에서 속도가 높아진다. 짧게 움직일 때는 더 낮은 지점에서 시작하므로 하향 운동을 하더라도 속도가 덜 붙는다. 진자가 경로를 이동하는 속도는 그것이 만들어내는 아치 길이에 정비례한다. 따라서 진자가 이동하는 데 걸리는 시간은 늘 동일하다.

갈릴레오의 발견이 훌륭했다는 것은 의심의 여지가 없다. 하지만 꼭 그런 것만도 아니었다. 크리스티안 하위헌스도 진자시계를 만드는 과정에서 무언가를 알게 되었다. 같은 벽에 여러 개의 시계를 달아놓으면 결국 진자들이 완벽한 코러스처럼 동조하며 흔들린다는 사실이었다.[1] 그는 어떤 방식으로든 시계들이 서로 소통하고 있다고 결론지을 수밖에 없었다. 하위헌스는 추정하길—결국 이 추정이 옳았다—진자들의 진동이 벽을 통해 퍼지면서 지속 기간에 작은 편차를 일으키는데, 이해하기는 어려워도 이로 인해 결국 진자들이 동시에 움직이게 된다고 보았다.

즉, 진자는 갈릴레오의 간단한 법칙이 제안하는 것보다 복잡하게 움직인다. 분명 진자들은 주변 환경의 영향에 따라 움직임을 조정하는 능력을 지닌 듯하다. 이 움직임의 지속 기간을 정확히 측정하면 하위헌스의 견해가 최소한 다음의 정도까지는 확실해진다. 갈릴레오의 생각과는 반대로, 진자가 시간을 정확히 지키지 않을 때도 있다. 움직임을 완료하기까지 때로는 시간이 더 걸리기도 하고, 다른 때는 덜 걸리기도 한다는 것이다.[2] 이는 여러 진자가 동기화되지 않고 한 진자가 고립된 상태에서 움직일 때도 마찬가지임이 밝혀졌다. 진자의 이동 시간이 늘 같지는 않다. 처음에 이러한 편차들은 그리 중요치 않은 일종의 '우연'이라고 치부되었다. 진자가 나타내는 불규칙성은 우연에 따른 기계적 요인의 결과라고 여겨진 것이다. 주변 공기의 흐름이 바뀌었다거나 사슬이 꼬인다거나 하는 경우들 말이다.

20세기 후반에 들어와서야 이 견해가 틀렸음이 밝혀졌다. 이렇게 임의적으로 보이는 편차들은 수학 공식으로는 기술이 가능하나 엄밀히는 예측할 수 없는 일종의 패턴을 이루고 있다(진자는 결정론적인 예측 불가능성이라는 특징을 지니고 있는데 이 점은 9장에서 다시 살펴볼 예정이다). 게다가 앞서 말한 패턴은 진자마다 고유한 형태를 띤다. 과거 진자는 갈릴레오의 법칙을 충실히 따르는 따분한 기계적 현상이라고 여겨졌지만, 실상 그러한 기본적인 기계 장치들은 본질상 창조적이며 특이하게도 불복종하는 능력이 있었다. 이에 대해 제임스 글릭James Gleick은 그의 저서 《카오스》에서 이렇게 논했다. "카오스 동역학 연구자들은 단순한 시스템의 무질서한 운동이 하나의 '창조' 과정으로 작용한다는 것을 발견했다. 그러한 행동 양태는 복잡성을 만들어냈다. 풍부하게 조직화된 패턴을 보이면서 때로는 안정적으로 때로는 불안정적으로, 때로는 유한하게 때로는 무한하게, 그러나 늘 생명체와 같은 매력을 지녔다."[3]

진자 행동을 갈릴레오의 법칙으로 축소시키면 진자의 '사회적' 속성, 나아가 그것이 지니는 개별성과 창조성이 묻히고 만다. 컴퓨터 프로그램을 활용해 갈릴레오의 법칙을 정확히 따르는 가상의 진자를 만든다면 실제 진자와 매우 흡사해 보이겠지만, 이는 실제 진자가 지닌 활력 있는 카오스를 나타내지 않으므로 죽어 있는 현상일 것이다.

갈릴레오의 진자는 하나의 보편 법칙을 보여준다. 자연 현상에 대한 논리적이고 이성적인 설명은—아무리 포괄적이라고 해도—늘 현상의 한 면만을 분리해서 보여준다. 이론 모델은 절대로 대상을 온전히 포착할 수 없으므로 늘 무언가는 설명되지 않은 채로 남아 있다. 이 설명되지 않은 잔여 부분은 하찮고 임의적인 '우연'이 아니다. 이것은 사물의 본질을 이룬다. 그것이야말로 사물의 살아 있는 요소다.

이 사실은 이를테면 '자연' 제품과 '인공' 제품의 차이를 통해서도 알 수 있다. 유전자 조작 식물이든, 실험실에서 만들어낸 고기든, 백신 접종으로 형성한 면역력이든, 고도의 기술로 만들어낸 성인용품이든 합리적 분석을 통해 자연 현상으로부터 무언가를 인공적으로 재생산할 때, 이 인공적인 현상은 본래의 자연 현상과 같지 않다. 인공적인 대상이 잃어버린 부분을 언제나 즉시 알아차릴 수 있는 것은 아니다. 때로는 그런 부분이 거의 드러나지 않기도 한다. 그런데도 이는 물리적, 심리적 수준 모두에서 중요하다. 이를 보여주는 좋은 예로 인간적 상호작용의 디지털화—사람 간의 실제 소통을 디지털 소통으로 대체하는 것—를 들 수 있다.[4]

코로나바이러스 위기가 발생하면서 디지털 사회를 지향하는 추세가 크게 진전했다. 자택 근무가 일상화되었고, 학교생활도 온라인에서 이루어졌으며,[5] 식전에 마시는 반주나 커피도 텔레비전이나 컴퓨터 화면을 앞에 두고 즐기게 되었고,[6] 심지어 성관계도 기술적 장치가 도와주며,[7] 코로나바이러스 감염 예방을 위해 사형 선고마저 안전한 디지털 공간에서 언도했다.[8] 처음에 이런 움직임은 대체로 필요하고 때로는 유익하다고 여겨졌다. 덕분에 사람들은 바이러스에 걸리지 않고, 시간을 절약하고, 교통 혼잡을 피하며, 생태 발자국도 줄이고, 사람들과 부딪힐 때 겪기 마련인 스트레스와 불편함을 피할 수 있다고 느꼈다.

그러나 온라인 생활의 가속화는 번아웃과 탈진도 심하게 부추겨, 일각에서는 **디지털 우울**digital depression이라는 말을 꺼낼 정도다.[9] 문제의 핵심은 다음과 같을 것이다. 대화를 나눌 때 주고받는 것은 정보만이 아니다. 여기에는 미묘하지만 정보만큼이나 중요한 몸짓 교환이 수반되는데, 디지털화는 이러한 소통을 방해한다. 담화의 물리적 측면은 매우 중요하다. 이것이 언어를 사랑과 정욕의 문제로 만든다. 성적으로 자극하는 힘을 대화의 물리적 측면에 정교하게 담아내기 때문이다. 이런 까닭에 1주일간 온라인 공간에서 업무를 보고 나면 실제로 사람을 만나 이야기했으면 하는 물리적 욕구가 간절해진다.

디지털 대화는 실제 대화와 같지 않다. 이는 영아들에게서 가장 뚜렷이 확인된다. 생애 첫 6개월 동안 영아들은 놀라운 속도로 말소리를 분별하는 법을 배운다. 더군다나 이 학습은 녹음된 음성이나 녹화된 비디오 소리를 듣는 것이 아니라 물리적으로 옆에 존재하는 누군가의 말소리를 듣는 중에만 이루어진다(쿨Kuhl의 실험[10] 참조). '타인'의 물리적 존재 없이는 초기 언어 학습이 이루어질 수 없다. 아기는 엄마의 몸이 전해주는 온기, 엄마의 가슴에서 나오는 모유를 통해 자신의 물리적 욕구를 만족시키는 가운데 엄마의 (몸짓) 언어를 내면화한다. 숨죽이고 엄마 얼굴에 시선을 고정한 아기는 엄마 얼굴에 나타나는 표정들을 모방한다. 아기는 모든 주의를 기울여 엄마가 내는 소리를 듣고, 그 결과 아기가 내는 첫 흐느낌이나 울음소리에도 엄마의 말투나 억양이 묻어 있다.

게다가 이러한 동기화는 이미 태어나기도 전에 뱃속에서부터 일어난다. 애니 머피 폴Annie Murphy Paul의 실험들('아기들이 태어나기 전에 배우는 것들'[11])은 영아가 출생 직후에 내는 울음소리의 선율이 이미 엄마 목소리와 닮았다는 것을 보여준다. 신생아가 엄마의 왼쪽 젖가슴을 빠는 동안 헤드폰으로 엄마의 목소리를 들려주고, 오른쪽 젖가슴을 빠는 동안 누군가 다른 사람의 목소리를 들려주면, 왼쪽 젖가슴으로 수유할 때 훨씬 더 많은 양을 먹는다. 결론은 분명하다. 아기는 이미 뱃속에 있을 때부터 엄마 목소리에 익숙해져 있으며, 자궁 안에서 지내는 동안 그 특정한 목소리에 반향하도록 길들여진다.

이러한 일차적 반향은 출생 후에 더욱 발전한다. 물론 이 일은 아무렇게나 일어나지 않는다. 아기는 엄마가 내는 소리와 표정을 독창적으로 따라 하면서 엄마와 일종의 **공생**symbiosis 관계를 이룬다. 이런 방식으로 엄마가 느끼는 것을 고스란히 느끼는 것이다. 엄마의 행복한 표정을 따라 할 때면 엄마의 즐거운 기분도 느끼게 되고, 엄마의 슬픈 표정을 따라 할 때면 엄마가 느끼는 불행도 함께 느낀다. 이와 비슷한 것이 소리 교환에도 적용된다. 엄마의 말에서 들리는 날카롭고 쨍한 소리들은 엄마의 행불행을 그대로 전달하고, 이 말들을 따라 하는 아기는 엄마와 같은 심리적 파동을 느끼며 이에 반향한다.

아기와 (사회적) 환경 사이의 초기 공명은 독특한 현상을 일으킨다. 즉, 어린 아기의 몸이 그 몸의 가장 깊고 세밀한 조직에 내재되는 일련의 진동과 긴장으로 '채워지는' 것이다. 그리고 이것들은 일종의 '신체 기억'을 형성해 근계, 선腺, 신경, 조직의 기능을 프로그램화할 뿐 아니라, 아기가 특정한 심리적 질환이나 장애에 취약하게 만들기도 한다.

가장 문자 그대로 말한다면 인간의 몸은 일종의 **현악기**와 같다. 골격에 걸쳐 있는 근육 및 신체 섬유들은 언어 교환을 모방하는 가운데 아동기 초기에 특정한 긴장에 놓인다. 이 긴장은 그 사람이 어떤 (사회적) 현상에 반응할지 결정하고, 인생의 나중 시점에서 어떤 주파수에 민감하게 반응할지도 결정한다. 특정한 사람 및 사건이 말 그대로 나의 심금을 울리는 것도 이 때문이다. 그들 혹은 그것이 내 몸을 만질 때 내 영혼도 만지는 것이다. 목소리가 몸을 아프게 할 수 있는 것도 이런 이유에서다. 반대로 목소리를 통해 몸이 낫기도 하고 말이다.

이런 점에서 목소리는 매우 중요하며 생애 초기에는 더더욱 그렇다. 들을 목소리가 없다는 것은 어린 아기에게 치명적이다. 오스트리아계 미국인 정신의학자 르네 스피츠René Spitz는 동일한 방식으로 생물학적 욕구(음식, 음료, 옷, 주거)를 충족하는 아동 두 그룹을 연구했다. 단, 여기서 첫 번째 그룹은 보호자와 안정된 심리적 유대를 쌓았고, 두 번째 그룹은 그러한 유대를 쌓지 못했다. 스피츠의 연구 결과, 두 번째 그룹의 사망률이 첫 번째 그룹보다 훨씬 높았다.

이러한 언어적 교환의 미묘한 물리적 차원은 살아가는 내내 중요하다. 어린아이처럼 성인들도 대화하는 동안 자기도 모르게 상대방의 표정과 자세를 끊임없이 모방한다(이른바 거울 뉴런 mirror nuerons에 관한 연구[12] 참조). 이는 감지할 수 없을 만큼 미세하게 근육 긴장이 높아지는 일종의 내적 모방 형태로 나타난다. 아무리 미묘할지언정 이는 매우 짧은 시간 안에 상대의 주관적 경험의 더 깊은 측면—상대가 고통을 느끼는지, 슬프거나 행복한지, 아니면 그냥 시늉만 하는 건지—을 판단하고 이를 모방하는 데 충분하다.

이로써 대화 참여자 간에 이루어지는 놀랄 만큼 직접적인 소통을 생각해볼 수 있다. 나는 전문가로서 15년간 (심리치료적인) 대화를 자세히 연구하며 이를 구체적으로 확인할 수 있었다. 한 가지 측면을 강조하자면, 사람들은 대화하면서 놀라울 정도로 서로에게 신속하게 반응한다. 한 사람이 말을 멈췄을 때 상대가 말을 꺼내기까지 걸리는 시간은 대개 0.2초를 넘지 않는다(반면, 사람들이 신호등에 반응하는 시간은 평균적으로 이보다 다섯 배 높다). 심지어 이 현상은 화자가 문장을 아직 끝마치지 않아 청자가 문장의 통사 구조를 참고해 상대가 멈출 시점을 전혀 파악하지 못한 상황에서도 일어난다.

대화 참여자들이 상대방의 상태를 매우 날카롭게 알아차리는 것은 말의 억양, 음색, 표정, 자세, 말의 속도 등에 나타나는 미세한 변화를 감지하기 때문이다. 찌르레기 떼처럼 대화하는 사람들도 하나의 유기체를 형성한다. 이들은 몸과 영혼에 미세한 잔물결을 전달시키는 심리적인 막을 통해 서로 연결되어 있다. 아무리 사소한 것일지라도 서로 간에 나누는 모든 말을 통해 사람들은 완벽한 댄스 파트너의 면모를 보여준다. 그들은 영원한 언어의 음악 안에서 미묘하게 결합되어 있다. 우리는 스스로 자각하는 것보다 훨씬 자주 사랑을 나눈다.

디지털화는 이러한 복잡한 현상을 훼손한다. 디지털 소통에서는 항상 얼마간의 지연이 일어나고, 냄새와 온도 같은 특정 측면에 접촉할 수 없으며, (누군가의 얼굴만 볼 수 있으므로) 선택적이고, 물리적 소통이라면 해소되었을 불쾌한 불안을 끊임없이 느끼게 된다. 그 결과, 디지털 소통에서는 말이 적고 경직되어 있다고 느껴질뿐더러 상대방을 진정으로(물리적으로) 감지할 수 없다는 느낌도 든다. 직장 리더십 분야의 전문가 지안피에로 페트리글리에리Gianpiero Petriglieri의 말을 빌리면, "디지털 공간에서 소통할 때, 우리의 정신은 우리가 함께 있다고 믿는 꾐에 넘어가지만, 우리들의 몸은 우리가 함께 있지 않다는 것을 알고 있다. 디지털 대화가 그토록 소모적인 것은 끊임없이 상대방의 부재 속에 머물러야 하기 때문이다."[13]

여기서 우리는 디지털화와 우울증 사이의 직접적인 연관성을 확인할 수 있다. 고전 정신분석 이론에서 우울증은 사랑하는 사람(아동기에는 대개 부모)의 수동성 또는 부재가 촉발하는 좌절 경험(무력감)에서 비롯된다.[14] 이때 개인은 '타자'에게 동일한 화폐를 지불한다. 나 자신이 수동적인 상태(예, 우울)가 되는 것이다. 디지털 '소통' 역시 비슷한 역동을 낳는다. 물리적으로 부재하고 실제로 닿을 수 없다고 느껴지는 타자에 대해 무력감이 느껴지는 까닭에 좌절과 수동성(예, 지치는 기분)으로 반응하게 된다.

디지털화는 대화를 비인간화한다. 이는 대개 보이지 않게 은밀하게 일어나지만, 때로는 매우 선명하게 느껴지기도 한다. 최근 심리치료 상황에서 이를 겪은 적이 있다. 40대 초반의 한 여성이 피투성이가 된 손으로 한밤중에 잠에서 깨어났다. 알고 보니 평생 간절히 원했던 아기를 유산한 것이었다. 그녀는 흐느끼면서 대화—진정한 대화—를 요청했다. 이런 상황이라면 아무리 적절한 말을 건넨다 해도 디지털 공간에서는 그에 맞는 표정을 전달할 수 없다는 것을 누구든 알 수 있다. 디지털 공간 외에 대화할 채널이 전무한 경우가 아니라면, 이러한 상황에 놓인 내담자에게 온라인으로 대화를 건넨다는 것은 비인간적이라고까지 할 수 있다.

비슷한 사례들을 교육 현장(교실에서는 생생하게 느껴지는 교사의 열의가 광섬유 케이블로는 전달되지 않는다), 근무 환경(온라인 회의에서는 프로젝트 리더의 지원이 약화되기 마련이다), 연애(애정 관계에서 할 수 있는 온갖 말들을 동원해 흔들리는 관계를 살려내고 싶은데 이를 온라인 공간에서 한다고 생각해보라), 이 밖에 개인의 인간적 면모를 온전히 수반해야 하는 모든 상황에서 찾아볼 수 있다.

이 모든 것이 사실이라면, 디지털 의사소통이 그렇게 매력적인 이유는 무엇일까? 코로나바이러스 위기가 터지기 훨씬 전에 문자 메시지로 가벼운 대화를 주고받던 일을 왜 그렇게 기분 좋게 포기해버린 것일까? 확실히 멀리 떨어져 있는 사람과는 온라인 공간에서 소통하는 편이 편리한 것이 사실이다. 그러나 여기에 작동하는 또 다른 심리적 요인이 있다. 불확실성은 인간의 경험 세계에만 나타나는 두드러진 특성이다. 그 어떤 동물도 의심에 사로잡히거나 실존적 물음에 시달리지 않는다. 이는 특히 우리가 타자와 맺는 관계 속에서 더욱 뚜렷하게 나타난다. 어떻게 하면 내가 타자를 위해 좋은 일을 할 수 있을까? 그는 나를 좋아할까? 나를 매력적이라고 생각할까? 내가 그에게 의미 있는 존재이긴 할까? 그가 내게 바라는 것은 무엇일까?

말 그대로 멀리 떨어져 있으면서도 타자와 소통이 가능한 디지털 대화에서는 이러한 영원불변한 질문 및 이와 연관된 불확실성과 두려움이 훨씬 무디게 느껴진다. 반면 통제감은 훨씬 크게 느껴진다. 나의 선택에 따라 어떤 것은 보여주고 어떤 것은 숨기기가 더 수월하기 때문이다. 요컨대 사람들은 디지털의 벽 뒤에서 심리적으로 더 안전하고 편안하다는 느낌을 받지만, 그 대가로 연결성을 잃어버린다. 여기서 우리는 이 책에 반복적으로 등장할 한 가지 주제에 다다른다. 세상의 기계화는 인간이 주변 환경과의 접촉을 상실하고 원자화된 피지배자가 되게 한다는 것이다. 한나 아렌트는 이러한 종류의 피지배자가 전체주의 국가를 구성하는 필수 요소라고 보았다.

과학은 현실에 맞추어 이론을 조정하지만, 이데올로기는 이론에 맞게 현실을 조정한다. 기계론적 이데올로기도 예외는 아니어서 그 이론적 허구에 맞게 현실을 조정하고자 시도한다. 기계론적 이데올로기는 자연과 세계의 최적화를 목표로 삼는다. 유전자 조작 동식물, 실험실에서 만든 고기, 그 외 인공 제품에 관해서는 이미 언급했지만, 기계론적 이데올로기의 여파는 이보다 훨씬 광범위하게 나타난다. 일각에서는 월경이 불필요한 번거로운 일이라면서, 인공 호르몬을 활용해 이를 없애버리고 여성의 주기를 변동 없는 단일한 형태로 바꾸는 편을 지지한다.[15] 일부 사람들은 인공 자궁에서 소와 개의 배아를 '키우는' 실험을 수년간 진행해보고는,[16] 산모의 자궁을 인공 포대로 대체할 때가 왔다고 믿기도 한다.[17]

이러한 관행을 올더스 헉슬리Aldous Huxley의 《멋진 신세계》에 나오는 번식 프로그램과 완벽하게 같은 형태로 만드는 데 유일하게 모자란 부분이 있다. 조건화된 메시지를 단조롭게 반복함으로써 엄마의 목소리를 대체하려는 시도가 그것이다. 이 경우, 엄마 목소리에 실린 선율 있는 메아리가 더는 신생아의 울음소리에 묻어나지 않을 것이다. 대신 아기는 이미 '사회적으로 조정된' 상태로 세상에 나올 것이다. 물론 이 관행이 안겨주는 이점들도 과소평가할 수는 없다. 미래의 부모들은 9개월간의 '임신' 중에도 정상적인 생활을 이어갈 수 있다.[18] 인공 자궁이 열려서 아기가 '태어난' 뒤, 아이의 존재가 삶을 변화시킬지는 아직 전적으로 분명하지 않다.

인공 자궁은 우리 생각만큼 그리 먼 이야기가 아니다. 기계론적 이데올로기에 사로잡힌 사회를 설득하려면, 다수의 '전문가'가 매체에 나와 각종 통계치와 데이터를 논하면서 살균성이 떨어지는 산모의 신체보다 인공 자궁이 각종 바이러스와 병원균으로부터 배아를 보호할 확률이 몇 퍼센트 더 높다는 것을 보여주기만 하면 된다. 이러한 논리 안에서는 자연 임신을 택하는 모든 사람이 부모로서 부적합하다고 여겨질 것이다. 그런 부모는 자녀를 심지어 태어나기 전부터 불필요한 위험 요소에 노출시키려 하는 사람일 테니 말이다. 이와 다른 의견들이 그런 논리를 무효화할 수 있을지는 지켜볼 일이다. 삶 자체는 은유와 시의 관점에서만 옹호될 수 있지만, 이런 관점보다는 단조롭게 늘어놓는 기계론적 논점들이 훨씬 귀에 잘 들어온다.

이상적인 사회에 관한 더 광범위한 시각에서는 이러한 추세가 적합하다고 여겨진다. 세계경제포럼World Economic Forum과 같이 미래 사회에 몰두하는 기관들은 세상이 디지코즘digicosm, 즉 인간 생활이 대부분 온라인에서 이루어지는 '사회'를 향해가는 것이 당연하다고 생각한다. 이상하게도 21세기 환경운동은 이러한 추세에 보조를 맞추어 이루어지고 있다. '에코모더니스트'(에코모더니즘 : 발전된 과학기술을 동원해 인간의 생활 공간과 자원을 절약함으로써 자연계에 미치는 인간의 영향을 최소화하려는 환경주의 철학-옮긴이)의 경로로 움직인다는 점에서 21세기 환경운동은 자연을 인간으로부터 보호함으로써 보존하는 것을 목표로 삼는다. 이런 관점에서 보면 시골에서 사는 것은 일종의 범죄다. 장작을 써서 난로에 불을 피우거나 진짜(실험실에서 나온 것이 아닌) 고기한 조각을 먹는 것도 마찬가지다. 이러한 논리 안에서는 정맥주사를 맞으며 실내에서 지내는 것이 이상적인 삶의 형태다. 인간과 자연이 신비로운 통일성을 이루고 조화롭게 공존할 수 있다는 사실은 낭만적이고 비현실적인 생각일뿐더러 기후변화 문제의 시급성을 고려하면 매우 위험하기까지 하다.

사회에 대한 이러한 비전은 이른바 트랜스휴머니즘transhumanism이라는 개념과 교차하곤 한다. 트랜스휴머니즘은 기계론적 이데올로기를 현대적으로 일컫는 말로, 미래 인간이 육체적, 정신적으로 기계와 결합하는 것이 바람직하고 심지어는 필요하다고 보는 태도다. 트랜스휴머니즘주의자들은 몸부림치는 신체의 혼란을 엄밀한 의미의 기술적 신체 인터넷internet of bodies으로 교체하길 원한다. 그러려면 신체에 마이크로칩을 가득 채워놓고 강력한 인터넷을 통해 몸 상태를 감시해야 한다. 일단 이 목표를 이루고 나면 과거 어느 때보다 효율적으로 범죄와 성희롱에 맞설 수 있을뿐더러, 생체 데이터를 수집하고 신체의 자연적 복원력을 백신을 통한 인공 면역으로 대체함으로써 유전자 보정과 예방의학을 실행할 수도 있게 된다. 심지어 인간 정신도 이러한 발전의 유익을 얻게 될 것이다. 2020년 일론 머스크Elon Musk는 5년 이내에 더 이상 다루기 힘든 인간 언어—끝없는 오해의 원천—가 필요치 않게 될 것이라고 선언했다. 그가 선보일 마이크로칩을 뇌 속에 이식하면 완벽한 디지털 신호로 의사소통할 수 있게 된다는 것이다.[19]

뒤이은 이야기는 전혀 놀랍지 않을 것이다. 이러한 유토피아

안에서 그들은 급진적인 기계-기술 수단을 동원해 날씨 조건—태곳적부터 전 세계 농부를 불안에 떨게 한 근원—마저 통제하고자 한다. 지구온난화를 생각하면 이러한 조치는 없어서는 안 될 것으로 여겨지는데, 과학기술 전문가들은 자신들이 이를 해낼 수 있다고 믿는다. 일례로 그들은 지구와 태양 사이에 '스마트한' 거울을 설치하거나, 로켓에서 황산염 구름을 쏘아 올리거나, 성층권에서 부드러운 석회질 암석을 폭파시킴으로써 태양을 가릴 수 있다.[20] 기계론적 이데올로기는 늘 신용을 먹고 산다! 미래에 완벽한 지식을 획득하고 완벽한 기술에 능숙해지고 나면, 인간-기계는 파라다이스에 머물게 될 것이다. 그러나 지금 당장은 이러한 이데올로기가 주로 사람들을 아프고 우울하게 만든다.

기계론적 이데올로기가 연주하는 승리의 음악에는 언제나 불협화음이 섞여 있다. 지금 우리에게 확실한 사실은, 획득한 편의에는 늘 대가가 따르고 이는 뒤늦게 눈에 띌 때가 많다는 것이다. 테프론Teflon(미국 듀폰사Dupont에서 개발한 불소탄화물계의 고유 등록상표-옮긴이) 팬에 들어 있는 플루오르 화합물과 발수성 우비에 함유된 PFAS(per- and polyfluoroalkyl substances, 과불화화합물)는 암을 일으키는 것으로 밝혀졌다.[21] 수백 개의 일상 제품 제조에 사용되는 산화에틸렌도 마찬가지다.[22] 만성적, 비감염성, 퇴행성 질환, 즉 이른바 문명이 낳은 질병들과 화학물질 간의 연관성은 기본적으로 잘 알려져 있지만, 그렇다고 '문명화'를 더욱 진전시키려는 가차 없는 추진력을 멈춘다거나 방향을 바꾸지는 못한다.[23] 기계론적 과학이 세상에 더 큰 영향을 미칠수록 해결책을 찾기 어려운 문제들을 양산하고 있다는 사실이 더 분명해진다. 날이 갈수록 바다를 꽉꽉 채우는 플라스틱과 수십만 년이 지나도록 영향을 미치는 핵폐기물은 단지 몇몇 예일 뿐이다. 원칙적으로 이 문제들은 혜안이 있는 사람들에게 처음부터 명백한 것들이었다. 일례로 18세기 영국 화가이자 시인인 윌리엄 블레이크William Blake는 세상의 기계화가 지닌 파괴적이고 비인간적인 본질을 이미 예리하게 알아차렸다. 어떤 의미에서 그의 작품 전체가 이를 증명한다. 불행하게도 그는 과거에도 현재에도 예외적인 사람이다.

인류가 이토록 무기력하게 기계론적 이데올로기에 매혹되는 까닭은 무엇일까? 부분적으로는 다음과 같은 착각에 영향을 받기 때문이다. 개인은 스스로 질문을 전혀 던지지 않고도 존재의 불편함을 제거할 수 있다고 믿는다. 이를 가장 잘 보여주는 것이 현대의학이다. 고통의 원인을 대개 신체의 기계적 '결함' 또는 병원성 세균이나 바이러스 등의 외부 개체에서 찾곤 한다. 고통의 원인은 위치를 밝힐 수 있으며, (원칙적으로는) 환자가 심리적, 윤리적, 도덕적으로 복잡한 문제와 씨름하지 않고도 충분히 통제하고 관리하며 조작할 수 있다. "알약 하나면 당신의 문제를 없앨 수 있습니다.", "성형 수술을 하면 당신의 수치심과 부끄러움의 근본 원인을 캐묻지 않고도 콤플렉스에서 벗어날 것입니다." 기계론적 과학을 실제 생활에 응용하면 어떤 면에서는 삶이 더 편해지지만, 삶의 본질은 더욱 난해해진다. 이 과정은 대체로 의식 수준 밑에서 일어나지만, 급성 정신 질환이 급격히 늘어나는 것은 사회 표면적으로도 충분히 식별되는 분명한 신호다.

계몽주의를 추구하는 인간은 유토피아적 낙관론에 집착하지 않을 수 없었다. 19세기에 산업화는 귀족주의적 계급사회 및 이와 연관된 지역별 사회 구조의 소멸을 예고했다. 인간은 자신이 속한 사회적, 자연적 맥락에서 떨어져나왔고 이 과정에서 의미도 함께 사라져버렸다(2장 참조). 이렇게 '탈주술화된disenchanted' 기계적 세계(막스 베버Max Weber)에서 삶은 무의미하고 무-목적적이며a-teleological(우주라는 기계는 의미도 목적도 없이 운행된다), 종교적 참조틀 역시 일관성을 잃게 되었다.[24] 한때 귀족, 성직자들의 억압과 학대와 연관되던 불안과 불쾌감은 말로 표현할 수 없는 방식으로 인간 영혼 속을 떠다니기 시작했다. 한때 지옥과 최후의 심판에 대한 공포가 억제해주던 좌절감과 공격성은 점점 더 일으키기 쉬운 것으로 판명되었다. 내세에 대한 전망이 쇠락하자 인공적으로 만들어진 기계론적-과학적 천국에 대한 신념이 그 자리를 얼른 차지했다.[25]

한나 아렌트와 함께 우리가 전체주의의 저류를 확인하는 지점이 바로 여기다. 과학적 지식을 활용해 결함 없는 휴머노이드humanoid(인간과 흡사한 모습을 갖춘 로봇-옮긴이)와 유토피아적 사회를 만들어낼 수 있다는 순진한 신념 말이다.[26] 우생학과 사회적 다윈주의를 기반으로 순종純種의 초인을 만들어내겠다던 나치의 생각, 역사적 유물론을 기반으로 한 스탈린주의자들의 프롤레타리아 사회의 이상은 모두 그 원형적인 사례들이며, 현재 부상하고 있는 트랜스휴머니즘도 마찬가지다. 이러한 이데올로기들이 귀에 들어올 때마다 우리는 어떤 실성한 사람들이 이런 이야기를 늘어놓는다고 믿고 싶어 한다. 그러나 이는 잘못된 생각이다. 예를 들어 플라톤은 우생학이 자신의 이상 국가에 존재하는 훌륭한 관행이라고 보았다.[27] 그리고 20세기는 이 관행이 실제로 어느 정도 '성공'을 거뒀음을 우리에게 가르쳐주었다. 키프로스에서는 지중해빈혈의 유전적 소인을 가진 배아에 대해 체계적 임신중절을 실시함으로써 이 유전적 혈액질환을 자국에서 거의 완전히 사라지게 했다.

여기서 우리는 다음을 진지하게 자문해봐야 한다. 우생학의 원리들을 따르지 **말아야** 할 이유는 무엇일까? 하나의 사회적 전략인 우생학은 순수히 윤리적인 근거에서 거부할 수도 있지만, 이성적 근거에서도 이를 거부할 수 있다는 사실이 중요하다. 이성적 근거의 본질은 다음과 같다. 우생학은 때로 '상충하는' 또는 '바람직하지 않은' 특성에 관해서는 '국소적으로' 원하는 결과를 가져오기도 한다. 그러나 총체적인 관점에서 볼 때, 우생학은 장점보다 단점이 더 많다. 이러한 사적 부문에 대한 정부의 규제는 심리적 절망을 초래하고, 궁극적으로 신체 건강의 저하를 가져온다(이 주제에 관해서는 후반부 여러 장에서 자세히 다룰 예정이다). 설령 신체 건강을 궁극적 목표로 삼는 이데올로기의 맥락에서도 우생학은 인간 존재의 복잡성과 미묘함을 무시하는 의문스러운 전략이다.

한나 아렌트가 논했듯이, 전체주의는 궁극적으로 과학에 대한 일반화된 집착, 인공적 천국에 대한 신념의 논리가 확장된 형태다. "과학은 실존의 악들을 마법과 같이 치유하고 인간의 본성을 변형시킬 우상[이 되었다.]"[28] 다음 장에서는 기계론적 담론과 전체주의적 담론 모두에 담긴 핵심적인 특성 하나를 자세히 살펴보려고 한다. 현실의 측정 가능성에 대한 순진한 신념, 그리고 자료와 통계의 남용과 오용이 그것이다.

4

•

측정 (불)가능한 우주

The (Im)measurable Universe

3장에서는 기계론적 이데올로기의 (유토피아적인) **목적**goal을 비판적으로 분석해보았다. 이번 장에서는 이 이데올로기가 지식을 모으는 데 사용하는 **방법**method에 초점을 두려고 한다. 우주는 하나의 기계이며 우주의 구성 요소들은 측정이 가능하다는 것이 기계론적 이데올로기의 기본 가정이다. 측정과 계산은 기계론적 연구 방법의 토대를 형성한다. 이러한 인식론적 출발점은 기계론적 이데올로기가 추구하는 이상 사회의 개념과도 관계가 있다. 기계론적 이데올로기가 추구하는 이상 사회는 객관적 수치 자료를 근거로 의사결정을 내리는 전문가다운 기술관료technocrat가 주도한다. 코로나바이러스 위기가 발생하자 이러한 유토피아적 목적이 우리 곁에 바짝 다가온 듯했다. 이런 점에서 코로나바이러스 위기는 측정과 수치에 대한 신뢰 문제를 비판적으로 분석해볼 훌륭한 연구 대상이다.

최근 위기가 벌어지기 전까지 사회를 주로 통치한 것은 수치 자료가 아니었다. 사회를 안내한 것은 이야기였다. 처음에는 신화와 종교의 이야기가, 다음에는 정치적 이야기가 사회에 지침을 제공했다. 기계론적 이데올로기에 따른다면 이야기에 대한 신뢰는 용인될 수 없다. 이야기는 본질적으로 비이성적이고 주관적이기 때문이다. 이야기는 그것이 대표하는 이른바 객관적 현실보다 그 이야기를 지어낸 사람에게 더 많은 초점을 둔다. 이야기는 말, 즉 무언가를 의미하는 말로 이루어져 있는데, 이러한 말들과 사실 사이에는 견실한 이성적 관계가 전혀 없다.

이성적 토대가 없다면 인간은 제 길에서 벗어나 표류한다. 적어도 기계론적 이데올로기의 관점에서는 그렇다고 믿는다. 궁극적으로 모든 이야기는 대개 그 저자에게 우호적이다. 성직자들의 방종, 정치인들에게 허용되는 노쇼no-show 직업(표면적으로는 의무를 수행해야 하나 실제로는 업무를 제대로 이행하지 않을 거라고 예상되는 유급 직업-옮긴이)을 생각해보라. 이런 일을 가볍게 여겨서는 안 된다. 권력 남용, 나아가 터무니없는 공포가 여기서부터 비롯되기 때문이다. 의례에 따라 과부를 화형했던 인도의 사례, 마녀들을 익사시킨 유럽의 사례 등은 끝없는 희생자들을 조용히 가리키는 일부 사례에 불과하다. 과거 사회들은 이런 방식, 즉 이야기→비합리성→지독한 불의→터무니없는 공포의 과정을 거치며 점점 더 악화되었다.

코로나바이러스 위기는 기계론적 이데올로기에 예상치 못한 기회의 창을 선사했다. 바이러스에 대한 불확실성과 공포를 바탕으로, 이야기보다는 수치를 기반으로 의사결정을 내리는 사회를 형성하고 발달시키게 된 것이다. 오늘날 우리는 감염, 입원, 사망에 관해 상대적으로 '간단한' 수치를 논한다. 미래에는 신체 기능의 모든 측면을 정확히 지도화한 고도의 생체인식 데이터를 입에 올릴지도 모른다.

말과 달리 수치는 투명하고 합리적인 의사결정을 위한 객관적 토대를 제공한다. 따라서 수치는 권력 남용과 터무니없는 공포에 대한 해독제라고 할 수 있다. 나아가 수치를 활용하면 인간의 고통을 최소화할 기회가 생긴다. 이것—데이터→객관성→합리성→정확성→고통의 최소화—이 합리적인 미래 사회가 나아갈 방향이다. 이런 관점에서 코로나바이러스는 인류 최고의 성과가 될 수 있었다. 적어도 이야기는 그렇게 흘러간다.

그림 4.1을 한번 보자. 200킬로미터를 측정 단위로 놓고 그레이트브리튼 섬의 해안 길이를 재보면 2,400킬로미터라는 결과가 나온다. 하지만 50킬로미터를 측정 단위로 놓고 잰다면 3,400킬로미터라는 결괏값을 얻는다. 측정 단위를 줄여나가면 그레이트브리튼 섬의 해안선 길이는 무한대로 늘어난다. 이유는 간단하다. 측정 단위가 작아질수록 불규칙한 해안선을 더 촘촘히 측정하게 되므로 전체 경계선이 길어지는 것이다. 탁월한

폴란드계 유대인 수학자 브누아 망델브로Benoit Mandelbrot는 이를 활용해 측정 단위와 같은 일련의 주관적 선택지에 따라 측정치는 언제나 상대적으로 나타난다는 점을 보여주었다.[1]

그림 4.1

단위 = 200km,
길이 = (대략) 2,400km

단위 = 50km,
길이 = (대략) 3,400km

측정치 자체가 정확성과 준-객관성을 띤다고 여겨지는 드문 사례(예, 막대기와 같이 정확히 일차원적인 물체의 길이를 측정하거나 독립된 범주의 구성원 수를 세는 경우)라 해도, 이를 해석할 때는 중요한 주관적 요인이 여전히 작용한다. 심슨의 역설Simpson's paradox로 알려진 유명한 통계학 사례가 이를 잘 보여준다.[2] 표 4.1은 플로리다주에서 일어난 살인 사건의 범죄자 처형 횟수를 백인 범죄자와 흑인 범죄자의 경우로 나눈 것이다. 결론은 분명하다. 플로리다에서는 백인이 흑인보다 사형을 언도받을 확률이 더 높다.

표 4.1 플로리다에서 범죄자 인종에 따라 구분한 처형 횟수

범죄자 인종	사형 선고		처형 비율
	선고함	선고하지 않음	
백인	19	141	11.9
흑인	17	149	10,2

표 4.2 플로리다에서 피해자 인종에 따라 구분한 처형 횟수

범죄자 인종	피해자 인종	사형 선고		처형 비율
		선고함	선고하지 않음	
백인	백인	19	132	12.6
	흑인	0	9	0
흑인	백인	11	52	17.5
	흑인	6	97	5.8

연구자들은 흑인에 대한 편견이 사형 선고의 추동 요인으로 오인된 것이 분명하다고 결론 내렸다. 하지만 한 통계학자가 같은 수치를 조금 다른 방식으로 제시하자 이야기가 달라졌다. 그는 가해자의 인종뿐만 아니라 피해자의 인종도 백인과 흑인으로 나눠 보았다(표 4.2 참조). 그러자 정반대되는 결론이 도출되었다.

백인을 살해한 흑인은 흑인을 살해한 백인보다 사형 선고를 받을 확률이 더 높다. 이를 최종 분석이라고 생각하기 쉽지만,

이 수치를 또 다른 방식으로 제시한다면 의심의 여지없이 또 다른 결론이 나올 것이다.

숫자는 독특한 심리적 효과를 발휘한다. 숫자는 객관성에 대해 저항할 수 없을 정도의 환상을 만들어내며, 수치를 차트나 그래프로 제시한다면 그런 환상에 더 강하게 빠져든다. 숫자를 보는 사람들은 그것이 **사물** 혹은 **사실**을 보여준다고 믿는다. 이러한 현상에 눈이 먼 사람들은 숫자가 늘 상대적이고 모호할뿐더러 하나의 이데올로기적—그리고 주관적—색이 가미된 이야기로부터 만들어지고 생산된다는 명백한 진실을 보지 못하게 된다. 언뜻 보면 수치는 사실에 충실한 듯하지만, 더 자세히 들여다보면 숫자들이 비굴할 정도로 온갖 이야기에 들어맞는다는 사실이 분명해진다.

1장에서는 2005년 과학계에서 폭발한 이른바 재현 위기가 전혀 실질적으로 해결되지 않았다는 점을 살펴보았다. 그때 이후 지금까지도 과학은 오류, 엉성함, 강요된 결론, 사기 등과 씨름해왔다. 어떤 측면에서 보면 코로나바이러스 위기도 이 위기의 연장선에 있을 뿐이다. 차이가 있다면, 이번에는 문제시되는 사건이 학계 내에서가 아니라 공공 영역에서 공개적으로 일어났다는 것이다. 지금으로부터 10년 전에 모습을 드러냈던 온갖 문제들이 대중 매체를 타고 온 세상 사람들의 눈앞에서 벌어졌다. 가장 높은 수준을 자랑하는 과학자들이 자신 및 동료들과 모순되는 견해를 내놓고, 간단한 계산과 셈에서 오류를 저지르

며, 성급하게 의견을 번복하고, 연구 발표에 있어서 금전적 이해
관계의 영향을 받는다는 것이 뻔히 보인다. 심지어 대중을 고의
로 오도했다며 대놓고 인정하는 모습을 목격할 때, 사람들은 자
신의 눈과 귀를 믿을 수 없었다.

이 사태에서 중요한 역할을 한 것이 수치다. 원칙적으로 코
로나바이러스 위기는 감염, 입원, 사망자 수와 같은 상대적으로
간단한 현상의 계산과 관련된 것이었다. 그러나 데이터가 전혀
객관적이지 않았다는 사실이 명확히 드러났다. 감염자 수는 대
개 PCR 검사 결과로 판명되는데, 이 검사 자체가 무난하게 진
행되지 않았다. PCR 검사는 한 바이러스의 RNA 서열이 체내
에 존재하는가를 판단하도록 고안된 것이다.[3] 이 RNA 서열은
악성 바이러스에서도 발견되지만 '죽은' 바이러스에서도 발견된
다. 즉, 감염 후 수개월이 지나(더는 전염성이 없어진 지 오래된 시점)
도 양성 판정을 받을 수 있다는 것이다. 이는 PCR 검사의 여러
한계점 중 하나에 불과했다.

양성 검사 결과율에 근거해 감염률 변화를 추산하는 것은 문
제가 많다고도 밝혀졌다. 예를 들어 매체에 나와 감염 추세에
관해 논하던 공중보건 전문가들은 총 검사 실시 횟수를 조정하
기를 완강히 거절했다(전문 용어로 말하면, 그들은 양성 결과의 비율 대
신 양성 검사의 절대 수치를 보고했다). 2020년 여름, 바이러스학자이
자 벨기에 리에주 대학교의 전 총장이었던 베르나르 랑띠에르
Bernard Rentier는 이른바 여름 파도(당시 '두 번째 파도'라 불린 사태)에
관한 미가공 데이터에 접근할 수 있었다. 그는 이 데이터를 비

판적으로 분석한 뒤, 총 검사 횟수의 조정분을 반영한 감염 추산치가 앞서 매체에 보고한 수치보다 20배~70배 낮다고 결론지었다.[4] 이런 실수가 딱 한 번 있었을 것이라고 생각한다면 오산이다. 2021년 여름, 이 시나리오는 또 한 번 반복되었다. 이번에는 양성 검사 비율이 이따금 언급되었으나, 이번에도 감염의 절대 수치를 나타낸 그래프를 기반으로 여름에 폭발적인 감염 확산이 있을 거라며 경고했다.

입원 관련 데이터도 극도로 상대적이었다. 코로나바이러스 위기 내내, 입원 당시 양성으로 판정된 환자는 코로나19 증상이 있었든, 그밖에 이를테면 다리 골절을 앓았든 관계없이 전부 코로나19 환자로 여겨졌다. 어느 시점에 이르자 스코틀랜드 정부는 분류 방법을 바꿔, 검사 결과가 양성이면서 코로나19 증상으로 입원한 환자만 코로나바이러스 환자로 계산했다. 결과는 어땠을까? 애초에 코로나19 환자로 분류했던 환자 중 13퍼센트만이 남았다.[5]

병원 데이터를 왜곡한 것은 이 요인만이 아니었다. 2021년 봄, 벨기에 매체 〈헤트 라스터 뉴스Het Laatste Nieuws〉의 제룬 보사에Jeroen Bossaert는 코로나바이러스 위기 전체를 철저하게 조사한 소수의 탐사 보도 중 하나를 발표했다. 보사에는 병원을 비롯한 의료 기관들이 금전적 이득을 위해 사망 및 코로나19로 인한 입원 수치를 인위적으로 부풀렸다고 폭로했다.[6] 사실 병원들이 이런 수법을 쓴 것이야 오래된 일이므로 이것 자체가 그리 놀랍지는 않다. 정말 놀라운 점은 코로나바이러스 위기 동안 이익을 향한 동기가 일정한 역할을 한 끝에 데이터에 영향을 주었다는 점을 사람들이 인정하지 않으려 했다는 사실이다. 보건 부문 전체가 갑자기 신성한 영역에 가까운 대접을 받았다. 이에 관해서는 코로나바이러스 위기 전에도 많은 사람이 비판했고 영리를 추구하는 보건 체계와 대형 제약회사들에 관해 불만을 토로했던 부분이다(한 예로, 피터 괴체Peter Gøtzsche가 쓴《위험한 제약회사》를 참고하라[7]).

게다가 사망자 집계에 관한 데이터—아마 모든 데이터 중 가장 기초적인 변수—도 명확한 것과는 거리가 먼 것으로 판명되었다. 코로나19로 인한 사망으로 등록된 사례 중 약 95퍼센트는 하나 이상의 기저 질환이 있었다. 미국 질병통제예방센터Centers for Disease Control and Prevention·CDC에 따르면, 사망자가 가진 유일한 질환이 코로나19였던 경우는 겨우 6퍼센트뿐이었다.[8] 또한 코로나바이러스로 목숨을 잃은 사람들은 대개 고령이었다. 1차 확산 당시 벨기에에서 코로나19 사망자의 평균 연령은 83세였는데, 이는 평균 기대 수명보다 조금 높은 나이다. 따라서 이렇게 묻는 것이 좋을 것이다. 코로나19가 '원인'이었다는 것은 어떻게 결정할까? 나이가 많고 건강이 나쁜 사람이 '코로나바이러스에 걸려' 숨졌다면, 그 사람은 그 바이러스 '때문에' 사망한 것일까? 양동이를 넘치게 하는 것은 처음에 떨어진 물방울보다 마지막에 떨어진 물방울의 영향일 확률이 더 높을까?

이 모든 것은 코로나바이러스 위기와 관련된 기초 수치들이 객관적 자료가 아니었음을 말해준다. 그 수치들은 주관적인 가정과 합의를 바탕으로 구성된 것이다. 그 합의들이 어떻게 이루어졌는가에 따라서 수치들은 15개~20개 이상의 요인들로 인해 달라질 수 있다. 이러한 '주관성의 숲' 속에서 모든 사람은 의식적이든 무의식적이든 자기만의 편견을 따르며, 자신의 주관적 신념을 뒷받침해주는 수치를 택하곤 한다. 그러므로 어떤 사람들은 주어진 수치를 가지고 현재 스페인 독감 규모의 문제를 다루고 있다고 결론짓는가 하면, 어떤 사람들은 딱히 이례적이라고 할 만한 일은 전혀 없다고 믿는다. 그리고 이렇게 상반된 두 견해는 모두 사실상 '객관적 자료'를 기반으로 한다.

코로나바이러스에 관한 주도적인 내러티브가 제시하는 수치는 바이러스의 위험을 몹시 과내평가하곤 한다. 그리고 이러한 경향성은 주도적인 내러티브가 토대로 삼는 인식론적 모델에도 반영된다. 봉쇄 전략을 선택하는 입장은 대체로 영국 런던의 임페리얼 칼리지 런던Imperial College London에서 개발한 모델을 기반으로 삼았다. 이 모델들은 대유행을 억제할 대대적인 조치를 발효하지 않는다면 2020년 5월 말경에 전 세계적으로 4천만 명이 사망할 것이라고 예측했다. 일부 저명한 연구자들—이를테면 노벨 화학상을 수상한 마이클 레빗Michael Levitt, 의료 통계학 분야의 전설 존 이오어니디스—은 격렬하게 항의했다. 그들은 임페리얼 칼리지에서 내놓은 모델들이 잘못된 가정을 기반으로 하고 있으며 바이러스의 위험을 심각하게 과대평가하고 있다고 지적했다.

2020년 5월 말, 이들의 비판이 옳았다는 사실이 명백하게 밝혀졌다. 봉쇄 여부와 관계없이 그 어떤 나라에서도 위 모델들이 예측한 사망자 수에는 근접하지도 않았다. 그중 가장 흥미로운 예는 스웨덴일 것이다. 임페리얼 칼리지 모델들은 스웨덴이 봉쇄를 발동하지 않으면 5월 말경 사망자 수가 8만 명에 육박할 것이라고 내다봤지만, 물론 그런 결과는 나타나지 않았다. 스웨덴에서 집계된 사망자 수는 6천 명이었다. 이 6천 명이라는 수치에 도달하려면 위에서 언급했던 '열의 넘치는' 집계 방법들이 요구되었다. 그렇지 않을 경우, 예상 수치는 훨씬 더 낮아질 수도 있었다.

흥미로운 것은 대중적인 내러티브와 대응 조치의 기반이 된 모델이 의심의 수준을 넘어설 정도로 잘못됐다고 입증되면 그 즉시 해당 내러티브와 조치들이 조정될 것이라고 기대할 수 있다. 하지만 그런 일은 전혀 일어나지 않았다. 공중보건 관계자들도 일반 사람들도 전혀 의견을 바꾸지 않았다. 사회가 하나같이 열광적인 방식으로 똑같이 반응하도록 무언가가 부추겼다. 마치 절박한 심리적 욕구를 충족하고자 행동하는 것처럼 말이다. 6장에서는 이러한 심리적 현상에 관해 논의해보고자 한다.

기초 자료—감염, 입원, 사망자 수—가 지니는 제한적인 신뢰성은 역학에 관한 다른 통계치에도 영향을 미쳤다. 감염 치명률 infection fatality rate·IFR, 사례 치명률 case fatality rate·CFR, 사망률, 양성 결과 비율, 감염재생산지수 등은 모두 이러한 기초 자료를 기반으로 한다. 이 숫자들이 스무 가지의 요인에 따라 달라진다면 이에 기초한 통계치 역시 같은 요인별로 달라질 것이다. 다시 말해 역학-통계에 근거한 담론은 온갖 약어를 사용하고, 소수점 네 자리까지 계산하며, 대유행 경로를 예측한 수학적 모델을 내놓는 등 세련되고 인상적인 면모를 보이지만, 대체로 이는 허구의 정확성과 유사 객관성을 인상적으로 보여주는 것뿐이다.

이런 말에 반대하고 나서서 숫자는 무한히 상대화할 수 없다고 주장하는 사람도 있을 것이다. 실제로 어떤 지점에서 숫자는 논의할 여지가 있다. 그러나 전혀 의심할 수 없는 사안들, 즉 바이러스의 위험성과 여러 대책의 유용성을 명백히 입증하는 것들도 있다. 그렇게 생각하지 않는가?

예를 들어 코로나19로 인해 중환자실에 과무하가 걸린 것은 분명한 사실 아닐까? 그건 맞는 말이다. 하지만 우리가 그 사실을 해석하는 방식은 다른 문제다. 이러한 과부하는 코로나19의 이례적인 위험성을 지적하는 대신, 최근 수십 년간에 두 가지 상충하는 추세가 충돌한 결과로 보인다. 1. 바이러스성 폐질환의 중증 증상에 대한 대다수 인구의 취약성이 급격히 증가했다(비만과 당뇨가 있는 사람들은 더욱 그렇다). 2. 중환자실 병상이 구조적으로 축소되었다. 위험군 환자 수의 상승 경향, 중환자실 병상 수의 감소 경향은 조만간 어느 시점에서든 반드시 부딪힐 터였다. 사실 이 교차는 코로나바이러스가 발생하기 훨씬 이전인 몇 년 전부터 이미 나타났다. 중환자실은 이를테면 최근 독감 유행 당시에도 치료와 처치 지연 때문에 과부화된 적이 있다.

따라서 병원이 짊어진 부담은 바이러스의 극심한 위협을 나타내는 증거로 볼 수도 있지만, 부적절한 관리(병원 병상의 꾸준한 감소)를 드러내는 하나의 징후, 쇠퇴하는 건강의 결과(다수의 비만, 당뇨 환자)[9], 또는 코로나바이러스 조치 자체가 초래한 결과(즉, 건강 이상을 염려해 불안한 마음으로 병원에 몰려든 사람들)라고도 똑같이 해석될 수 있다. 해석 방식에 따라 근본적으로 다른 정책들이 뒤따라야 한다.

여기서 또 하나 주목할 사실이 있다. 경제적, 심리적 관점에서 극도로 파괴적이라고도 할 만한 대대적인 조치를 도입했던 것은 무엇보다도 중환자실의 제한된 역량 때문이었다. 하지만 실제로 코로나 위기 동안 중환자실 병동을 추가로 늘리지는 않았다. 그렇게 하려는 어떠한 시도도 없었다. 개인의 경우처럼 사회 역시 심리적 증상으로부터 약간의 '질병 이득'을 얻는 까닭에 그러한 질병을 유지하려는 듯했다.

게다가 일부 환자가 코로나19로 인해 중증 폐 증상을 보인 것은 데이터에 관한 모든 논란을 중단시키는 듯하다. 그러한 증상이 실재한다는 것은 의심의 여지가 거의 없다. 하지만 그것들이 보통의 독감 증상보다 얼마나 심각한지는 여전히 판단하기 어렵다. 독감 환자의 폐를 촬영한 경우가 거의 없어 비교가 어렵기 때문이다. 비교가 가능했던 몇몇 사례에서는 뜻밖의 결과가 나오기도 했다. 2020년 말에 발표된 한 연구에서는 세계 곳곳의 독감 환자들로부터 구하기 어려운 폐 스캔 이미지를 모아 코로나19 환자들의 폐 스캔 이미지와 비교해보았다.[10] 연구 결과, 유의미한 차이는 없었다. 이 연구가 정확한 그림을 제시했는지는 확인하기 어렵다. 재현 위기(1장 참조)를 알게 된 후로는 그 어떤 연구도 주의 깊게 실행되었다고 가정하기 어렵고, 연구 결과가 정확한 그림을 제시한다고 말할 수도 없다는 사실을 알고 있다. 또한 의료계 종사자와 환자들의 증언에 비춰보면, 코로나바이러스는 특히 폐에 악영향을 끼칠 가능성이 매우 크다.

코로나19의 심각성을 드러내는 확고한 증거라고 흔히 인정되는 세 번째 요인은 초과 사망률이다. 감염, 입원, 사망과 관련된 수치들은 주관적일 수도 있지만, 어쨌거나 전보다 코로나바이러스 위기 동안 사망자가 더 많았다는 점은 쉽게 확인할 수 있으니 말이다. 이것이야말로 가장 객관적인 측정치라고 생각될지 모른다. 하지만 안타깝게노 이 네이터도 본질상 주관적인 특성이 있는데, 이 역시 무시되었다. 벨기에 겐트대학교의 심리학자이자 통계학자인 엘스 옴스Els Ooms가 밝혔듯이 초과 사망률은 다양한 방식으로 계산할 수 있다.[11] 예를 들어 참조 기간(사망률을 비교하는 기간)만 다르게 잡아도 초과 사망률을 판단하는 데 상당한 차이가 날 수 있다.

초과 사망률 자료를 수집한 뒤에는 더 어려운 작업이 남아 있다. 바로 이 자료를 해석하는 것이다. 초과 사망률이 반드시 바이러스 사망률의 지표는 아니다. 초과 사망률은 코로나바이러스 완화 조치 자체가 초래한 부수적 피해(면역력 감소, 처치 지연, 자살, 우울, 중독, 빈곤, 굶주림 등)의 결과일 수도 있고, 심지어 치료의 결과일 수도 있다. 일례로 2020년 네덜란드의 주거 보호 시설에 있던 노인 수천 명은 봉쇄 기간에 외로움과 소외로 인해 사망했다.[12] 한 독일 연구는 코로나 감염 1차 확산 당시 중환자실의 높은 사망률의 절반가량은 대량 삽관(환기) 때문이었다고 제안했다.[13] 이 수치들이 빈틈없이 정확하다고는 말하기 어렵지만, 병원들이 이러한 프로토콜의 역효과를 고려해 2020년 중반에 이를 철회했다는 것은 잘 알려진 사실이다. 여기서 우리는 중요한 질문 하나를 자문해봐야 한다. 이러한 요인들을 고려해 수치를 조정했다면 과연 바이러스 사망률 그래프 형태는 어떻게 나왔을까?

다음 사실은 이번 위기의 가장 불편한 진실일지도 모른다. 즉, 대중 매체에서 그토록 과장해서 논했던 비극은 사실 대체로 우리가 자초했다는 점, 또한 상황을 극복하려던 구제 조치 자체가 문제의 상당 부분을 차지했다는 점 말이다. 맨 처음 2020년 3월에 나는 칼럼 한 편을 작성해 실제 위험이 일으키는 두려움은 제한적이지만, 어떤 경우에는 두려움이 실제적인 위험을 만들어내기도 한다고 논했다.[14] 노인들을 철저히 격리하거나 침습적 환기 요법을 사용한 것이 대표적인 예일 것이다.

예방접종도 같은 범주에 속할지 모른다. 전 세계적으로 오직 제한된 정도로만 연구된, 혹은 다른 백신처럼 철저하게 효능을 조사하지 않고 조사 기간도 훨씬 짧았던 백신을 사용하자는 결정이 내려졌다. 여기서도 수치 정보가 효능과 부작용 측면 모두에서 많은 문제를 일으킨다는 점을 알 수 있다. 주도적인 내러티브는 대체로 긍정적인 그림을 그리지만, 방대한 자료의 흐름

속에서 대체로 부정적인 그림을 그리는 숫자들도 쉽게 골라낼 수 있다. 백신 접종률이 높은 국가와 낮은 국가의 코로나19 유행 경로가 아무런 차이가 없었다고 지적하는 하버드대학교 연구에 관해 매체에서 들어본 사람이 누가 있는가?[15] 백신을 접종한 임신부의 유산율이 그렇지 않은 임신부보다 여덟 배 높다고 밝힌 연구에 관해 매체에서 들어본 사람이 누가 있는가?[16] 물론 이런 연구들이 정확한 그림을 그리고 있는지는 확신할 수 없다. 하지만 매체에 제시된 수치들, 그리고 주도적인 코로나바이러스 내러티브를 확정 짓는 수치들이 정확한 그림을 그리는지도 알 길이 없다. 수치가 이야기를 만들어내는 것이 아니라 이야기가 수치를 만들어내기 때문이다. 문제는 여기에 있다.

이처럼 우리는 코로나바이러스 위기에 대한 수치적 접근에서 또 다른 결함에 도달했다. 즉, 이 수치는 대응 조치가 불러오는 부수적 피해가 중요한 요인임에도 이를 대체로 무시한다는 것이다. 치료 지연, 자살, 예방접종, 식량 불안정, 경제적 교란의 피해자에 관한 수치를 다룬 데이터나 통계자료에 관해 공개된 내용은 거의 없었다. 코로나 위기 초부터 과학 논문이나 언론 자료들이 이러한 위기를 지적하며 주기적으로 나왔던 점을 생각하면 이는 더더욱 놀랄 일이다.[17] 1차 봉쇄가 시작될 때, 옥스팜Oxfam, 세계보건기구WHO, 유엔 등은 아무런 조치가 없는 최악의 경우, 개발도상국에서는 봉쇄가 초래할 영양실조와 굶주림으로 인한 사망이 바이러스로 인한 사망을 초과할 것이라고

이미 경고했었다.[18]

이러한 놀랄 만한 무관심은 코로나 위기 경로를 지도화하고자 수립한 수학적 모델들에서도 관찰할 수 있었다. 바이러스로 인한 잠재적 피해자와는 별도로, 코로나바이러스 대응 조치로 인해 생겨날 피해자를 예측해 제시하는 수학 모델은 하나도 수립되지 않았다. 이런 수학 모델 일부를 수립한 전문가들을 상대로 영국 하원 회의장에서 질의응답을 하던 중, 대응 조치의 부차적 피해를 모델 수립에 고려하지 않은 이유를 묻자, 그들은 이것이 역학자인 자신들의 전문 영역을 넘어서는 문제라고 그저 솔직히 대답했다.[19] 이는 전문가 및 특수한 모델이 지니는 한계점을 드러낼 뿐 아니라 놀랄 만한 심리적 맹점도 보여준다. 또한 누가 봐도 의학적으로 가장 기초적인 질문—이 치료법이 질병 자체보다 나쁘지 않다는 것을 확신할 수 있는가?—을 사회 전체가 완벽하게 무시할 수도 있다는 점도 알게 된다. 6장에서는 이렇게 주의 집중 영역이 좁아지는 현상은 대중 형성의 사회심리적 과정에 따르는 하나의 효과라는 점을 보게 될 것이다.

이 밖에 대대적인 조치의 효과성을 평가하는 데 보인 관심도 놀랄 만큼 적었다. 받은 관심이 그렇게 적었다는 사실은 수치 해석이 전혀 명백하지 않았음을 더욱 부각시킨다. 이를 가장 잘 드러내는 사례가 스웨덴—거의 모든 서유럽 국가와 달리, 봉쇄를 시행하지 않고 대체로 가벼운 조치를 택한 나라—일 것이다. 먼저 주류 매체는 스웨덴의 사망자 수를 벨기에, 네덜란드 등의 나라와 비교했다. 스웨덴은 이들 국가보다 피해자가 적으므로 엄격한 조치가 무의미해 보인다는 것이 보도의 결론이었다. 이후 그들은 노르웨이와 핀란드 등의 이웃 나라가 '정상적인' 더 엄격한 조치를 실행했다고 추정하고는, 이들 두 국가와 스웨덴을 비교하기 시작했다. 살펴보니 스웨덴의 피해자 수가 노르웨이와 핀란드의 피해자 수보다 두 배나 높았고, 이에 따라 뉴스에서는 사실상 엄격한 조치가 유용하다고 결론지었다. 이후 노르웨이와 핀란드의 대응 조치를 판단하는 데 오해가 있었다는 것을 밝힌 연구가 나왔다. 사실 이 국가들의 조치가 스웨덴에서 실시한 것들보다 더 느슨했던 것이다.[20] 그러자 뉴스의 결론은 또다시 반대쪽으로 논점을 틀었다. 결과적으로 엄격한 조치는 무용지물이라는 것이다. 이것이 최종 결론일지는 두고 볼 일이다. 확실한 점은, 앞서 보았듯이 수치 정보는 정반대 이야기에 맞게 얼마든지 조정할 수 있다는 것이다.

미국 내 비교 사례들도 같은 문제를 보여준다. 이 비교들은 가장 엄격한 조치를 부과한 25개 주와 가장 느슨한 조치를 실행한 25개 주의 코로나바이러스 희생자 절대 수치가 거의 다를 게 없다는 것을 보여준다. 하지만 거의 비슷한 시기에 가장 엄격한 조치를 이행한 10개 주와 가장 느슨한 조치를 부과한 10개 주를 비교했더니 엄격한 주에서 더 나은 결과를 얻었다는 명백한 차이가 나타났다. 매체에 보도된 이야기들은 주저 없이 주도적인 내러티브에 우호적인 쪽으로 수치를 해석한다. 별다른 조치를 부과하지 않은 주에서 희생자가 적게 나온 경우, 열에 아홉은 외부 요인(이를테면 기후나 적은 인구)을 언급한다. 그런 주는 운이 좋았던 것이다. 엄격한 조치를 이행한 주에서 많은 피해자가 나올 때도 외부 요인들이 입에 오른다. 그런 주들은 불행하다. 바이러스의 피해를 이례적으로 많이 입었기 때문이다. 그러나 별다른 조치를 부과하지 않은 주에서 많은 피해자가 나오면, 그 주 자체에 책임을 돌렸다. 더 많은 조치를 이행했어야 했다고 말이다. 만일 엄격한 조치를 부과한 주에서 보고된 사상자가 거의 없다면, 그런 주야말로 단호한 조치가 효과를 거두었다고 판단되었다. 다시 말해, 결과가 어떻든 주도적인 내러티브 안에서는 그 내러티브가 항상 옳다.

국가 간 비교 외에 바이러스에 맞선 조치들—마스크 착용, 사회적 거리두기 실시, 봉쇄 도입, 예방접종 캠페인 실시—이 감염 곡선에 미친 영향에 대해서도 다양한 분석이 존재한다. 주도적인 내러티브를 옹호하는 사람들이 이 분석들을 제시할 때, 이들은 해당 조치에 따라 감염 곡선이 즉각 반응을 보인다면서 조치를 이행함에 따라 감염률이 하락한다고 논하곤 한다. 그러나 같은 분석을 하더라도 코로나바이러스를 비판적으로 바라보는 연구자들은 감염 곡선이 해당 조치에 전혀 영향을 받지 않았다고 결론 내리곤 한다.

어쩌면 이 모든 것이 대중 매체에서 다루는 정보에는 적용되지만 수준 높은 과학 학술지에 게재되는 논문에는 적용되지 않을 것이라고 생각할 수도 있다. 유감스럽게도 그렇지 않다. 바이러스의 기원(박쥐 혹은 실험실), 하이드록시클로로퀸hydroxychloro-quine(말라리아, 류마티스 질환의 치료제로서 코로나19 치료제로도 사용된 의약품—옮긴이)의 효능, 백신의 (부)작용, 마스크의 유용성, PCR 테스트의 타당성, 학교 학생들 간의 바이러스 전달 가능성, 스웨덴식 접근법의 효과성 등등 어떤 주제를 다루든 간에 과학 연구들도 매우 상반된 결론을 낳는다.

독일 철학자 베르너 하이젠베르크는 불확정성 원리—"우리가 아직 확신하지 않는다는 것은 문제가 되지 않는다. 중요한 것은 우리가 절대로 확신할 수 없다는 점이다."—를 창시한 공로를 인정받아 노벨상을 받았다. 하지만 우리는 이 원리를 좋아하지 않는다. 자료가 아직 확실성을 제공하지 않는다면 더 많은 자료를 모을 것이다. 이렇게 한 사회로서 우리는 끝없는 수치 행렬에 매료되어 정작 중요한 것—수치 해석의 토대가 되는 수관적이고 이데올로기적인 참조틀에 관한 열린 논의—에 절대 도달하지 못한다. 이데올로기적인 수준에 대한 암묵적인 긴장, 공포, 이견이야말로 수치의 안정화를 가로막고 사회를 양극화시키는 장본인이다. 하지만 진짜 물어야 할 질문들은 바로 이 이데올로기적인 수준에 놓여 있다. 이를테면 이런 질문들이다. 우리는 인간을 기술적으로 감시하고 의약품으로 조정해야 할 생체 기계로 보는가, 아니면 타자 및 영원한 자연의 언어와 신비로운 방식으로 공명하는 데서 목적을 찾는 존재로 보는가?

이번 장은 수치의 객관성에 대한 순진한 신념에 이의를 제기한 몇 가지 간단한 사례를 들며 시작했다. 그레이트브리튼 섬의 국경을 측정하는 사례(그림 4.1 참조)는 측정치들이 언제나 상대적이며 사용된 측정 단위에 따라 달라진다는 점을 보여주었다. 심슨의 역설은 간단하고 정확한 숫자들조차 정반대의 해석을 낳을 수 있다는 점을 드러냈다. 이러한 간단한 수치에 적용되는 것은 코로나바이러스 위기 동안 나온 수치들의 요란한 춤에 더욱 잘 적용된다. 저마다 자신의 편견에 부합하는 수치를 택할 수 있고, 모두가 자기 주관에 따른 관념적 허상을 뒷받침하는 방식으로 이 수치들을 해석할 수 있다. 숫자가 사실을 대변한다는 거의 저항할 수 없는 착각은 사람들이 자신의 허구가 현실이라고 점점 더 확신하도록 이끈다.

코로나바이러스 위기에서 수치를 사용하는 방식을 알아차렸다고 해도, 우리가 실제로 반응하는 것은 사실이 아니라 사실을 중심으로 만들어진 이야기라는 것을 깨닫기란 매우 어렵다. 이러한 이야기들을 양산하는 것은 진심 어린 마음으로 남을 돕고자 최선을 다하는 의료인들, 가족들이 고통받는 것을 보지 않았으면 하는 사람들, 옳은 의사결정을 내리고 싶어 하는 정치인들, 최대한 객관적으로 정보를 제공하길 원하는 학자들이다. 하지만 이 밖에도 이야기를 만들어내는 주체들이 또 있다. 바로 대중 여론의 압박에 짓눌려 뭔가 단호한 행동을 해야 할 것만 같다고 느끼는 정치인들, 통제력을 상실한 탓에 주도권을 되찾을 기회를 엿보는 지도자들, 자신의 무지를 숨겨야만 하는 전문가들, 자기주장을 펼칠 기회를 엿보는 학자들, 히스테리와 드라마를 선호하는 인간의 선천적 경향, 돈의 냄새를 좇는 제약회사들, 자극적인 이야기가 있어야 성공하는 매체, 그리고 우리 시대에 도무지 풀지 못할 문제들에 대한 유일한 해결책을 기술관료에 의한 전체주의 체계에서 찾는 이데올로기들이다.

수치 제작과 해석에 작용하는 주관성의 영향은 너무도 강력해서 객관적 태도를 전문으로 하는 과학자들조차 희생양이 되고 만다. 일례로 심리치료에서는 연구 결과가 연구자의 주관적 선호도를 확증할 때가 많다. 이러한 연구를 바탕으로 정신분석가는 정신분석이 가장 효과적인 요법이라고 결론짓곤 하며, 같은 의미에서 행동치료사는 행동치료가 최고의 요법이라고 결론 내리고, 시스템 치료사는 시스템 치료가 더 바람직하다는 입장을 견지한다. 이는 흔히 **충성 효과**allegiance effect—특정 이론에 대한 연구자의 충성이 미치는 효과—라고 일컬어진다. 그리고 매우 명확하게도 이 효과는 엄격하게 통제된 실험 연구, 나아가 의약품의 효능을 다루는 연구 등의 다른 과학 부문에서도 드러난다.

가장 흥미로운 점은 이 효과가 대개는 연구자들이 깨닫지 못하는 가운데 나타난다는 사실이다. 지도나 나침반 없이 길 위를 걸어가는 도보 여행자처럼 연구자들은 원 모양의 표면 위를 걸어가며 출발 지점, 즉 자신의 주관적 편견으로 되돌아온다. 과학의 목적이 객관적 평가를 시행하고, 주관적 선호도가 결과에 영향을 끼치지 않도록 배제하는 일임을 고려한다면 이는 심각한 문제다.

연구자들이 어떻게 자신의 주관적 편견에 걸려 넘어지는 것일까? 이에 대한 설명은 부분적으로 다음 문제들 속에서 찾을 수 있다. 모든 연구 절차에는 무수한 선택이 관여하는데, 여기에는 엄격히 논리적인 근거가 없다. 어떤 측정 도구를 사용할까? 측정치들은 어떻게 해석할까? 부족한 데이터에 대해서는 어떻게 대처할까? 등등 갖가지 선택을 내려야 한다. 이 무수한 가능성 앞에서 연구자들은 무의식적으로 자신이 바람직하다고 간주하는 결과를 도출할 선택지를 택한다.

측정치와 숫자의 객관성을 대하는 이 열광적인 신념—기계론적 이데올로기의 전형적 특징—은 근거도 없을뿐더러 위험하기도 하다. 주관적 편향과 수치 사이에는 일종의 상호 강화가 일어난다. 편향이 강할수록 이를 확증해주는 수치를 선택할 가능성이 크며, 수치가 편향을 강화할수록 편향이 단단해질 확률이 높다. 이를 코로나바이러스 위기에 적용해보면, 공포와 불안감에 휩싸인 사회는 수많은 수치 중에 그러한 공포를 확증하는 것을 택한다. 그리고 선택된 수치는 기존의 공포를 강화한다.

그 결과, 사람들은 뒤따르는 모든 결과에 부적절하게 반응한다. 스트레스를 일으키는 심리적, 사회적 곤경의 결과를 대할 때 경제적 관점에서는 경기 침체 및 수많은 기업의 파산을 우려한다. 그리고 사회적 관점에서는 사람 사이의 (물리적) 연대가 영구적으로 훼손될 것을 우려하며, 심리적 관점에서는 더 큰 공포와 우울을 경험하리라고 우려하며, 당연히 신체적 관점에서는 면역 체계와 신체 건강이 와해될 것(10장 참조)이라고 내다본다. 그리고 여기에 하나를 덧붙이자면, 정치적 관점에서는 전체주의 국가가 부상할지도 모른다. 실제로 자신의 주관적 허상이 실체라고 믿는 사람은 자신의 실체가 타인의 허상보다 우월하다고 생각할 것이다. 이러한 생각에 따라 어떤 수단을 써서든 자신의 허상을 타인에게 강요할 수 있다는 확신에 빠지게 된다.

본 장을 시작하면서, 기계론적 이데올로기는 '객관적인' 수치 정보를 기반으로 기술관료가 주도함으로써 주관적 선호도와 권력 남용이 근절되는 사회 건설을 목표로 삼는다고 설명했었다. 하지만 이번 장을 마무리하는 지금 생각해보면, 수치의 객관성을 믿는 순진한 신념은 오히려 정반대 상황을 낳는다는 결론에 이르게 된다. 주도적인 이데올로기는 자신의 내러티브를 확증하는 수치를 끊임없이 대중 매체에 공급하고, 그 결과 대다수 국민이 확실히 믿는 대체로 허구적인 실체를 내놓게 된다. 현실에 대한 인식은 계속해서 수치를 바탕으로 내려지는데, 몇 달이 지나서 보면 이 수치들은 매우 상대적이고 때로는 누가 봐도 잘못되었거나 기만적이기까지 한 것으로 판명된다. 하지만 그러는 동안에도 이 수치들은 가장 광범위한 대응 조치를 부과하고 인간의 기본적 신조를 모두 제쳐놓는 데 계속 이용된다. 다른 의견을 내놓는 목소리들은 '팩트체크'하는 사람들이 차고 넘치는 참다운 진실부Ministry of Truth에 의해 낙인찍히고, 검열과 자기 검열 속에 발언의 자유가 축소되며, 사람들의 자기 결정권은 강요된 예방접종에 의해 침해된다. 그리고 이는 거의 상상할 수도 없는 사회적 배제와 분열을 일으킨다.

코로나바이러스 위기를 둘러싼 담론은 20세기에 전체주의 체제를 등장시킨 유형의 담론이 드러낸 전형적인 특징들을 보여준다. '사실에 대한 극도의 경멸을 드러내는' 수치와 통계자료의 과도한 사용,[21] 사실과 허구 사이의 경계가 흐려지는 사태,[22] 기만과 조작을 정당화하며 결국 모든 윤리적 경계를 넘어서는 광신적인 이데올로기적 신념 등이 그것이다.[23] 6장과 7장에서 이 특징들을 자세히 설명하려고 한다. 그에 앞서 5장에서는 한 사회가 수치의 확실성이라는 환상에 집착하게 만드는 사회적 조건을 살펴보려고 한다. 이로써 허위의 안정에 도피하는 것은 불확실성과 위험 요소를 다루지 못하는 심리적 무능력, 즉 수십 년 혹은 수 세기 간 사회에 축적된 무능력이 가져온 논리적 결과임을 보게 될 것이다.

5

주인을 갈망하게 되기까지

The Desire for a Master

앞의 여러 장에서는 과학이 열린 사고방식으로부터 교리와 맹목적 확신으로 기울어진 양상(1장), 과학의 실제적 응용이 인간과 인간 사이, 인간과 자연 사이의 관계로부터 인간을 떼어놓게 된 과정(2장), 인공적이고 합리적으로 통제 가능한 우주를 지향한 과학의 유토피아적 추구가 삶의 본질을 파괴하게 된 상황(3장), 세상이 객관적이고 측정 가능하다는 믿음이 초래한 터무니없는 임의성과 주관성(4장) 등을 논의했다. 이번 장에서는 과학의 또 다른 원대한 야망—불안감과 불안정, 도덕 계명과 금기 사항으로부터 인간을 해방하는 것—이 어떤 운명을 맞게 되는

지를 이야기하려고 한다.

수 세기 동안 이어진 종교적 담론은 지옥과 저주에 대한 비합리적인 공포로 인간 영혼을 어둡게 했다. 고통과 질병은 신이 내린 벌이었고, 노화와 병약함은 그저 받아들여야 할 것이었으며, 육체적 쾌락은 죄악이라는 오명을 입고 변색되었고, 사회는 온갖 음침한 계명과 금기 사항으로 숨이 막힐 지경이었다.

17세기 어느 시점에 이르자 인간 지성의 별이 모습을 드러냈다. 밖으로 고개를 돌린 인간의 합리적인 눈에는 신도 악마도 보이지 않았다. 종교적 담론이 주입한 공포는 근거 없는 것이라고 선언되었고, 더는 성직자들이 사회에 부과한 사회 계약을 수용해야 할 이유가 하나도 없었다. 인간은 자신을 둘러싼 세상을 탐색하기 시작했고, 인간의 신체 및 질병과 고통의 원인을 연구했다. 이로써 드러난 인간의 조건은 무조건 수용할 것이 아니라 개선할 대상이었다. 이후 3세기 동안 정력적인 낙관론이 우세했다. 인간의 조건은 충분히 향유할 만한 것으로 만들 수 있었다. 질병과 고통은 인간 지성의 힘으로 치유하면 될 터였다.

과거의 계명과 금기들은 사회를 올바른 방향으로 이끄는 데 불필요한 쓸모없는 것이라고 선언되었다. 갈수록 느슨해진 도덕성은 결국 앞서 위협으로 여겨지던 육체적 욕구와 인간을 화해시키기에 이르렀다. 종교적 담론에 반하는 모든 것에 부과했던 무거운 검열도 사라졌다. 발언의 자유는 기본권이 되었고, 교육은 누구나 받을 수 있었으며, 법률적 지원도 모두의 권리가 되었고, 사랑은 결혼과 자녀 양육이라는 의무를 벗어던졌으며, 제 모습을 되찾은 성性은 죄, 부패와 연관되던 인식에서 벗어났다.

　그런데 어찌 된 일인지 이 과정은 정반대 방향으로 기울었다. 인간 지성의 이상화가 결국에는 질병과 고통에 대한 공포를 심화하는 결과를 낳았고, 사람 사이의 관계는 불확실성과 혼란으로 얼룩지고 말았다. 오래된 계명과 금기들은 결국 복잡한 규정과 규칙, 그리고 극도로 엄격해진 새로운 도덕성으로 대체되었다. 심리적 관점에서 이 현상을 어떻게 이해할 수 있을까?

　신체의 기계적 측면에 대한 지식이 무수히 쌓이고, 보건 부문에 아무리 많은 돈을 쏟아부어도(서유럽 국가의 경우, 국민 총생산의 10퍼센트를 훌쩍 넘는 비율) 질병과 고통에 대한 공포는 전혀 사라지지 않았다. 최근 몇 년간 나온 신문의 머리기사들은 이를 여지없이 보여준다. 청소년들을 모터 달린 자전거에 태워 등교시키는 것은 무책임한 일이고,[1] 세균에 오염될 위험이 있으니 무더위에는 강이나 연못에서 물놀이를 하지 않는 것이 바람직하며,[2] 구강성교는 인후암을 유발할 수 있고,[3] 악수는 바이러스 전염 때문에 너무 위험하며,[4] 흡연자가 담배를 피우고 있지 않더라도 그 옆에 앉으면 건강을 해칠 수 있다.[5] 이런 기사들은 신체적 곤경에 대한 공포심이 21세기 사람들의 삶을 얼마나 좌우하는지 보여주는 끝없는 매체 보도 중 일부에 불과하다.

　정의상 고통은 불쾌한 것이지만, 과거 사람들은 고통에서 더 잘 회복할 때도 있었다. 17세기에 예수회 수사들이 화형을 동원해 아메리카 원주민을 기독교로 개종시키려 했을 때, 그들은 원주민들이 전혀 동요하지 않는다는 것을 알고 크게 좌절했다. 시간이 흐르면서 아메리카 원주민들은 도리어 자신들이 나서서 새로운 형태의 더 고통스러운 고문 방법을 제안했다. "왜 항상 화형을 가하는가?" 그들은 선교사들에게 이렇게 물었다.[6]

신체적 고통이 전보다 더욱 견딜 수 없는 것이 되기도 했고, 갈수록 사람들이 위험을 덜 감내하게 된 것도 사실이다. 이를 드러내는 최고의 예는 지난 수 세기 동안 보험에 대한 광적인 집착이 널리 퍼진 현상이다. 보험은 19, 20세기에 상해 및 화재 보험이 점점 자리를 잡고 제도화되면서 사람들의 호평 속에 출발했다. 그러던 것이 생명 보험, 병원 보험, 여행자 보험, 해약 보험까지 확장되더니 결국에는 거의 모든 것을 보장하는 보험까지 생겨났다. 오늘날에는 나무, 식물, 개와 고양이[7]뿐만 아니라 크리스티아누 호날두의 다리, 제니퍼 로페즈의 엉덩이, 테일러 스위프트의 가슴, 줄리아 로버츠의 미소, 데이비드 리 로스의 정자까지도 보험 대상이 되었다. 이 대상들은 훼손될 경우 보상금이 최대 수백만 달러에 달한다.[8] 실연, 운석 충돌, 영혼·유령·외계인의 납치가 발생시키는 손해에 대한 보험은 말할 것도 없다.[9] 오늘날에는 개인이 보유한 보험 자체도 보험 대상으로 삼을 수 있다는 사실이 전혀 놀랍지 않을 것이다(런던의 로이드 보험은 실제로 그렇다).

그런데도 이렇게 모든 위험을 피하려는 필사적인 시도는 피해를 낳는다. 단지 보험료 측면에서만 그런 것이 아니다. 고통을 제거해야 할 의료적 개입은 날이 갈수록 그 자체가 절망의 원천이 되어간다. 향정신성 약품, 진통제, 그 외 의약품의 광범위한 소비는 수천만 명을 중독에 빠지게 했고 무수한 사람의 목숨을 앗아갔다. 암을 비롯한 각종 질병 검사는 그 자체로 해로울 뿐만 아니라 불필요한 유방 절제 및 화학요법 부작용 등의 더욱 무용하고 해로운 개입으로 이어진다.[10] 게다가 예방의학은 삶을 무균적이고 비인간적으로 만들 수 있는 위협 요소로 작용한다. 코로나19에 대한 반응이 좋은 예다. 감염에 대한 광적인 회피로 인해 치료 지연, 가정 폭력, 심리적 절망, 개발도상국의 식량 불안이 초래하는 고통이 헤아릴 수 없을 정도로 늘어났다.[11] 다시 말해, 모든 위험을 피하겠다는 광적인 시도가 역설적이게도 매우 위험한 태도가 된 것이다.

삶을 통제하려는 이 절박한 시도의 결과는 신체 건강에 대한 해로운 여파를 훌쩍 뛰어넘어, 개인으로서 우리가 지닌 자유와 권리에도 심각한 영향을 끼친다. 한 예로, 21세기 초에 나타난 테러와의 전쟁은 심각한 사생활 침해로 이어졌다. 사실 이는 사회의 '위험한 요소'를 통제하고 분리시키기 위해 정도를 늘려가며 이미 진행되어 온 노력의 일환이었다. 계몽주의 전통은 뜻밖에도 푸코가 대감호le grand renfermement라 일컬은 현상을 낳았다. 점점 더 많은 수의 '위험한' 집단이 수감된 것이다.[12] 19세기에는 '오로지' 정신병 환자, 매춘부, 범죄자들만이 그 영향을 받았으나 21세기인 지금은 거의 모든 것과 모든 사람이 영향을 받고 있다. 조류독감 때문에 동물들이 우리에 갇히고, 코로나바이러스 때문에 인구 전체가 가택 연금을 받는 처지다. 인간과 동물—잠재적으로 질병을 확산시키는 요인—은 서로에게 너무나도 위험하므로 자유롭게 놓아둘 수 없다.

사회적으로 공포와 불안감이 늘어나면 또 다른 심리적 현상—자기애narcissism, 그리고 내가 **규제 열광**regulation mania이라고 명명한 현상—이 나타난다. 이 관계를 이해하려면 발달심리학이라는 또 다른 퍼즐이 필요하다. 우선 인간의 불안감과 자기애 사이의 관계부터 설명해보자.

3장에서는 디지털 대화와 '실제' 대화의 차이점을 논하면서, 유아가 생애 초기의 몸짓 언어 교환을 통해 공생의 형태로 엄마와 공명하고 이로써 타인과 어울리려는 원초적 욕망을 깨닫는다고 설명했다. 하지만 생애 초기에 누리는 이 천국에는 **빠진** 것이 있다. 어떤 면에서 아동은 분리된 심리적 개체로 거의 존재하지 않는다. 생애 첫 몇 달간, 그러니까 거울 앞의 자신을 인식하기 전까지 아동은 자기 몸에 대한 정신-시각적 이미지를 형성할 수 없다. 따라서 자기 몸이 끝나고 주변 세상이 시작되는 지점을 알지 못하며, 이에 따라 자기 몸뿐만 아니라 주변 사람과 대상으로부터 감각이 일어난다고 인식한다(물활론animism). 구체적인 예를 들어보자. 무언가가 팔을 쳤을 때 아기는 자기 팔을 보지 않는다. 통증 감각이 거기 있다고 인식하지 못하기 때문이다. 반대의 경우도 마찬가지다. 아기는 다른 사람의 감각을 자기 몸으로 직접 느낀다. 예를 들어 누군가 맞는 모습을 본 아기는 자신이 맞기라도 한 것처럼 얼굴을 찡그리고 울음을 터뜨린다(이행성transitivism).

이렇게 공생적이면서도 혼란스러운 경험의 혼합 속에서, 아기는 자기 존재의 핵심에 무엇이 놓여 있는지를 정신적으로 파악해야 한다. 엄마라는 인물과 상호작용하는 아기는 엄마의 돌봄과 친밀함을 얻으려면 무엇을 해야 하는지 알아내야 한다. 여기서 어린 동물과 아기를 비교해보면 흥미로운 점이 발견된다. 포유동물을 포함한 모든 어린 동물도 어미에게 의존하고 어미의 돌봄을 받으려고 애쓴다. 하지만 인간 아동은 이들과 중대한 심리적 차이를 보이는데, 이는 의사소통 체계 면에서 나타난다.

동물은 신호를 교환함으로써 다른 동물과 유대를 형성한다. 이 신호늘—특유의 울음소리, 자세, 움직임—은 그들의 참조점과 뚜렷한 연관성을 지닌다. 어떤 신호는 위험을 뜻하고, 다른 신호는 먹이가 오고 있음을 가리키며, 또 다른 신호는 성교 가능성, 복종, 또는 지배를 나타낸다. 동물의 신호 체계가 단순하든 복잡하든, 신호의 숙달이 선천적이든 학습을 통해 세대에서 세대로 전수되든 간에, 동물은 이 신호들이 대체로 확실하고 자명한 것이라고 경험한다. 신호의 교환은 특정 상황에서 격렬한 싸움—이를테면 교미를 원할 때 붉은 배를 드러내는 수컷 큰가시고기들 간의 싸움—으로 이어질 수도 있지만, 이런 신호가 영구적인 의심이나 불확실성을 초래하는 경우는 별로 없다.

인간의 경우는 다르다. 인간의 의사소통에는 모호함, 오해, 의심이 가득하다. 이 모든 것은 다음 사실과 관계가 있다. 인간 언어가 지닌 신호들—더 정확히 말하면, 상징들—은 맥락에 따라 무한히 많은 것을 뜻할 수 있다. 예를 들어 sun(썬, 태양)이라는 소리 이미지는 sunshine(썬샤인, 햇빛)이라는 소리 연속과 sundering(썬더링, 갈라짐)이라는 소리 연속에 놓일 때 전혀 다른 것을 뜻한다. 그러므로 각 단어는 다른 단어(또는 일련의 단어)를 통해서만 의미를 획득한다. 나아가, 그 단어가 의미를 획득하려면 또 다른 단어가 필요해진다. 이 과정은 무한대까지 이어질 수 있다. 단어들의 의미를 확실히 파악하려 해도 늘 한 단어가 모자란다. 이런 까닭에 합리적 체계—단어들이 자명하게 의미를 획득하는 체계—인 언어는 고칠 수 없는 본질적 결핍을 지닌다. 이로써 보험의 보험으로도 인간을 자신의 언어적 불확실성에서 해방시킬 수는 없다는 사실이 곧바로 명확해진다.

이는 사람 사이의 상호작용에 직접적인 영향을 끼친다. 인간인 우리는 절대로 자신의 메시지를 확실히 전달할 수 없고, 타인은 전달된 메시지의 정확한 의미를 절대로 이해할 수 없다. 한걸음 더 나가 우리는 자신의 메시지가 무엇인지조차 제대로 알 수 없다. 우리는 스스로 무엇을 말하려는지 절대로 정확하게 알 수 없다. 생각들 역시 단어들과 연관되는데, 이 수준에서도 늘 한 단어가 모자라기 때문이다. 우리가 그렇게 자주 적절한 단어를 궁리하고, 자신의 메시지를 제대로 전달하려고 고군분투하면서도, 뭔가 다른 내용을 말하고 있다거나 원래 말하려는 것은 살짝 다른 뜻이라는 느낌을 받는 것도 이 때문이다. 동물 세계에는 이런 흔적이 없다. 그들의 의사소통 행위는 이러한 망설임과 말더듬을 전혀 보이지 않는다.

우리는 인간이 더 **뛰어난** 지식과 인식 능력을 지녔으므로 자신이 동물과 구분된다고 생각하곤 하지만, 가장 전형적인 차이점은 우리는 동물과 달리 거의 늘 지식의 부족 때문에 괴로워한다는 것이다. 그러므로 인간의 삶에서 핵심적인 질문들, 즉 타인의 욕구 측면에서 자신의 위치에 관한 질문은 절대로 명확한 답을 얻지 못한다. 타인이 나에 대해 어떻게 생각할까? 그가 날 사랑할까? 나를 매력적이라고 느낄까? 나는 그녀에게 무언가 의미 있는 존재일까? 타인이 내게 기대하는 것은 무엇일까? 그는 내게서 뭘 원할까? 모든 인간, 나아가 인간의 존재 전체가 이러한 질문에 이끌린다. 동물 세계에서는 이런 경향을 나타내는 일이 전혀 없다. 동물이 소파에 앉아 삶의 의미를 고민한다거나, 자신이 다른 동물에게 어떤 의미일지 골똘히 생각하는 모습은 결코 보지 못할 것이다.

인간의 상징 세계가 지니는 무한함은 놀랍게도 인간 생명이 처음 시작된 시절, 즉 언어가 갓 출현해 사물을 제대로 지칭하지 못할 때부터 존재했다. 위대한 프랑스의 발달심리학자 앙리 왈롱Henri Wallon은 우리가 처음부터 보호자와 상호작용하는 아동 얼굴에서 다른 생명체에서는 보지 못하는 무언가를 발견한다고 지적했다. 갓 태어난 아기가 엄마의 표정에 시선을 고정하고 이를 따라 할 때, 아기의 얼굴은 이미 미묘하게나마 **물음**의 감정을 내비친다. 마치 존재의 가장 이른 시기부터 타자의 형식 언어에 뭔가가 부족하다는 것을 맞닥뜨리기라도 한 것처럼 말이다.

그러므로 인간 아동은 어린 동물과는 대조적으로 엄마의 메시지에 관해 심오한 불확실성을 느낀다. 이에 따라 엄마에 대한 정신적 통제력을 얻기 어렵다. 엄마가 나에게 무엇을 원할까? 어떻게 해야 엄마가 내 곁에 있을까? 정신 체계가 아무리 미분화된 시기라도 삶의 첫 몇 달 사이에 이런 질문들이 일어난다. 이는 아동 발달에 나타나는 가장 흥미로운 현상 하나를 설명해준다. 생후 6~9개월의 아동은 처음으로 거울 속의 자신을 인식한다. 대개는 엄마가 열심히 거울 속 이미지를 가리킬 때 인식하곤 한다. 이것 자체는 인간에게 국한된 현상이 아니다. 돌고래나 지능이 높은 원숭이 종들도 아무 문제없이 거울 속의 자신을 인식할 수 있다. 그러나 찰스 다윈이 지적했듯이 인간 아동의 자기 인식은 다른 어떤 동물도 나타내지 않는 무언가를 수반한다. 바로 자신을 보고 기쁨에 겨워 환호한다는 것이다.

거울 속 자신을 인식하는 것이 뭐가 그리 즐거울까? 다른 동물들은 자기 모습을 보고도 왜 그렇게 철저하게 무관심한 것일까? 동물과 달리, 인간 아동은 상징 세계—자신이 처음 존재한 순간부터 자기 주변을 가득 채운 세계—의 영원한 난해함이 빚어내는 끝없는 긴장 때문에 고통스러워한다. 특히 이는 다음의 가장 핵심적인 질문에 적용된다. 엄마가 나에게 원하는 것은 무엇일까? 그런데 눈앞에 있는 거울 이미지를 볼 때 순간적으로 이러한 긴장이 사라진다. 이 이미지는 자신과 일치하며 엄마가 열정적으로 가리키고 있는 대상이기도 하다. 거울에 비치는 이미지는 아동에게 자신이 누구인지, 그리고 엄마가 바라는 대상이 되려면 누가 되어야 하는지를 즉시 알려준다. 언어는 절대 알려주지 못하는 해답을 갑자기 거울 속 이미지가 가장 구체적으로 안겨주는 듯하다. **내가 바로 타자가 원하는 대상이다.** 이것이 자기애적 경험의 원형이다. 이 경험은 너무도 압도적이어서, 어떤 사람들은 인간관계에서 느껴지는 결핍과 불안감을 회피하려고 삶의 후반기에도 집요하게 그런 경험에 매달린다.

하지만 이 경험 역시 인간관계와 개인 모두에게 타격을 입힌다. 저 밑에 깔린 불안감이 또다시 나타나지 않게 하려면, 아동은 엄마(나중에는 사랑의 대상)의 주의를 끄는 다른 모든 사람과 치열한 경쟁을 벌여야 한다. 오직 한 사람만 엄마의 대상이 될 수 있다. 거울 이미지와 자신을 동일시함으로써 불안감을 정복하려고 하면 할수록 다른 사람을 능가하고 얕보고 심지어 파괴해야만 한다. 다시 말해 그만큼 자신의 인간다움을 잃게 된다.

또한 자신의 거울 이미지와의 동일시가 공감 능력을 떨어뜨린다는 점에서도 비인간화가 강화된다. 이 동일시는 처음으로 아동에게 자기 몸에 대한 전체적인 그림(앞을 보지 못하는 아동에게는 그 그림의 대체물)을 제공한다. 그리고 아동은 이 전체적인 이미지를 참고해 처음으로 자기 몸 주변으로 경계선—말 그대로 정신적인 선—을 긋는다. 이는 안정적인 자아Ego 구조를 수립하는데 어느 정도 필요하다. 이런 이미지가 없다면 아동은 정신적수준에서 자신을 하나의 단위로 경험할 수 없다. 그러나 지나친 자기애 성향을 지닌 사람은 자신과 타자 사이의 정신적-시각적 경계가 너무 두껍고 두드러져 자기 이미지 속에 정신적으로 갇혀버린다. 타자의 이미지가 내 정신세계에서 더는 '불을 밝히지' 못할 정도로 자신의 시각적 이미지에 모든 에너지와 주의력을 쏟는 것이다. 다시 말해, 지나친 자기애는 공감을 대가로 치르게 한다. 이는 타자 및 세상과 소통하는 능력을 떨어뜨려 개인을 외로운 고립 상태에 놓이게 한다.

위의 추론을 통해, 거울 이미지에 지나치게 몰입하는 것은 대인관계에서 인간 언어가 유발하는 불확실성을 과잉 보상하려는 태도라고 결론 내릴 수 있다. 하지만 과잉 보상이 극단으로 치달으면 늘 잘못된 해결책을 낳는다. 타자와 공생 관계에 있다고 스스로를 안심시키려 하지만, 결국에는 타자로부터 심리적으로 고립되고 타자를 파괴하는 데 이르게 된다. 나아가 자신마저 파괴하게 된다. 이는 구체적이고 시각적인 방식으로 생각해 보면 가장 잘 이해된다. 즉 심리적 체계 안에 담긴 모든 에너지가 몸 표면, 그러니까 신체의 시각적 이미지에 모조리 투여되는 형국이다. 종종 심리치료 장면에서 외모에 과하게 신경 쓰는 사람들이 '공허함'을 느낀다고 말하는 것도 우연은 아니다.

최근 수십 년간 우리는 공포, 불안감 증가와 더불어 자기애 narcissism도 커졌다는 것을 볼 수 있었다. 우리 사회가 점점 더 이상적인 외면에 치중한다는 말은 낡은 표현이 되었지만, 여기에는 틀림없는 진실이 담겨 있다. 사회적 이상을 담기 위해 몸을 '고치는' 성형 수술 사례는 급격히 늘어나고 있고, 신체라는 기계를 시각적 이상에 꿰맞추고자 사용하는 스테로이드와 프로틴 혼합제의 매출도 급증했으며, 이른바 셀카를 찍는 행위는 안정적으로 자리 잡은 (반)사회적 행동 레퍼토리의 일부가 되었다. 또한 집과 정원의 모습은 집 꾸미기 잡지에 나오는 이미지 사진을 닮아가며, 각종 광고와 옥외 광고판은 특정한 스타일을 갖춘 자동차, 헤어스타일, 의복의 이상적인 모습을 제시한다. 본질적으로 이러한 추세는 인간관계의 해결 불가능한 불확실성을 없애려는 잘못된 시각적 '해법'에 대한 집착이 심화한 것이라고 간단히 말할 수 있다. 이에 따라 이상적인 외부 이미지에 과도하게 몰입한 결과로 나타나는 심리적 현상도 덩달아 급증하고 있다. 이로써 내면의 공허함과 외로움을 경험하고, 타인들과의 소모적인 경쟁(이른바 극심한 생존 경쟁) 속에 지칠 대로 지쳤다는 느낌을 받게 된다.

자기애 외에 공포 및 불안감의 증가와 직접적으로 연관되는 두 번째 사회 현상이 있다. 바로 규칙의 수가 막대하게 늘어나는 양상을 일컫는 이른바 레귤리티스regulitis이다. 이러한 규제 열광도 위에서 설명한 발달심리학 차원에서 간단하게 설명할 수 있다.

자신의 거울 이미지를 인식한 아동은 심리적으로 자신의 존재(몸)와 주변 세계와의 경계를 나눌 줄 알게 된다. 이때야 비로소 외부 대상들이 아동의 정신적 차원에 존재하기 시작한다. 여기서부터 언어의 기능도 달라진다. 이제 단어들은 외부의 대상들을 가리키기 시작하며(언어가 참조적 기능을 수행한다) 이에 따라 의미도 지니게 된다. 이전까지는 그런 일이 거의 없었다. '거울

모멘트' 이전까지 아동의 표현은 대개 물리적이고 직관적인 '행위'로써 중요한 타자와의 공생적인 소통을 위해 신체적 감각을 표현하는 것이었다.

말이 의미를 획득하는 순간, 중요한 타자와의 관계도 한층 더 높은 수준으로 올라간다. 이제 아동은 타인이 자신의 욕구를 나타내고자 사용하는 단어를 이해하려고 집요하게 노력한다. '좋다'는 것은 정확히 무슨 뜻일까? '용감한 소녀'가 되려면 무엇을 해야 할까? 간단히 말해, 이제 아동은 사랑받기 위해 지켜야 할 규칙이 무엇인지를 알고 싶어 한다. 어떤 순간에 이것은 규칙을 요구하는 형태로도 나타난다. 규칙은 아무리 잘 규정해도 여전히 너무 불확실한 까닭에 추가적인 정의가 필요하다. 또한 규칙을 표현하는 말 자체도 오직 다른 말이 있어야만 의미를 지니게 되므로, 아동은 가능한 한 모든 단어의 의미를 궁금해하기 시작한다.

세 살 반 정도가 되면 말의 의미에 대한 집착이 최고조에 달하는 이른바 '왜' 시기로 접어든다. 이 시기가 되면 아동은 끊임없이 '왜' 질문을 늘어놓는다. "이건 왜 당나귀야?" "당나귀 울음소리를 내니까." "왜 당나귀 울음소리를 내는데?" "화가 나니까." "왜 화가 나?" 등등. 이 단계의 아동은 부모가 모르는 것이 없는 대가라고 생각한다. 따라서 가끔은 엄청난 고집을 피우며 부모에게 복종하지 않으려 하면서도 부모가 대가다운 태도를 보여주기를 요구한다. 부모는 모든 것을 알아야 한다. 아동이 무엇을 원하는지 부모가 판단해주지 못하면, 아동은 자기 욕구를 어떻게 충족시켜야 할지 모르게 된다. 바로 이 지점에서 아동은 인간의 원초적 불안감에 직면하고 인간의 원초적 공포에 휩싸인다. 즉, 사랑받지 못한 까닭에 중요한 타자(대개는 엄마)에게서 버려지는 것을 두려워하는 것이다.

규칙을 명확하고 확정적으로 만들려는 아동의 시도는 실패로 끝나게 되어 있다. 다시 한번 말하건대, 인간의 언어란 절대로 결정적인 의미를 획득할 수 없기 때문이다. 부모에게 물어봄으로써 규칙을 명확히 하려고 끈질기게 애쓸수록, 아동은 복잡하고 모순적인 해석에서 길을 잃을 수밖에 없다. 강박 성향인 아동은 분명 이런 상황을 겪는데, 그들은 결국 거의 전적인 억제에 짓눌려 끝없이 정신적 완벽을 추구하며 점점 더 수렁에 빠지고 만다. 책의 뒷부분에서는 아동이 욕구와 관련된 질문에 결정적인 해답은 존재하지 않는다는 점을 받아들임으로써 비로소 규칙을 요구하는 데서 놓여난다는 점을 살펴볼 것이다. 이러한 해방은 중요한 타자(이 단계에서는 주로 엄마)의 대상이 되어야겠다는 자기애적 노력을 포기한다는 것을 의미하기도 한다.

위에서 설명한 발달심리학적 측면은 사회적 수준에도 적용할 수 있다. 사회는 규칙이 끝없이 늘어나는 상황으로 치닫고 있다―이는 무시하기 어려울 정도다. 한편으로 그러한 규칙을 부과하는 주체는 정부지만, 다른 한편으로 일반 사람들이 더 많은 규칙―과하게 엄밀한 도덕성―을 요구하는 것도 사실이다. 자기애의 경우처럼 이 또한 인간관계에서 솟구치는 공포와 불안감을 억제하려는 광적인 시도라고 할 수 있다.

이는 정말 놀라운 현상이다. 21세기가 시작된 이래로 계몽주의 사상의 태내에서 새로운 도덕성이 발현했다. 그런데 이 도덕성은 계몽주의가 사람들을 해방시키고자 제거하려던 이전의 종교적 도덕성보다 여러 면에서 더 엄격하고, 변덕스러우며, 더욱 비합리적이고, 훨씬 위선적이다. 직장 문화가 부상하면서 사회는 사람 사이의 모든 자잘한 소통을 더욱 위태롭게 만드는 암묵적, 명시적 규칙의 희생양이 되었다. 미투운동#MeToo 이후로 학생들은 합법적이고 순응적으로 이성에게 호감을 표현하는 방법을 배우게 되었고,[13] 대학 신입생들의 성년식은 점점 더 엄한 규제의 대상이 되었으며,[14] 스웨덴에서는 서명된 계약을 통해 쌍방이 사전에 동의를 표한 후에 맺은 성관계만 합법이라는 법을 도입했다.[15] 또한 플랑드르 미술의 거장들이 그린 누드화를 더는 소셜 미디어에 게시할 수 없게 되었으며,[16] 넷플릭스Netflix 기업은 직원들이 서로 5초 이상 눈을 마주쳐서는 안 되고, 직원 간에 먼저 질문해도 되는지 허락받지 않고는 서로의 전화번호를 묻지 못하도록 명시하는 규칙을 도입했다(!).[17] 새로운 규준은 너무도 엄격해서 남녀 사이에 신체적 차이가 있다고 말하는 것조차 성적 무결성을 침해하는 행위라고 간주할 정도다.[18]

'흑인의 생명도 소중하다Black Lives Matter' 운동에서도 이러한 추세가 잘 드러난다. 인종차별에 관한 기준이 더욱더 철저해지는 경향은 도리어 생산적인 결과를 거의 내지 못하게 만들었다. 이러한 규칙들이 인종차별과 관련된 자기애적 우월감을 극복하는 데 실질적으로 이바지할 가능성은 사실상 그리 크지 않다.

　기후 운동도 환경 범죄라는 새로운 범죄 유형을 낳았다. 장작 난로를 쓰고 고기를 먹으며 시골에서 에너지 독립형 방식으로 살아가는 것은 환경을 침해하는 것으로 여겨지고, 극단으로 치달은 환경적 이데올로기는 애초에 지향했던 목표—자연으로 돌아가기—와 정반대되는 태도를 낳았다. 환경 침해 문제에 관해서는 엄격함의 잣대를 선택적이고 비일관적으로 적용하기도 한다. 예를 들어 개인의 탄소발자국 줄이기는 최대한 실천하려고 하는 반면, 인터넷 사용을 통한 에너지 소비(항공 교통이 발생시키는 에너지 소비량의 총합과 같은 규모)와 비트코인 '채굴'(서유럽 국가의 평균 에너지 소비량과 같은 규모)에는 놀랄 정도로 관대하다. 전기차 배터리 생산을 위한 광석 채굴이 일으키는 환경 훼손 문제도 거의 논의되지 않는다. 한때 환경 운동은 주류와 뜻을 달리하는 목소리였지만, '에코모더니즘'으로 방향을 틀면서 주도적인 기계론적 이데올로기 속에 통합된 것이 분명하다.

　이러한 규제 열광은 공공 영역에서도 쉽게 눈에 띈다. 벨기에 겐트대학교에 있는 내 연구실에서 내다보면 큰 교차로가 보인다. 지난 20년간 나는 이 교차로가 하얀 선이 드문드문 나 있는 커다란 아스팔트 도로에서 자전거 도로, 보행자 도로, 차도를 나타내는 온갖 선과 색깔 영역이 더해진 곳으로 바뀌고 도로 표지판과 신호등도 계속 늘어가는 모습을 봐왔다. 교차로뿐만이 아니다. 기차역에서는 기차표가 있어야 화장실에 갈 수가 있고, 흡연자들은 노랗게 표시된 구역에서만 그들의 위험한 중독을 즐길 수 있으며, 주차 역시 정해진 공간에다—유료로—정해진 시간 동안만 가능하다. 코로나바이러스 위기 동안 이 현상은 일시적으로 정점에 달했다. 건물의 층과 계단마다 끝없이 많은 화살표가 통행 진로를 가리켰고 그곳에서는 반드시 마스크를 착용해야 했다. 페스티벌이나 문화 행사가 열리는 곳에서는 가드레일로 구역을 나눠 이쪽 무리와 저쪽 무리가 접촉하지 않도록 했다. 극장에서는 착석 가능한 좌석과 그렇지 않은 좌석을 빨간색과 초록색으로 일일이 구분해두었다. 이 모든 규칙이 사라지는 순간은 끝없이 연기되고 있으며, 지금의 대응 방침을 지지하는 사람들 쪽을 따른다면 아마 그 규칙들은 영원히 사라지지 않을 것이다. 사실 '보통의' 독감 바이러스로도 수십만 명이 사망할 가능성이 있다. 그렇다면 이는 앞으로 독감 바이러스에도 지금과 비슷한 조치를 도입해야 할 충분한 이유가 되지 않을까?

더욱이 온갖 종류의 위험 요소에 대한 반응으로 발동시키는 갖가지 규칙은 장소마다 다르게 규정된다. 코로나바이러스 위기 동안 각 도시의 시장들은 자신의 관할 구역에서 재량껏 규칙을 조정할 수 있다. 어떤 규칙들은 시간이 지남에 따라 달라지기도 한다. 뇌우, 테러리즘, 바이러스가 발생할 때면 녹색, 황색, 오렌지색, 적색 코드를 손쉽게 바꿀 수 있다. 장기적으로는 규칙들이 너무 세세해진 나머지 사람들을 화나게 만들거나 허탈한 웃음이 나오게 한다. 2020년 여름, 결혼식에서 오프닝 댄스는 가능하되 폴로네즈polonaise(폴란드의 4분의 3박자 리듬의 춤곡에 맞춰 추는 춤—옮긴이)는 금지하는 규칙이 있었다.[19] 코로나바이러스가 춤에 관해 뭔가를 알기라도 하는 듯 말이다. 이 모든 규칙을 제대로 지키기란 불가능하다는 것이 입증되자 유능한 당국 관계자들도 절망적인 혼란에 빠지고 말았다. 2020년 2차 봉쇄 기간 중 어느 시점에서 벨기에 보건부는 동거하지 않는 파트너가 서로의 집을 방문할 수는 있지만, 경찰이 이를 목격하면 벌금을 물릴 수 있다는 내용을 웹사이트에 게시했다.

새로운 도덕New Morality이 지적한 문제들 자체는 충분히 이해가 된다. 성차별과 인종차별은 분명 문화적 쇠퇴를 드러내는 증상들이다. 사람들은 자연(또는 기후)을 돌봐야 하며, 그렇지 않으면 되돌릴 수 없을 만큼 파괴될 것이다. 코로나바이러스 피해자(그리고 공중보건 대응으로 인한 피해자)와의 연대는 우리의 인류애를 나타내는 증거다. 하지만 그렇다고 이에 대한 해결책으로 제시되는 것마저 이치에 맞는다고는 할 수 없다. 그 해법들은 여러 면에서 볼 때 지나치고, 비일관적이며, 역효과를 낳는다. 미투운동#MeToo 담론에서 어설픈 희롱과 강간 사이의 경계는 명확하지 않다. '흑인의 생명도 소중하다Black Lives Matter' 담론에 따르면, 피부색에 관해 언급하는 모든 행위가 달걀 위를 걷는 것처럼 조심스럽다. 기후운동은 사람을 자연으로부터 더더욱 소외시킨다. 그리고 코로나바이러스 위기의 경우, 보건 조치가 도리어 생명과 자유를 공격하는 형국이 되었다. 더군다나 프로이트가 지적했듯이, 새로운 도덕이 지니는 억압적 본성은 '억압된 것의 회귀return of the repressed'가 심화되도록 부추기고 있다. 2015~2020년에 소셜 미디어에서 성차별적 언어 사용은 두 배로 늘었고, 인종차별적이고 위협적인 언어 사용은 세 배로 늘었다.[20] 비록 숫자와 통계치는 늘 의심스럽지만 이러한 역효과는 반드시 인지해야 한다.

새로운 도덕은 정부와 대중 모두에 의해 점점 더 공격적으로 시행되고 있다. 자유로운 발언, 언론의 자유, 예술적 자유, 기본적인 자기 결정권에 대한 지지가 우려스러울 만큼 빠르게 줄어들고 있다. 조앤 K. 롤링J. K. Rowling은 '여성women'이라는 단어 대신 '생리하는 사람'이라는 매우 논란이 될 만한 발언으로 맹렬한 공격(자택이 공격을 당할 정도로)을 받았다.[21] 독일 보험업자들은 모든 신차에 알코올 록alcohol lock(음주 측정 검사를 통해 음주한 개인은 운전하지 못하도록 차량에 설치하는 기기-옮긴이)을 설치하길 원한다.[22] 〈뉴욕타임스〉 칼럼 페이지를 담당하는 한 편집자는 조지 플로이드George Floyd의 죽음에 관해 우익 성향 정치인의 칼럼을 실었다는 이유로 해고되었다.[23] 호주의 한 남성은 코로나19 검사에서 양성 판정을 받은 후 의무 격리 조치를 따르지 않았다는 이유로 최악의 공공의 적이라고 알려져 경찰과 군에 체포되었다(실제로 그는 양성이라고 잘못 판정받았을 가능성이 있었다).[24]

이렇게 지나치고, 부조리하며, 비일관적인 규제가 현대 사회의 전형적인 양상인지 여전히 의심스러울 수도 있다. 정말 과거에는 지금보다 규칙이 적었을까? 그리고 과거의 규칙들은 지금보다 덜 부조리했을까? 유대교에 존재하는 613개의 계명과 금기는 수천 년간 존재해왔다(할라카halacha). 그들은 정통 유대인의 삶을 아주 세세한 부분까지 규칙으로 빼곡히 규정한다. 그 규칙들이 늘 논리적으로 이해되지는 않는다고 유대인들 스스로 시인할 때도 있다. 논리적 근거가 있는 규칙(미쉬파팀mishpatim) 외에 논리적으로 이해할 수는 없으나 인간과 영원한 존재 사이의 유대를 영속시켜주는 규칙들도 있다(추킴chukim, 이 규칙은 음식물에 관한 율법들과 할례를 포함한다).

규칙은 원주민 공동체에도 만연했다. 토템 신앙을 가진 부족 사회들은 행동 규칙, 규범, 금기가 복잡하게 얽힌 체계를 유지하곤 하는데, 이는 일상생활의 자연스러운 형태를 모조리 앗아간다. 특정한 상황에서는 무기, 의복과 같은 특정 물체를 만질 수 없고, 특정한 음식을 먹어서는 안 되며(토템 동물의 살 포함), 심지어 특정한 발자국들은 따라가서도 안 된다(예, 레퍼스 아일랜드에서는 오누이라면 서로의 발자국을 피해야 하는 부족도 있다).[25] 부족 사회에 대해 수정주의자들이 낭만적으로 묘사한 것과는 대조적으로, 황야에서는 자유로운 사랑과 성이 존재하지 않는다. 예를 들어 호주 원주민 중 어떤 부족은 역사적으로 12개의 씨족으로 갈라졌을지도 모른다. 자유로운 성적 관계와 오랫동안 지속하는 성적 관계는 그 밖의 세 개 씨족 구성원들에게만 허용되었다. 따라서 남성 1인을 놓고 볼 때, 여성 네 명 중 세 명은 이미 금기시된 것이다. 남녀 모두 이 금기를 어기면 사형이나 다름없는 형벌을 받는다. 뉴사우스웨일스주의 타-타-티Ta-Ta-thi 부족의 역사는 비교적 온건하다. 그들은 남성은 죽이되, 여성은 '단지' 구타를 가한 뒤에 거의 죽기 직전까지 장대에 찔러둔다.[26]

종교, 토착 부족, 현대의 제도가 법을 대하는 방식을 비교하는 것은 이 책에서 다룰 범위를 훨씬 넘어서지만, 이들 사이에 차이점이 존재한다는 점은 분명하다. 예를 들어 종교와 토착 부족의 법 제도는 대체로 범주화할 수 있고 그만큼 분명하다. 또 하나 분명한 차이점은 이들 제도가 안정적이었다는 것이다. 현대의 법 제도는 그렇지 않다. 현대 법체계의 변화는 신속하고 예측할 수가 없다. 오늘 겐트에서 자동차를 샀다고 해보자. 아마 내년에는 이 차로 다른 도시를 방문할 수 없을 것이다. 그때 되면 유로Euro 기준이 달라져 있을 테니 말이다. 이뿐만 아니라 규칙들도 끊임없이 늘어만 간다. 일례로 다수의 자료에 따르면, 온갖 종류의 규칙을 제정하고, 준수하고, 시행하는 데 점점 더 많은 시간과 에너지가 투여되고 있다. 정치적 수준에서는 역사적으로 19세기 후반의 제국주의(식민주의에 따른 논리적 순서로 제국주의 자체는 아직 관료적이지 않았다)를 시작으로, 20세기 전반기의 불량 폭력배-전체주의(나치주의 및 스탈린주의 유형의 체제들)를 지나 21세기 초 기술관료 기반의 전체주의가 부상하기까지, 점점 더 정부 형태가 관료화되면서 규제 열광이 발달해왔음을 알 수 있다. 이 모든 국가 체계들은 점점 더 복잡하고 터무니없는 규제가 많아졌다는 특징을 보였다.

　　이러한 규제의 변화는 19세기, 20세기 내내 행정 부문 직업이 급격히 늘어난 양상에서도 드러난다. 1840년에서 2010년까지 행정, 관리, 서비스 부문의 일자리는 전체 직업 수의 20퍼센트에서 80퍼센트를 차지할 정도로 늘어났다.[27] 미국 대학의 행정 직원은 30년간 두 배 이상 급증했다.[28] 행정 부문의 **일자리뿐** 만 아니라 행정 **업무**의 수도 많아졌다. 업무 특성상 행정과는 거의 또는 전혀 관계가 없는 직종에서도 상황은 같다. 상점 주인, 농부, 교사 할 것 없이 모두들 날이 갈수록 늘어나는 규제를 감당해야 하고, 점점 더 많은 시간을 행정 업무에 써야만 한다.[29]

이렇게 지나치고 터무니없는 양상을 보여주는 규제 열광은 의심의 여지없이 우리 시대에 나타나는 갖가지 심리적 문제의 원인이 되고 있다. 온갖 규칙의 모순과 모호함은 신경질적인 '파블로프의 개'(러시아 생리학자 이반 페트로비치 파블로프의 유명한 실험. 개에게 먹이를 줄 때마다 종소리를 들려주면 나중에는 종소리만 들어도 침을 흘린다는 결과로부터 '조건반사'라는 개념을 제시함-옮긴이) 효과를 일으키고, 그 과도한 본질은 만족감, 자연스러움, 삶의 기쁨을 앗아 간다. 자율성과 자유를 누릴 공간도 점점 줄어든다. 한 예로 유럽 도로에서 요구되는 마지막에 끼어들기, 이른바 '지퍼 규칙zip-per rule'(한 차선에서 끝까지 주행하다가 거의 닫히는 지점에서 다른 차선에 합류하도록 한 규칙-옮긴이)은 언뜻 보면 흠잡을 데가 없는 듯하다. 그러나 심리적 측면에서 이 규칙은 미묘한 단점이 있다. 마지막에 끼어들어야 하는 의무 때문에 개인의 선택이 없어지고, 작지만 강력한 인간적 조우—한 사람이 다른 사람에게 우선권을 주겠다고 선택하는 상황—의 가능성도 사라진다. 더 이상 운전자에게는 자연스러운 관용을 베풀 여지가 없다. 의무적으로 해야할 행동이 정해져 있으니 말이다. 이게 뭐 그리 대수로운가 싶겠지만 사실 이는 중대한 일이다. 인간과 인간이 마주치는 이런 때야말로 안으로부터 사회적 유대를 돌볼 수 있는 순간이다. 이런 순간이 없다면 사회조직이 위축되고, 사회가 원자화된 개인의 느슨한 집합으로 분열되는 것은 시간문제다.

규제 과다의 억압적인 효과는 이것이 갑자기 사라졌을 때 가장 확연하게 나타난다. 예를 들어 프랑스의 한 작은 마을에 도착했는데, 정확히 어느 길로 운전하고 어디다 차를 세워야 할지 알려주는 하얀 선이 없다고 해보자. 돈을 내지 않고도 원하는 시간만큼 길가에 차를 세울 수 있다. 또는 시골 기차역의 주차장에서 주차 요금 징수기에 돈을 낼 필요도 없고, 화장실도 무료로 사용할 수 있으며, 승강장에도 언제든지 드나들 수 있다고 해보자. 이는 사무실 에어컨이 내는 윙윙거리는 소리를 연상시키기도 한다. 오후 6시가 되어 그 소리가 사라지면서 반가운 평화의 순간이 찾아들 때야 비로소 내가 그 소리에 짓눌려 있었다는 것을 깨달으니 말이다.

과도한 규제는 대체로 우리가 깨닫지도 못한 채 발전해왔다. 이것이 숨이 막힐 듯한 영향력을 행사하는 것 역시 대개는 우리의 인식 밖에서 진행된다. 그러나 규제 기계가 한 단계 수준을 높일 때마다 살아 있는 인간으로서 우리가 누릴 존재의 공간은 조금씩 줄어든다. 이렇게 일종의 악순환이 생겨난다. 사회적 공간에서 불편함과 좌절을 줄이려고 더 많은 규제, 프로토콜, 절차를 만들어내는데, 결과적으로는 이 때문에 더 많은 불편과 좌절을 경험하니 말이다. 그러면 우리는 이에 대응하겠다며 훨씬 더 많은 규칙을 만들어낸다. 이렇게 규제망이 조금 더 촘촘해질 때마다 인간의 숨통은 조여든다. 과도한 규제 사회를 지향하는 분위기가 지속될 때, 자살 시도가 늘어나는 것은 논리적인 결과라고 할 수 있다. 기계론적 사고의 궁극적 결과는 안락사 기계—헬륨 가스를 마시며 고통 없이 삶을 놓을 수 있는 상자—가 될 것이다.

정부의 관료화에서 드러났듯이 규제 열광은 사회적 소통을 미리 정해진 양식에 끼워서 맞춤으로써 이를 합리적이고 논리적으로 만들고자 한다. 이런 측면에서 이상적인 관료는 일종의 컴퓨터와 같다. 그들은 자신들이 '보조하는' 사람들의 개별성에 '한눈을 팔지 않고' 제도의 논리를 엄격히 고수하기 때문이다. 이런 점에서 관료제는 컴퓨터가 일으키는 것과 정확히 같은 좌절을 유발한다. 우리는 우리의 인간적인 개별성에 전혀 민감하지 않은 기계적 타자와 맞닥뜨린다. 컴퓨터는 그리 불공평하거나 불의한 타자가 아니라 가차 없이 논리를 실행하는 타자다. 5분 뒤에 시작되는 회의 때문에 급히 다른 보고서를 출력해야 하는 것은 중요한 문제가 아니다. 컴퓨터가 이런 사정을 봐주고 더 아량을 베풀지는 않을 것이다("컴퓨터는 '노'라고 말한다."). 이런 측면에서 컴퓨터는 이상적인 전체주의 지도자를 닮았다. 그는 엄격하고 가차 없이 자신의 논리를 사람들에게 강요한다. 이에 관해서는 2부에서 자세히 다룰 예정이다.

위의 논점에서 볼 때, 자기애와 규제 열광은 언어가 인간관계에 일으키는 불확실성과 두려움을 극복하려는 거짓된 해법들이다. 이는 사회적 고립으로 이어지고 궁극적으로 자기-파괴적이다. 그러나 **진정한** 해법들도 있다. 여기서 마지막으로 발달심리학을 한 번 더 살펴보려고 한다.

모든 사람은 자라면서 '왜' 시기를 거친다. 이때가 되면 아동은 부모에게(때로는 자기 주변에 있는 모든 어른에게) 끊임없이 '왜'라는 질문을 던진다. 끝없이 질문을 던진 끝에 아동은 중요한 무언가를 감지하기 시작한다. '왜'라는 질문을 계속 이어나가면 언젠가는 부모가 자기 지식의 한계를 인정해야만 한다는 것이다. 이 단계에서 대다수 아동은 부모가 전지전능하다는 신념을 접는다. 이는 거울 속 자신을 인지하게 된 이후로 심리적 발달에서 두 번째 혁명이 일어나는 시점이다.

이때부터 아동은 자신이 권위자라고 믿는 사람들조차 말의 의미를 온전히 알지는 못하며 불확실성은 절대로 줄어들지 않는다는 것을 직관적으로 이해한다. 이 지점에서 아동이 나타낼 수 있는 반응은 두려움, 창의성 이 두 가지다. 두려움이 창의성보다 우세할수록 아동은 자기애를 고수하고 규칙을 탐닉한다. 그러나 불가피한 사실을 깨닫는 순간 또 다른 가능성이 열리기도 한다. 말의 의미—'좋음'의 의미, '용감한 소녀'라는 말의 뜻 등등—를 명확히 아는 사람은 없으므로 부모가 해주는 말로부터 놓여나 이런 질문에 자기만의 대답을 내놓고, 자기 나름의 삶의 방식을 실현하기 시작하는 것이다.

한편으로 아동은 자신에게 주어진 기회를 이용해 새롭게 떠

오른 공간에서 자신을 실현해야 한다. 다른 한편으로 부모 역시 이 과정에서 중요한 역할을 맡는다. 부모들은 삶에 의미를 부여하고 자기만의 선택을 내리려는 아동의 시도를 승인하고 지지할 수 있다. 또는 명백하게든 은밀하게든 자신의 전지적 지위를 유지하고 계속해서 아동 대신 선택을 내리려고 노력할 수도 있다. 전자의 경우에는 개별화의 길이 순탄할 테지만, 후자의 경우에는 위기와 폭풍을 만날 가능성이 크다. 이 두 시나리오 중에 어떤 것이 가장 독창적인 결과를 가져올지는 예측하기 어렵다.

신과도 같은 부모가 해주는 말이 전적으로 옳지 않다는 깨달음이 생기고 나면, 전적인 정확성을 의도하지 않는 말, 즉 허구와 시에도 조금씩 감수성이 생긴다. 이 시기에 아동은 주로 부모와 조부모에 관한 이야기에 목말라한다. 이 이야기들에 담긴 **시와 진실**Dichtung und wahrheit(사실과 허구)은 아동에게 정체성의 기반을 제공하고, 예의 바른 행동에 관한 원칙을 일러준다("우리 가족이라면 공손하고, 열심히 일하며, 먹고 마시기를 좋아한다."). 심리적으로 이 원칙들은 아동이 전에 의존했던 경직된 규칙들과는 사뭇 다르다. 이것들은 느슨한 지침들로서 충실히 따를 만하면서도 아동이 부딪히는 모든 새로운 상황에 유연하게 적용된다. 이런 원칙들이야말로 규칙에 대한 난폭한 갈망으로부터 아동을 해방시킨다.

언어와 말의 사용이 정확한 의미 부여를 목표로 삼지 않고 더 느슨할수록 아동은 자신이 놓인 고유한 맥락에서 무언가를 재발견할 가능성이 크다. 거울 속의 자기 이미지를 인식하고 이제 막 생겨난 합리성을 발휘하는 긴 우회로를 거친 아동은, 생애 첫 몇 달간 맛보았다가 상실한 모성의 천국이 묻어나는 메아리와 향기를 이야기와 시 속에서 발견한다.

그러므로 논리적-합리적 언어 사용에서 암시적-창의적 언어 사용으로 옮겨가는 과정에서 개별성이 탄생하는 것은 인간 조건에 담긴 근본적인 불확실성에 대한 세 번째 반응이라고 할 수 있다. 이는 비합리성으로 추락하는 것과 같지 않다(이에 대해서는 9장에서 자세히 살펴볼 것이다). 자기애, 규제 열광과 대조적인 이 창의적 행위야말로 인간관계와 인간 존재 전반에 내재하는 불확실성을 극복하는 진정한 해법이다. 이는 인간을 타자와 연결시키고, 심리적 고립과 (자기) 파괴 대신 (사랑의) 대상과 소통하도록 이끈다. 동시에 이는 창의적인 방식으로 개별성과 심리적 주권을 실현하게 한다.

여기서 잠시 이번 장을 시작하면서 자문했던 내용으로 돌아가 보자. 어떻게 계몽주의 전통은 더 많은 공포와 불안감, 그리고 결국에는 과도하게 엄격한 도덕성을 불러온 것일까? 애초에 목표로 삼았던 것은 명백히 이와 반대된 것이 아니었을까? 위에서 약술한 발달심리학적 도식은 꽤 간단한 해답을 제시한다. 계몽주의 전통과 이성의 이데올로기는 삶을 논리와 이론에 끼워서 맞추려는 끈질긴 시도였다. 이는 모든 상징주의, 신비주의, 허구, 시를 이차적인 것들이라고 보았다. 하지만 이것이야말로 삶의 불확실성에 창의성과 개별성으로 반응하고, 타자와 소통하

게 하는 말을 찾아내는 능력을 우리에게 선사하는 종류의 담론
이다.

이렇게 해서 불확실성은 두려움으로 바뀌었고, 이 두려움에
맞서는 데 사용할 유일한 심리적 방편은 자기애 및 난폭한 규제
담론과 근본적으로 다르다. 여기서 특히 중요한 것은 두려움을
'해결'하기 위한 이 두 번째 시도다. 합리성과 규칙을 동원해 두
려움과 불확실성을 제거하려고 할수록 우리는 더욱더 실패를
맞닥뜨린다. 언어의 구조에 관해 이야기했던 것을 기억해보라.
불확실성을 없애고 최종적인 해법을 가져다줄 최후의 단어는
존재하지 않는다. 논리적으로(본 장에서 논의했던 발달적 관점) 그리
고 역사적으로(이후 여러 장에서 살펴볼 관점), 정확히 이 지점에서
인간은 자유를 갈망하며 추구해온 것과 정반대 쪽으로 방향을
튼다. 즉, 최후의 말을 가졌다고 주장하는 절대적인 주인—전체
주의 지도자—을 원하게 되는 것이다.

이는 미투운동, '흑인의 생명도 소중하다' 운동, 기후운동, 코
로나바이러스 위기와 같은 사회 현상에 대해 다른 시각을 제시
한다. 이 현상들은 실제 문제들과 관계가 있지만, 그 문제들은
현상들이 존재하는 진짜 이유가 아니다. 이 현상들은 대개 자유
라는 짐, 그리고 이와 연관된 불안감을 내 어깨에서 치워줄 만한
방향을 제시하는 권위주의적 제도를 애타게 필요로 하는 일반
사람들로부터 생겨난다.[30] 그리고 정부는 이 빈자리를 열렬히
채우고자 애쓴다. 이렇게 조금씩 정부는 개인이 선택할 자유를
제한하고 대신 선택을 내린다. 담배, 설탕, 지방에 세금을 부과

하고, 어느 정도로 건강과 면역력을 추구해야 하는지 결정하며 (백신을 접종하지 않고서는 공공장소나 일터에 갈 수 없다), 코로나19로 인해 격리 중일 때는 알코올을 얼마나 섭취할 수 있는지 판단하고(호주에서는 하루에 맥주 6병), 공공장소에서는 종교적 상징물을 금지하면서도 정작 자신의 이데올로기를 나타내는 표지는 의무화한다(QR 코드가 없다면 상점 문을 닫아두어야 한다). 결국 개인은 자기 삶에 관한 의사결정을 내릴 권리마저 잃게 될 것이다. 환자들이 자살 충동을 털어놓을 때, 치료사는 환자의 심정을 최대한 이해하면서도 치료를 지속해야 한다는 압박을 받는다. 자살은 어떤 상황에서도 허용되지 않으니 말이다. 그러나 만약 정부가 이를 승인한다면 정신적 고통을 이유로 들어 안락사를 승인받을 수 있다. 다시 말해, 이제부터는 내가 죽을 수 있는지 없는지를 정부가 정해준다는 말이다. 정부가 수행하는 교육과 훈육 기능은 하루가 다르게 복잡해지고 있고, 이런 이유에서 효율적인 체계가 필요해진다. 처음에 사회신용제도는 공산주의-전체주의 기반의 중국에서만 가능한 것처럼 보였다. 하지만 현재 호주에서 이와 유사한 제도를 도입하려고 준비 중이며,[31] 벨기에의 일부 지자체는 이미 지역 고유의 가상 화폐를 사용하는데, 이 화폐는 '모범적인 행동'을 하면 얻을 수 있다[32](이것이 의미하는 바는 선출되지 않은 기술관료가 정의해 주지 않을까 싶다). 여기서도 중국에서처럼, 나쁜 점수를 너무 많이 쌓으면 오웰적인orwellian(조지 오웰의 소설《1984》속에 나타난 전체주의적 사회 형태-옮긴이) 컴퓨터 알고리즘을 기반으로 사람들을 재교육 수용소로 보내게 될까?[33] 비인격적이지만 약삭빠른 정부 기구는 버릇없는 아동들이 개별성을 발휘할 공간을 요구할 것이라는 점을 이미 예상했다. 이에 미리부터 사람들을 무장 해제시키고 폭력에 대한 독점권을 확보한다.

궁극적으로 전체주의 지도자라는 직위는 생길 수 없다. 그의 과대망상적 믿음과 이데올로기적 광신이 아무리 크다 해도, 그 역시 언어의 구조를 피할 수 없기 때문이다. 그는 자신이 최후의 말을 가졌다고 가장할 수 있을 뿐이다. 이 최후의 말은 시, 허구, 상징주의가 메아리치는 공간—즉, 그것이 불완전하다고 시인하는 유형의 담론이 존재하는 공간—에서 둥둥 떠다닐 뿐 실체를 잡기 어렵다. 그런데도 절대적인 주인의 자리에 앉으려는 사람은 오류와 비일관성에 빠지고, 결국에는 새빨간 거짓말과 책략 속에 휘말리게 된다. 1장과 4장에서 이 현상을 이야기하면서 과학의 위기에 관해 논했었지만, 이는 공공 담론의 수준에서도 나타나는 현상이다.

투명성과 과잉 교정을 지나치게 추구하는 것도 정반대 방향, 즉 가식과 책략 쪽으로 기울게 된다. 언론 보도만 봐도 그렇다. 고품질 상품을 보증하는 정부 인증 표시들은 신뢰할 수 없을 때도 많다.[34] 또한 살충제를 금하면서도 농부들에게는 관리들을 보내 이런 살충제를 탐지해내는 검사를 피해갈 방법을 일러준다(이사벨 사포르타Isabelle Saporta의《와인 비즈니스Vino Business》는 이를 적절히 설명한다).[35] 여러분이 개인정보 보호를 위해 소프트웨어를 구매하는 암호화 회사들은 알고 보면 정부의 첩보 기관들이 소유한 경우도 있다.[36] 심지어 보건 부문—21세기 정부의 최우선

사항 중 하나—을 더 투명하고 올바르게 만들려는 태도 역시 정반대로 작용할 때가 있다. 당사자의 동의 없이 환자의 전자 기록을 대거 공유하니 말이다.[37] 이 기록들은 해킹될 수도 있고(실제로 핀란드에서 수만 명의 기록이 해킹된 사례가 있다)[38], 보험 담당자들도 이 기록에 접근할 수 있다.[39]

이렇듯 삶에 대한 합리주의적 접근방식은 두려움과 불확실성을 능률적으로 관리하지 못하도록 이끌었다. 자기애와 규제 열광은 애초에 해결하려던 문제를 도리어 심화했고, 그 결과 심리적으로 녹초가 된 사람들은 절대적인 주인을 애타게 바라게 되었다. 기계론적 이데올로기 안에서 인간과 세상에 대한 지배적인 관점에 따라 그러한 주인을 찾는다는 것은 앞뒤가 맞지 않는다. 애초에 그런 문제를 낳은 것이 기계론적 이데올로기이니 말이다. 이 이데올로기는 사태를 어마어마하게 조작함으로써 사람들의 마음을 유혹하고, 온갖 숫자와 통계치로 사실을 뒷받침하는 것처럼 보이기도 한다. 사람들의 이러한 상태—두려움에 차 있고, 사회적으로 원자화되어 있으며, 방향성과 권위를 갈망하는 상태—야말로 특정한 사회 집단이 출현하게 되는 완벽한 환경이다. 그리고 이는 계몽주의를 지나 여러 시대를 거치는 동안 점점 더 그 모습을 선명하게 드러내 전체주의 국가의 심리사회적 토대를 형성했다. 그것이 바로 대중mass이다.

MASSFORMATION

AND

TOTALITARIANISM

2

대중 형성과
전체주의

6

대중의 부상

The Rise of the Masses

"계몽은 인간이 자초한 후견 상태로부터 놓여나는 것이다. 후견 상태란 인간이 다른 누군가의 지도 없이는 스스로 자기 이해력을 활용하지 못한다는 것을 말한다. … 그러므로 '감히 스스로 생각하라! 과감히 자신의 이성(오성)을 사용하라!' 이것이 계몽주의의 표어다."[1]

1784년, 독일의 위대한 계몽주의 철학자 임마누엘 칸트는 자신이 생각하는 계몽주의 전통의 본질을 위와 같이 요약했다. 그러나 한 세기 반이 지난 뒤에 소름 끼치는 현상이 펼쳐졌다. 계몽주의가 칸트의 상상과 정반대되는 결과를 낳았기 때문이다.

'과학'이 내놓은 이야기들은 솔직히 터무니없는 것들이었다. 그런데도 사람들은 맹목적인 열정과 광신 속에 그 이야기들에 동조했다. 비판적 반성이 너무도 부족한 탓에 극단적인 자기 파괴가 일어난 것이다.

독일에서는 한 광신적 선동가가 내세운 인종 이론 때문에 수많은 사람이 유별난 정신 상태에 놓인 적이 있다. 사람들은 자기가 보기에 그 지도자에게 무조건 충성하지 않는 듯한 독일 국민과 친척, 친구, 동료를 비난했다. 그들은 신체장애가 있는 동료 인간들은 해충과 같으므로 박멸해야 한다는 의견에 수긍했다. 또한 심장과 폐에 문제가 있는 모든 독일인을 없애는 것은 장기적으로 필요한 일이라고 간주했던 총통의 말에 동의했다. 명시적으로든 은밀하게든 그들은 산업화 차원에서 '열등한 인종'을 전멸시키는 데 동조했다.

러시아에서도 이 같은 '과학적' 이야기가 동일한 광신적 황홀감을 낳았다. '역사적-유물론적 과정'은 결국 사유 재산 없는 사회, 즉 '프롤레타리아'가 권력을 지니는 사회를 건설하는 데 초점을 맞추었다. 이 또한 상당한 정도의 전멸을 요구했다. 처음에 이는 일정한 '논리'를 따랐으나 나중에는 모든 사람이 무작위로 피해자가 되었다. 수만 명이 강제 노동 수용소로 추방되었고 대다수는 그곳에서 목숨을 잃었다. 공산당원의 절반 역시 결국에는 숙청되었는데, 반란이나 반역의 기미가 전혀 없는 사람이 대다수였다. 가장 놀라운 점은 대다수 희생자가 이렇다 할 근거가 거의 없는 혐의에 전혀 반박하지 않았다는 것이다. 심지어 그들은 명백하게 유죄를 인정하고 순순히 교수대에 올랐다.

20세기 전반기 동안 흔히 **전체주의**totalitarianism라고 불리는 완전히 새로운 정부 형태로서 나치주의와 스탈린주의가 출현했다. 이 정부는 단일 정당으로 구성되고, 발언의 자유 및 자기 결정권 같은 민주주의의 기본 원칙을 경시한다는 점에서 민주주의와 뚜렷하게 구분된다. 그러나 전체주의 국가는 구조(내부 조직)와 역동(과정 지향적 진행) 측면 모두에서 독재 정부와도 철저히 다르다. 한나 아렌트는 그의 기념비적 저서 《전체주의의 기원》에서 이 차이점의 본질이 심리적 차원에 놓여 있다고 논한다. 기본적으로 독재 정권은 신체 공격에 대한 공포 주입을 기반으로 삼지만—국민들은 독재자(혹은 독재 체제)가 특정 사회 계약을 일방적으로 강요할 수 있다고 믿을 만큼 공포에 짓눌린다—전체주의 국가는 **대중 형성**mass formation이라는 사회심리적 과정에 기반을 둔다.[2]

이 과정을 고려해야만 전체주의 체제의 국민이 지닌 다음의 놀라운 심리적 특성을 이해할 수 있다. 그들은 집단의 유익을 위해 기꺼이 자신의 개인적 이해관계를 맹목적으로 희생한다. 다른 의견을 내는 사람들에게는 극단적인 비관용을 드러내며, 편집적인 밀고자 심성을 지니고 있어 정부가 개인의 삶 한가운데를 파고들도록 허용한다. 유사 과학을 토대로 한 터무니없는 세뇌와 선전에 이상할 정도로 취약하고, 모든 윤리적 경계를 넘어서는 편협한 논리를 맹목적으로 따른다(이로 인해 전체주의는 종교와 양립할 수 없다). 모든 다양성과 창의성을 상실하며(이런 점에서 전체주의는 예술과 문화의 적이다), 본질적으로 자기 파괴적이다(따라서 모든 전체주의 체제는 자멸하는 결과를 맞이한다).

전체주의의 심리적 과정을 분석하는 것은 21세기라는 시대적 상황에 매우 적합하다. 현재 새로운(기술관료에 기반한) 종류의 전체주의가 부상하고 있다는 징후가 여럿 보인다. 치안 기관이 개인의 삶을 침범하는 경우(메일 확인, IT 시스템 조사, 도청 장치 설치, 전화 도청)가 기하급수적으로 늘고 있고,[3] 감시 사회가 전반적으로 발전하고 있으며,[4] 사생활권에 대한 압박이 커졌다.[5] 또한 최근 10년 사이에 정부가 조직한 채널을 통해 시민들이 서로를 밀고하는 사례가 급격히 늘었고,[6] 다른 의견을 내는 목소리에 대해, 특히 코로나바이러스 위기 동안 감시와 억제가 늘어났다.[7] 그뿐만 아니라 민주주의의 기본 원칙에 대한 시시가 사라졌으며,[8] 공공장소 접근 시 실험 단계의 백신을 접종했다는 증거와 QR 코드를 조건으로 도입하는 것 등이 그러한 징후들이다. 1951년에 아렌트가 예상했던 순간이 급속도로 다가오는 듯하다. 스탈린, 히틀러와 같은 '주모자'가 아닌 따분한 관료와 기술관료가 이끄는 새로운 전체주의 체계의 출현 말이다.[9]

1장~5장에서는 기계론적 세계관이 등장함에 따라 지난 수 세기에 걸쳐 사회가 특정한 심리적 상태를 지니게 된 과정을 설명했다. 점점 더 사회는 교리와 맹목적 신념으로 퇴락한 열광적, 기계론적 이데올로기에 사로잡혔다(1장). 무의미와 사회적 고립을 경험하는 경우가 점점 더 많아졌다(2장). 인간 존재에 필연적으로 수반되는 문제들에 대한 유토피아적이고 기술적인 해결책에 점점 더 많은 희망이 쏠렸다(3장). 갈수록 공공 영역은 과학적 사실과 허구 사이의 경계를 극도로 희미해지게 하는 수치, 데이터, 통계치에 관한 유사과학적 담론이 주도하게 되었다(4장). 공포와 불확실성이 유행병처럼 번지면서 사람들은 절대적 권위자를 갈망하게 되었다(5장). 본 장에서는 이러한 분위기 속에서 사회적으로 파편화된 사람들이 대중 형성의 과정을 통해 별안간 하나의 단위로 재통합하는 과정을 설명하려고 한다.

군중은 특수한 종류의 집단이다. 군중의 두드러진 점은 광범위한 개인의 '균일화'다. 군중 안에서 모든 사람은 타인과 동등해지며, 사람들은 함께 사고하고 같은 이상을 품는 경향이 있다. 귀스타브 르봉Gustave Le Bon—대중 형성을 다룬 가장 중요한 저서로 손꼽히는《군중심리학》을 쓴 프랑스 사회학자이자 심리학자—은 대중 속에서 '개인의 영혼'은 '집단 영혼'에 완전히 잠식된다고 주장했다.[10] 이러한 균일화는 합리적 사고와 비판적 반성 능력의 거의 절대적인 상실을 수반한다. 심지어 '정상적인 상황'에서는 매우 지적이며 견고한 근거를 바탕으로 비판력을 발휘할 수 있는 사람도 마찬가지다.[11] 또한 충동에 굴복하는 극단적인 경향—정상적인 상황에서는 극도로 비윤리적이라고 여겨지는 태도—역시 균일화에 수반되는 현상이다.

대중 형성은 인류의 나이만큼이나 오래된 것으로서 그동안 다양한 형태로 나타났다. 여러 역사적 예들이 그 다양성을 보여준다. '성 바르톨로뮤의 밤'(성 바르톨로뮤의 축일이었던 1572년 8월 24

일 새벽, 기즈 가문을 중심으로 한 로마가톨릭 세력이 위그노를 학살한 사건. 이날 파리에서만 2천~4천 명이 살해되었고 뒤이은 한 주간 동안 다른 도시들에서도 8천여 명이 살해되었다—옮긴이)에 잠깐 나타났던 대중 형성도 있었고, 이와 정반대로 프랑스 혁명이라는 장기적인 대중 형성 사례도 있었다. 스트라스부르의 춤 전염병 사례처럼 아무런 체계 없이 대중이 모인 사례가 있었는가 하면, 군대와 교회에서 볼 수 있는 조직화된 대중도 있다. 십자군과 같은 종교적 대중도 있었고, 유사 과학을 기반으로 20세기와 21세기에 등장한 대중도 있다. 나치주의와 스탈린주의에서 나타났던 대규모 대중도 있고, 재판마다 구성되는 배심원처럼 소규모 대중 형성도 존재한다. 이렇듯 대중 형성의 형태는 다양하다.

위의 예 중에서도 마지막에 언급한 재판 배심의 대중 형성은 규모가 작아 세밀한 조사가 가능하다는 점에서 흥미롭다. 매번 확인하듯이 최종 판결을 내리는 배심원들은 변론의 논증적 자질에 거의(또는 전혀) 영향을 받지 않는다. 변호사가 사실을 기반으로 합리적 구조를 갖춘 완벽한 메시지를 전달하더라도 그 효과는 매우 미미하다. 배심원들은 단순한 감정적 메시지와 강렬한 시각 이미지(그래프로 제시되는 숫자 포함) 등을 반복해서 제시하는 데 거의 절대적으로 취약하다.[12] 승소한 변호사들의 온갖 예를 생각해보라. 다들 이런 점을 고려해 변론을 준비한다.

대중은 아득히 먼 옛날부터 존재해왔으나 르봉의 주장에 따르면, 대중이 꾸준히 기세를 얻은 것은 19세기부터다.[13] 당시 대중은 사회 지도자에 의해 축소되고 억압된 일시적인 영향력만을 가졌지만, 계몽주의 운동 이후로 이들은 점점 더 끈질기고 영향력 있는 면모를 보였다. 이에 1895년, 르봉은 대중이 사회를 휘어잡으면 새로운 통치 형태가 등장할 수 있다고 경고했다.[14] 르봉은 예언자 자질이 있었던 듯하다. 30년 뒤 20세기에 들어와 그의 말대로 전체주의 국가들이 부상했으니 말이다.

이렇게 대중 형성이 심화된 것은 어디에서 비롯되었을까? 앞의 여러 장에서 논했듯이 이는 세계의 합리화, 기계화의 효과에 따른 논리적 귀결이었다. 점점 더 많은 사람이 **사회적 원자화**social atomization 상태에 들어갔고, 이들의 수가 임계치를 넘어서면 대중 형성 과정이 시작된다. 대중 형성은 복잡하고 역동적인 현상으로, 물이나 가스에 열을 가할 때 그 속에서 일어나는 대류 패턴 방식과 비교할 수 있다. 물의 경우, 물 분자 각각의 열이 점점 높아져도 당장은 분자들이 움직이지 않는다. 그러다가 분자들의 움직임이 일시적으로 생겨났다 사라지는 작은 패턴들이 곳곳에 나타난다. 뒤이어 점점 더 크고 오래가는 패턴들이 나타난다. 그리고 결국에는 대다수 물 분자가 끊임없이 움직이는 패턴을 이룬다. 이 과정에서 대류 패턴은 각 물 분자의 행동을 완전히 바꿔놓음으로써 이들을 전혀 다른 운동 상태로 만들어놓는다. 이처럼 대중 형성도 각 개인이 심리적으로 새로운 '운동 상태'에 놓이게 한다. 물과 기체 안의 대류 패턴처럼 이 패턴도 처음에는 작은 규모로 잠깐 나타났다 사라진다. 하지만 나중에는 좀 더 긴 기간에 걸쳐 점점 더 큰 규모의 사회 '용량'이 운동 상태에 놓인다. 중세의 대중 형성은 대체로 국소적이고 단명한 특징을 보였지만, 프랑스 혁명기의 대중 형성만 보더라도 벌써 규모가 대폭 커지고 지속 기간도 더 길었다. 스탈린주의와 나치주의에서 나타난 대중 형성은 훨씬 대대적이었고 훨씬 더 오래 지속됐다. 그리고 코로나바이러스 위기 동안에는 역사상 처음으로 전 세계 인구가 기나긴 시간 동안 대중 형성에 사로잡혔다.

대규모 대중 형성이 일어나려면 네 가지 특징적인 조건이 사회에 나타나야 한다. 이 4대 조건은 나치주의와 스탈린주의가 부상하기 전에도 나타났고, 지금도 나타나고 있다. 앞서 기계론적 이데올로기의 결과로 이 조건들을 언급한 바 있다. 이를 아래와 같이 요약했다.

첫 번째 조건은 일반화된 외로움, 사회적 고립, 사람들 간의 사회적 유대 부족이다. 계몽주의 운동에는 특징적으로 이러한 현상이 나타나지만, 오늘날에는 그 규모가 너무 커진 나머지 미국 외과의사 비백 머시Vivek Murthy는 이를 고독 유행병the loneliness epidemic이라고 부르기 시작했다. 영국의 전 총리 테리사 메이Theresa May는 실제로 '고독부 장관'을 임명하기도 했다.[15] 이는 내 논점에서도 중요시하는 것으로, 외로움은 소셜 미디어와 의사소통 기술 사용과 밀접하게 연관된다[16](3장에서 다뤘던 디지털상의 대화가 불러오는 효과를 기억해보라). 이 문제는 기계론적 이데올로기에 가장 확고하게 사로잡힌 산업화된 국가에서 가장 심각하다.[17] 이 국가들에 거주하는 사람 중 약 30퍼센트가 외로움과 고립을 만성적으로 경험한다고 답했고 이 비율은 매년 증가하고 있다. 아렌트는 이 첫째 조건이 가장 중요하다며 다음과 같이 주장했다. "대중적 인간의 주요 특징은 야만과 퇴보가 아니라 고립과 정상적 사회관계의 결여이다."[18]

사회적 연결성의 퇴락은 무의미한 삶이라는 둘째 조건으로 이어진다. 이 조건은 대체로 첫째 조건을 뒤따른다. 탁월한 사회적 존재인 인간은 타인을 위해 살아간다. 타인과의 유대를 제거하면 인간은 (자신이 느끼는 외로움과의 연관성을 인식하든 안 하든) 삶이 무의미하다고 여기게 된다. 예를 들어 2장에서 나는 산업화가 일에서 의미를 제거한 양상을 설명했다. 부분적으로 이는 무언가를 생산하는 사람과 이를 수령할 사람과의 연결을 깨뜨림으로써 이루어졌다. 이와 더불어 다음과 같은 기계론적 세계관도 더 직접적인 방식으로 무의미를 초래했다. 우주라는 기계, 그리고 그 속에 갇힌 사람-기계는 아무런 목적이나 의미 없이 작동한다. 물질 입자는 기계 법칙에 따라 상호작용하지만, 여기에는 그 어떤 의도도 관여하지 않는다. 정당화 여부와 관계없이 이런 관점에 따라 삶을 바라보면 삶이 무의미해진다. 이를 가장 잘 보여주는 예는 불쉿 직업 현상(2장 참조)일 것이다. 21세기의 두 번째 10년 동안, 자기 직업이 무의미하다고 생각한 사람이 절반을 차지했다.[19] 2013년 갤럽 세계 여론조사 결과, 전 세계에서 마음을 다해 자기 직업에 종사하는 사람은 고작 13퍼센트였다. 63퍼센트는 그다지 일에 마음을 두지 않는다고 답했다(그들은 "몽유병 환자와 같은 자세로 일에 시간을 투여하지만 자기 일에 열의는 없다."고 했다). 그 외 24퍼센트는 적극적으로 일을 훼방한다고 했다. 다시 말해 적극적으로 동료들의 사기와 동기를 떨어뜨린다는 것이다.[20] 이는 매우 중요한 결과다.

셋째 조건은 사람들 사이에 나타나는 이유 없는 불안과 심리적 우려다. 관련된 심상(이를테면 천둥, 뱀, 전쟁에 대한 공포)이 존재하는 불안과 대조적으로, 이유 없는 불안은 아무런 심상이 엮이지 않은 불안을 말한다. 이러한 불안은 정신적으로 관리하기가 어려운 까닭에 공황—아마 인간이 가장 혐오하는 심리 상태—으로 악화할 위험이 늘 존재한다. 따라서 이런 상태에 놓인 사람은 자신의 불안을 특정 대상과 연결하려고 애쓴다. 이유 없는 불안은 앞의 두 조건에서 원인을 찾을 수 있다. 타자와의 유대를 상실하고 의미를 느끼지 못하는 사람은 대개 정의할 수 없는 우려와 불안을 경험하곤 한다. 이 조건은 21세기 초반 몇십 년간 두드러지게 나타났다. 한 예로 세계보건기구WHO 발표에 따르면, 세계적으로 5명 중 1명은 불안 장애 진단을 받은 적이 있다고 한다. 이 수치는 그 자체로도 놀랍지만, 실제 사례가 이보다 많을 것이라는 점에서 더더욱 놀랍다. 진단받지 않은 경우를 포함해 사람들이 겪는 정신적 고통의 사례는 물론 훨씬 많다. 무엇보다도 이를 잘 보여주는 정황은 향정신성 의약품의 막대한 소비에서 찾을 수 있다. 거주자가 1,100만 명인 벨기에와 같은 작은 국가에서도 해마다 3억(!) 회분의 항우울제가 복용된다.

앞의 세 조건에 이어 넷째 조건, 즉 상당량의 이유 없는 좌절과 공격성이 생겨난다. 사회적 고립과 성마름 사이에는 논리적 연결고리가 있으며 이는 경험적으로도 입증되었다.[21] 외로움, 의미 부족, 정의할 수 없는 불안과 우려로 혼란에 빠진 사람들은 대체로 짜증, 좌절, 그리고/또는 공격적인 기분을 더 많이 느끼고 이런 기분을 분출할 대상을 찾는다. 최근 10년 동안 소셜 미디어 공간에서 인종주의적이고 위협적인 언어 사용이 급증(2015~2020년 사이에 세 배로 증가했다. 5장 참조)했다는 것은 이를 입증하는 충격적인 사례다. 대중 형성을 가속하는 것은 효과적으로 분출된 좌절과 공격이 아니라, 사람들 사이에 존재할지도 모르는 분출되지 않은 공격성이다. 지금도 분출 대상을 찾고 있는 공격성 말이다.

어떻게 이런 조건들이 대중 형성을 낳는 것일까? 대중 형성의 촉매제는 공공 영역에 존재하는 암시suggestion다.[22] 앞서 말한 상황에서 불안의 대상을 가리키는 암시적인 이야기—스탈린주의에서의 귀족 정치, 나치주의에서의 유대인, 바이러스, 이후 코로나바이러스 위기 동안에는 백신 접종 거부자—가 대중 매체를 타고 퍼져나가는 동시에 이런 불안 대상을 다루는 전략이 제공될 경우, 그 사회에 존재하는 이유 없는 불안이 전부 그 대상에 달라붙는다. 그리고 그 대상을 통제할 전략을 실행해야 한다는 사회적 지지가 폭넓게 형성된다.

이 과정에서 생기는 심리적 이점이 있다. 첫째, 앞서 음울한 안개처럼 사회를 배회하던 불안이 이제 특정 원인과 연결되므로 암시적 이야기가 제안하는 전략을 동원해 정신적으로 불안을 통제할 수 있게 된다. 둘째, 앞서 분열돼 있던 사회는 '그 적'과 벌이는 공동의 싸움을 통해 다시 한번 응집력, 에너지, 기본적인 의미를 얻는다. 이런 까닭에 불안 대상과의 싸움은 하나의 사명이 되어 비애감과 집단 영웅주의마저 느끼게 한다(예, 벨기에 정부는 '1,100만 명으로 이루어진 팀'이 코로나바이러스와의 전쟁에 나선다고 표현했다). 셋째, 수면 아래에서 끓고 있던 좌절과 공격성이 모두 발현된다. 특히 암시적 이야기와 대중 형성에 동조하길 거부하는 집단에 이런 감정이 분출된다. 이는 대중에게 어마어마한 해방감과 만족감을 선사하므로 대중은 이를 쉽게 내려놓으려 하지 않는다.

이 과정을 통해 개인은 사회적 고립이라는 매우 혐오스럽고 고통스러운 심리 상태에서 대중 속에 존재하는 극도의 상호연결성으로 방향을 바꾼다. 이는 일종의 도취를 일으켜 대중 형성 내러티브에 동조시키는 실제적인 기동력으로 작용한다. 전체주의 국가를 부상하게 한 장기화된 대중 형성의 경우, 이러한 도취 상태는 그저 잠재적일 때도 있지만 때로는 이 상태가 전면에 드러나기도 한다. 예를 들어 축구 경기장에서 함께 노래를 부르고 구호를 외치는 군중을 생각해보자. 이때 개인의 목소리는 경기장을 울리는 압도적인 집단의 목소리 속에 스며들어 사라진다. 개인은 군중 속에서 지지받는다는 느낌을 받으면서 그 진동하는 에너지를 '물려받는다'. 부르는 노래나 가사의 내용은 중요치 않다. 중요한 것은 그 노래를 **함께** 부른다는 것이다. 이와 상응하는 현상이 인지적 차원에도 존재한다. 개인이 무엇을 생각하느냐는 중요치 않다. 중요한 것은 사람들이 그것을 함께 생각한다는 것이다. 이런 방식으로 대중은 터무니없기 그지없는 생각마저 진실이라고 받아들이며, 적어도 그것이 진실인 것처럼 행동하게 된다.

대중 형성의 본질은 다음과 같이 정리할 수 있다. 개인주의와 합리주의에 흠뻑 젖어 든 사회는 갑자기 정반대 상황, 즉 극도로 비합리적인 집단주의 쪽으로 기운다. 니체 철학의 고전 용어로 말한다면, 디오니소스가 아폴로의 독재를 단번에 전복시키고 사회의 권력을 거머쥔 셈이다. 이는 다음을 통해서도 금세 분명히 드러난다. 즉, 모든 주요한 대중 형성에서 무리에 합류해야 한다며 내세우는 주된 논점은 집단과 연대해야 한다는 것이다. 여기에 참여하길 거부하는 사람은 대개 연대 의식과 시민적 책임감이 부족하다는 비난을 받는다. 이는 주어진 이야기의 터무니없는 세부 내용이 대중에게 중요치 않은 이유를 설명해주기도 한다. 대중이 이야기를 믿는 것은 그것이 정확해서가 아니라 이로써 새로운 사회적 유대가 생기기 때문이다.

불안 대상을 다루는 전략은 의례ritual의 목표를 온전히 달성한다. 의례적 행위는 집단의 응집력을 구축하는 기능을 한다. 이것은 일종의 상징적인 행동으로서 개인을 집단에 종속시키려는 목적을 지닌다. 따라서 이상적인 의례는 최대한 실용적이지 않아야 하며 개인에게 희생을 요구한다. 원시 사회에서 의례를 위해 음식, 동물, 인간을 희생했던 것을 생각해보라. 코로나바이러스 대응 조치가 터무니없었음에도 사람들이 전혀 저항하지 않았던 것도 이 때문이다. 어떤 의미에서는 터무니없고 까다로운 조치일수록 의례의 기능을 더 잘 충족시키며, 일부 사람은 더더욱 열정적으로 이를 따른다. 실제로 어떤 사람들은 운전하며 차 안에 혼자 있을 때도 마스크를 착용한다.

대중 행동의 의례적 기능은 늘 존재한다. 코로나바이러스 위기 동안 전문가들 역시 이 사실을 어느 정도 알고 있었다. 때에 따라 그들은 대응 조치의 실효성이 거의 없다는 것을 그냥 지나쳤다. 2020년 3월, 한 전문 바이러스 학자는 벨기에 공영 텔레비전 방송에 나와 봉쇄 조치가 사망자 수를 거의 줄이지 못할 것이라고 말했다.[23] 2020년 8월, 한 선문 바이러스 학자는 마스크가 대체로 상징적인 기능을 한다고 말했다.[24] 2020년 10월, 벨기에 보건부 장관 역시 술집과 식당 문을 닫는 것에 관해 같은 의견을 내놓았다(이는 수많은 사람이 상징적인 명목 때문에 생계가 망가진다는 뜻이기도 했다).[25] 메시지는 분명하다. 개인은 자기 파괴적이고 상징적인 (의례) 행동을 수행함으로써 집단의 이익에 복종한다는 것을 항상 보여주어야 한다.

결국 개인이 대중 형성에 참여하는 이유는 본질상 합리적인 경우가 (설령 있다고 해도) 드물다. 전문가들이 멋진 제목을 앞세우고 때때로 공영 텔레비전 방송에 나오면, 마치 주어진 조치가 일반적으로 받아들여지는 듯하여 전략이 더욱 정당화된다. 그리고 많은 사람에게는 이 정도만 제시해도 대응 조치가 올바르다는 충분한 증거가 된다. "당연히 전문가들이 잘 알아서 하겠지.", "아무렴, 전문가들이 전부 틀릴 수는 없겠지.", "사실이 아닌 걸 말할 리는 없잖아." 등등. 다시 말해 고대로부터 논리적 오류로 알려져 온 군중에 호소하는 논증argumentum ad populum과 권위에 호소하는 논증argumentum ad auctoritatum은 대다수 사람이 이야기를 받아들이도록 이끄는 데 충분하다. 모든 일에서 이야기에 동조하는 근본 동기는 집단 형성과 집단 압박이지, 이야기의 정확성에 있지 않다는 것을 알 수 있다.

솔로몬 애쉬Solomon Asch의 잘 알려진 동조 실험은 집단 형성이 개인의 판단에 미치는 막대한 영향을 매우 분명하게 보여준다.[26] 애쉬가 이 실험을 진행한 것은 제2차 세계대전 직후였다. 그는 나치주의와 스탈린주의가 내세운 터무니없는 이론들이 사람들을 그렇게 강렬하게 빨아들인 이유를 이해하고자 이 실험을 진행했고, 이를 통해 집단 형성과 전체주의의 심리적 미스터리에 대한 통찰을 얻고자 했다.

그림 6.1을 잘 살펴보라. 선분 A, B, C 중에 선분 1과 길이가 같은 것은 어느 것일까? 이것이 애쉬가 동조 실험의 참여자들에게 던진 질문이었다. 8명으로 구성된 각 그룹에서 7명은 애쉬가 고용한 사람들이었다. 이들은 눈 하나 깜짝하지 않고 '선분 B'라고 답하도록 사전에 지시를 받았다. 유일하게 진짜 피검사자인 여덟 번째 참여자는 대체로 앞서 말한 7명과 같은 답을 내놓았다. 선분 B가 아닌 선분 C가 선분 1과 같은 길이라며 시각장애

인도 알 만한 답을 일관되게 진술한 사람은 고작 25퍼센트였다. 실험이 끝난 후, 몇몇 피검사자는 정답을 알았지만 그룹에 반대할 엄두가 나지 않았다고 말했다. 더 흥미로운 점은, 그 외 다른 피검사자들은 집단의 압력을 받으니 자기 판단에 의심이 들어 결국 터무니없는 집단의 판단을 옳은 것으로 받아들였다고 시인했다.

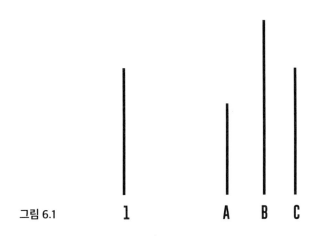

그림 6.1

이 세 그룹은 대중 형성에 언제나 존재한다. 대중 형성에 사로잡혀 주어진 이야기를 '믿는' 그룹(이 그룹이 전체주의에 순응하는 사람들을 구성한다), 이야기를 진짜 믿지는 않지만 침묵을 지키며 대중을 따라가는(또는 적어도 반대하지는 않는) 두 번째 그룹, 그리고 대중을 형성시키는 이야기를 믿지 않고 이에 대항해 발언하거나 행동에 나서는 세 번째 그룹이 늘 존재한다. 이 세 그룹은 대체로 기존의 모든 사회 집단들과 교차하며, 이는 역사상 존재했던 대규모 대중 형성 사례에서 반복적으로 나타난 바 있다.[27] 그리고 이는 코로나바이러스 위기 동안에도 명백해졌다. 위기 초반에 새로운 사회적 '진영들'이 번개 같은 속도로 나타나 기존의 모든 진영과 교차했고, 사람들은 바이러스 이야기에 동조하거나 동조하지 않는 쪽으로 나뉘었다. 정치 스펙트럼상의 좌파 혹은 우파, 피부색과 사회적 지위, 직업과 취미 등 모든 경계가 흐려졌다. 중요한 것은 사람들이 바이러스에 관해 어떻게 생각하느냐 하는 것뿐이었다.

보통 이 세 그룹은 매우 다양한 구성원을 보유하지만, 목소리를 높여 대중에 대항하는 그룹이야말로 특수한 이유에서 가장 두드러진 다양성을 나타낸다. 대중 자체 내에서는 전형적인 균일화 효과로 인해 다양성이 사라지고(대중은 모든 개인을 다른 모든 사람과 동등하게 만든다), 침묵을 지키는 중간 그룹은 어쨌거나 눈에 띄지 않는다. 그러나 비동조적인 세 번째 그룹의 구성원들은 자기만의 방식으로 활기 있게 자신들을 표출하곤 하며, 이로써 그룹의 다양성이 유난히 부각된다.

1895년에 르봉이 지적했듯이, 대중 형성의 효과는 최면과 동일하다.[28] 최면과 대중 형성 모두 주로 하나의 **목소리**, 말 그대로 진동하는 속성을 지닌 물리적인 목소리가 일으킨다. 전체주의 지도자는 이를 잘 알고 있다. 때로는 직관적으로, 때로는 의식 수준에서 이를 알고 있다. 전체주의 체계는 언제나 대중 매체를 통해 조직적 세뇌와 선전을 사람들에게 날마다 주입함으로써 주로 유지되었다(대중 매체가 없다면 스탈린주의와 나치주의를 출현시켰던 장기적인 대중 형성이 나타날 수 없다). 이런 방식으로 사람들은 말 그대로 전체주의 지도자들의 목소리 진동 주파수에 늘 맞춰져 있다.

한편으로 사람들은 전체주의 지도자들의 목소리에 체계적으로 노출된다. 다른 한편으로는 다른 의견을 내는 모든 목소리가 체계적으로 제거된다. 전체주의 지도자들이 실행하는 첫 번째 일은 자신들의 목소리가 유일한 것이 되도록 만드는 것이다. 이는 어느 정도 고전적인 독재자들도 행했던 일이다. 하지만 그들은 공공 영역에 제시되는 목소리에 관한 독점권을 제한하고, 정치적 반대 세력만을 침묵시킨다. 이와 달리 전체주의 체계는 더 철저한 방식으로 작동한다. 그들은 개인 영역에서도 다른 의견을 내는 목소리들을 검열한다. 어떻게 보면 이 과정은 '자연스럽기도' 하다. 대중 형성에는 편집적 밀고자 사고방식이 수반되기 때문이다(사실 이는 다른 의견에 대한 전형적인 비관용의 결과다. 이 점에 관해서는 뒤에서 논의하려고 한다). 다른 한편으로 전체주의는 광범위한 사회적 파편화와 고립을 유도함으로써 다른 목소리들을 개인 영역에서 몰아낸다. 전체주의 체계는 대개 사람들이 대규모 집단으로 모이는 것을 거의 불가능하게 만든다. 그리고 모든 사회적, 가족적 연결고리를 끊어내고 이를 유일하게 허용되는 유대—개인과 전체주의 체계(즉, 집단) 사이의 관계—로 대체하려고 노력한다. 이 과정은 나치 독일보다 소비에트 연방에서 훨씬 더 체계적으로 이행되었다. 소비에트 연방의 전체화 과정이

훨씬 더 광범위하게 지속한 것도 이 때문이다.[29]

최면과 대중 형성 사이의 유사성으로 다시 돌아가 보자. 두 경우 모두에서 (하나의 목소리가 전달하는) 암시적 진술 또는 암시적 이야기는 현실의 매우 제한된 측면에만 관심을 쏟게 한다. 이는 램프가 방출하는 원 모양의 빛에 비유할 수 있다. 램프의 빛은 한 곳에 집중되어 있어 이 원을 벗어나는 모든 것은 어둠 속으로 사라진다(그림 6.2 참조). 대중 행동의 의례적 기능에 더해, 이렇듯 관심 영역을 좁히는 것 역시 그러한 논리를 터무니없는 결론으로 확장시키는 요인으로 작용한다.

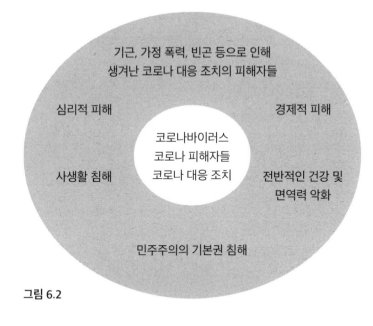

기근, 가정 폭력, 빈곤 등으로 인해
생겨난 코로나 대응 조치의 피해자들

심리적 피해

경제적 피해

코로나바이러스
코로나 피해자들
코로나 대응 조치

사생활 침해

전반적인 건강 및
면역력 악화

민주주의의 기본권 침해

그림 6.2

한 예로, 우리는 코로나바이러스 위기 동안 다음과 같이 주의 영역이 좁아지는 것을 보았다. 코로나 대응 조치로 인해 피해를 본 사람들—이를테면 봉쇄 기간에 거주 보호센터에서 정서적, 육체적 방치로 사망한 사람들, 치료가 연기된 다른 질환자들, 가정 폭력의 피해자들, 백신 부작용의 피해를 본 사람들 등—은 코로나19 피해자에 비하면 거의 관심을 받지 못하거나, 최소한 의사결정 과정에서 이들이 차지하는 비중은 현저하게 적다. 이와 더불어 매우 놀라운 점은, 이 피해자들이 겪는 부수적 피해가 이따금 언급되기는 하나 이를 수치적-시각적 방식으로 제시하는 경우는 (설령 있더라도) 거의 없다는 것이다.

이는 중요한 점이다. 4장에서 설명했듯이, 수치와 그래프로 표현된 것은 사실이라고 (잘못) 인식되는 효과가 있기 때문이다. 이런 점에서 볼 때, 대중 형성이라는 심리적 과정에서는 대중 매체가 특정 이야기를 뒷받침하는 정보를 다룬 그래픽만 사용해 거의 직관적으로 대중 형성을 영속시키는 듯하다.

주의 영역 축소는 정서적 차원까지 확장된다. 팬데믹 대응 조치로 피해를 본 사람들은 놀랍도록 적은 공감을 끌어냈다. 이 피해자들이 참고할 만한 일일 통계치, 사례 설명, 친척들의 증언이 매체에서 다뤄지는 일은 없다. 또한 소위 '봉쇄 파티'에서 숨졌다는 소년은 '아무런 동정도 받을 자격이 없다'라고 한 바이러스학자의 진술도 생각해보라.[30] 이 피해자들은 인지적, 정서적 차원에서 빛의 원 밖으로 떨어진다.

주의 영역 밖으로 떨어진 이들의 고통에 대한 정서적 무감각을 일반적인 의미의 이기주의와 혼동해서는 안 된다. 르봉은 대중 형성과 최면 모두 개인들이 자신의 이익은 물론이고 자신의 고통마저 극도로 무시하도록 만든다고 지적했다.[31] 최면을 일으키는 이야기는 현실의 작은 측면에만 주의를 집중시킨다. 따라서 그 밖의 모든 것, 즉 자신의 고통과 더 넓게는 자신의 이익도 전부 주목받지 못한 채 지나간다. 간단한 최면 처치를 받는 환자들은 외과적 절개 수술도 고통 없이 받을 정도로 깊은 마취 상태에 빠질 수 있다(10장 참조). 마찬가지로 코로나바이러스 위기 동안 큰 무리의 사람들이 놀라운 완화 조치를 받아들였으나 이는 그들이 누릴 삶의 기쁨, 자유, 번영을 파괴했다.

이는 20세기 전체주의를 다룬 연대기 작가들의 단연코 가장 놀라운 관찰이었다. 즉, 사람들이 감내한 막대한 개인적 피해에 대해 비관용적 태도를 거의 무한히 보였다는 것이다. 예를 들어 전체화된 독일인들은 그들의 위대한 사명이 실패할 경우를 대비해 히틀러가 플랜 B를 마련해두었다며 이를 진심으로 감사해했다. 그런데 이 플랜 B는 모든 독일 시민에게 편안한 죽음—가스실—을 안겨주는 것이었다.[32]

대중 형성 현상은 인지적, 정서적 수준을 넘어 때로는 감각적 인식 수준에도 심대한 영향을 미친다. 어떤 상황에서는 대중 형성의 영향 아래 집단적 환각이 일어나기도 하는데, 이는 현대 심리학 지식으로는 이해하기 어려운 현상이다. 잘 알려진 역사적 사례는 예루살렘 성벽에 나타난 게오르기우스 성자의 모습을 모든 십자군 병사가 목격했던 일이다.[33] 좀 더 최근에 있었던 다른 예로, 한 무리의 해병이 대낮에 익사자들의 떼목을 목격했고 군인들이 이를 모두 같은 방식으로 자세히 기술했던 일도 있었다. 세부 조사를 시행한 결과, 군인들이 본 것은 해초가 엮여 있는 나뭇가지 몇 개가 전부였다.[34] 인간의 정신 기능에 작용하는 대중 형성의 여파는 실로 무한하다. 이는 개인의 현실 경험에 지대한 영향을 미쳐, 다음과 같이 질문하는 것도 과언이 아니다. 대중 형성에 사로잡힌 개인에게 대중이 만들어낸 것 외의 현실이 여전히 존재할까?

대중 형성의 의심스러운 심리적 속성에 더해 또 하나 중요한 특징을 짚어두어야겠다. 바로 다른 의견에 대한 극도의 비관용과 권위주의를 추구하는 강한 경향성이다. 대중에게 다른 목소리란 다음과 같이 인식된다. 1) 대중 형성이 만들어낸 연대에 참여하길 거부하는 것이므로 반사회적이고 연대가 없는 것이다. 2) 주의 영역이 좁아 비판적 주장에 인지적, 정서적 비중을 전혀 두지 않는 대중에게는 아무 근거가 없는 것으로 인식된다. 3) 도취 상태를 끊어놓겠다고 위협함으로써 대중 형성 이전의 부정적인 상황(사회적 유대와 의미가 부족하고, 정의할 수 없는 공포와 우려를 느꼈던 상황)에 직면하게 만들므로 극도로 혐오적이라고 생각한다. 4) 잠재적인 공격성을 분출하지 못하도록 만들겠다고 위협하므로 몹시 실망스럽다고 여긴다.

이러한 과격한 비관용은 대중이 자신들보다 우월한 윤리적, 도덕적 의도를 굳게 믿고 이에 저항하는 모든 것, 모든 사람을 가차 없이 비난하도록 이끈다. 누구든 참여하지 않는 사람은 집단의 반역자다. 따라서 밀고하는 일이 다반사가 되고, 사람들 자체가 비밀경찰의 주요 지부 노릇을 한다.[35] 이것이 위의 네 번째 요인, 즉 대중 형성이 제한 없이 좌절감과 공격성을 발산하도록 유도하는 기회와 결합하면 잘 알려진 현상이 발생한다. 대중은 자신들에게 저항하는 사람에게 잔학 행위를 저지르고, 마치 윤리적이고 신성한 의무인 양 그들을 처형하곤 한다. 이를 보여주는 역사적 사례는 십자군과 나치 조직이 잔학 행위를 저지르며 각각 내세웠던 '신께서 원하신다Deus lo volt', '신께서 우리와 함께하신다Got mit uns'라는 구호다. 볼셰비키는 로마노프 가와 그 외 프롤레타리아의 적이라고 추정되는 사람들을 학살하면서 궁극적 정의가 실현된다고 믿었다. 프랑스 혁명 기간에 한 도살자는 무방비상태였던 (그리고 결백했던) 바스티유 관장의 목을 베고는 훈장을 요구했다.[36] 프랑스 혁명 당시 9월 학살에 참여한 혁명파들은 성직자와 귀족의 처형 장면을 모든 시민이 가까이에서 볼 수 있다고 양심을 내세워 보장했다.[37]

르봉에 따르면, 전체주의와 비관용은 대중 형성의 본질적 특징이다.[38] 이러한 대중 형성의 특징은 코로나바이러스 사회의 부상에서도 꾸준히 목격된다. 위기 상황이 계속되자 지배적 담론은 점점 더 권위주의적인 태도를 띠면서 전보다 더 과격한 방식으로 다른 목소리들을 검열하고 억제한다. 지배적 담론과 어긋나는 게시물은 소셜 미디어에서 차단된다. 심지어 〈란셋The Lancet〉과 같은 일류 의학저널에 실린 것이라 해도 말이다. 코로나바이러스 대응 조치에 비판적인 의사들과 연구자들은 소속 기관에서 해고를 당한다. 2021년 초, 벨기에 의사협회Belgian Order of Physicians는 백신의 효능과 안전성에 의구심을 표하는 의사는 제명될 것이라는 일반 규칙을 발표했다. 2021년 11월 이후로 QR 코드가 없는 사람은 더 이상 식당, 술집, 그 외 수많은 장소에 출입할 수 없게 되었다. 그 외 여러 사례가 있었다. 이는 궁극적으로 대중의 연대와 애정 어린 연결성 사이의 차이점을 보여준다. 대중의 연대는 항상 특정 그룹을 대가로 치르지만, 애정 어린 연결성이 존재할 때는 그런 일이 없다.

7

대중의 지도자

The Leaders of the Masses

6장에서 대중 형성—전체주의의 심리적 기반—은 일종의 최면 현상이라고 설명했다. 그러나 대중 형성과 고전적 최면 사이에는 중요한 차이가 있다. 고전적 최면에서는 최면에 걸린 사람의 의식 영역만 좁아질 뿐, 최면에 빠뜨리는 이야기를 전달하는 사람(최면술사)은 '깨어' 있다. 이와 대조적으로 대중 형성에서는 이야기를 전달하는 사람도 그 이야기에 사로잡혀 있는 경우가 많다.[1] 사실 그의 주의 영역은 대체로 대중보다 훨씬 더 좁다. 이유는 분명하다. 대개 지도자는 대중을 통제하는 내러티브의 이데올로기적 기반(내러티브 자체가 아니라!)을 열광적으로 믿기 때문이다.

　대중 형성은 지도자에 대한 상반된 두 가지 태도를 낳는다. 개인은 지도자를 맹목적으로 신뢰할(그리고 대중 속으로 사라진다) 수도 있고, 반대로 지도자를 완전히 불신해 그가 고의로 악한 계획을 실행하는 사람(예, 음모자)이라고 여길 수도 있다. 어떤 면에서 이 극단적인 두 관점의 기반에는 비슷한 오해가 깔려 있다. 두 부류 모두 잘못된 태도로 지도자에게 사실상 절대적 지식(그리고 권력)을 부여한다. 첫 번째 부류는 긍정적인 차원에서, 두 번째 부류는 부정적인 차원에서 그렇게 한다.

　이 밖에 지도자들이 대개 돈(예, '돈을 좇는다', '이해득실을 따진다') 혹은 가학적 쾌락(예, 사이코패스적이거나 변태적인 성격의 소유자다)에 따라 움직인다고 보는 오해도 있다. 하지만 이런 진술은 역사 연구로 분명히 입증되지 않는다. 예를 하나 들어보자. 나치의 수장은 불법적인 이익을 그리 달가워하지 않았고, 변태와 사이코패스 성향을 지닌 사람은 체계적으로 징발에서 제외했다.[2] 사회적 규율을 침해하는 데서 본질적 쾌락을 찾는 '고전적인' 범죄와 대조적으로, 전체주의의 범죄는 전체주의적 사회 규율 체계를 무비판적이고 분별없이 고수하는 데 있다. 심지어 그 체계가 극도로 비인간적인 성향을 띠고 윤리적 경계를 빠짐없이 넘어서는데도 말이다. 이런 점에서 한나 아렌트는 전체주의가 악의 **평범성**banality of evil을 정확히 보여준다는 유명한 말을 남겼다. 전체주의는 괴물 같은 사람들의 이야기가 아니라, 병적이고 비인간적인 사고방식 또는 '논리'를 고수하는 평범한 사람들의 이야

기다.[3]

이 논리는 전체주의가 형성되는 초기 단계에서 사람들을 장악한다. 대중(또는 적어도 인구의 상당 부분)은 특정한 이데올로기적 신념에 젖어 더는 이를 현실과 구분하지 못한다. 20세기 초 러시아와 독일에 나타난 범슬라브주의와 범게르만주의가 좋은 예다. 독일인들은 하나의 인종으로서 자신들이 다른 인종보다 우월하다고 일반적으로 믿게 되었고, 다른 인종 중에서도 폴란드인과 유대인에 대한 낙인과 탄압은 '사실'을 근거로 정당화될 수 있다고 보았다. 이와 유사한 현상이 코로나바이러스 위기 동안에도 나타났다. 특정 무리의 사람들은 예방접종 거부자에 대한 사회적 차별이 사실 정보를 근거로 정당화된다고 점점 확신한다. 그들이 바이러스를 퍼뜨린다는 것을 수치가 보여주지 않느냐면서 말이다.

이러한 역동들은 그러한 논리를 점점 제도화하고 사회에 강요하는 전체주의 당과 전체주의 지도자의 출현을 서서히 야기한다. 그리고 이는 대개 열광적이고, 맹목적이며, 무자비한 방식으로 일어난다. 히틀러는 자신의 힘이 그의 '얼음같이 차가운 추리력'에서 나온다고 믿었고, 스탈린은 그의 성공의 비밀이 '자신의 변증법의 무자비함'에 있다고 믿었다.[4] 이러한 논리의 정당화에 따라 '삶에 부적합'하고 '죽어가는 계급'에 속하는 인종들은 메스로 도려내듯 가차 없이 사회에서 배제되었다. 이런 점에서 볼 때 대중의 지도자가 지니는 특성은 탐욕이나 가학성이 아니라 그가 믿는 이데올로기적 허구에 맞추어 현실을 조정해야 한다고 보는 병적인 이데올로기적 욕구에 있다고 할 수 있다.

이러한 욕구는 정신적, 정서적 맹목성을 낳는데 그 정도가 놀라울 정도로 심할 때도 있다. 유대인의 집단 수용소 추방 계획을 둘러싼 예루살렘 재판에 출석한 나치 지도자 아돌프 아이히만Adolf Eichmann의 믿기 어려운 증언 방식이 이를 잘 보여준다. 재판 당시에도 그는 여전히 모두를 위해 최선을 다하려고 했을 뿐이라면서, 그의 '프로젝트'에 참여해줄 것을 유대인에게 어떻게 권했는지 당당하게 설명했다. 예를 들어 점령된 유럽 도시들에서 그는 지역사회에서 중요한 사회적 지위를 차지하는 유대인들로 구성된 유대인위원회를 설립하는 일을 추진했다. 아이히만은 희생자들—나치의 교리 안에서는 삶에 부적합하다고 간주되는 사람들—이 자신들의 죽음에 대한 실질적인 준비를 계획하는 것이 정상적이라고 생각했다. 그는 재판에서 자신의 태도를 다음과 같이 설명했다.

유대인위원회 구성과 업무 할당은 위원장의 임명 권한을 제외하고는 모두 위원회의 재량에 맡겨졌는데, 누가 위원장이 될 것인가는 물론 우리에게 달려 있었습니다. 하지만 이 임명은 독재적인 결정의 형태로 된 것이 아닙니다. 우리가 줄곧 접촉해왔던 지도층 인사들이 있었습니다. 물론 그들은 신중히 다루어져야 했지요. 그들은 내내 명령을 받은 것은 아니었습니다. 왜냐하면 지도급 관료에게 당신은 이것을 해라 저것을 해라 하는 식으로 할 일을 명령해서는 일에 도움이 되지 않기 때문입니다. 문제가 된 사람이 자기가 하는 일을 좋아하지 않을 경우 일 전체에 어려움이 발생할 것이기 때문이지요. …… 우리는 어쨌든 모든 일을 좋아하도록 만들려고 최선을 다했습니다.[5]

나치는 실제로 자신들의 의도가 선하다고 확신하곤 했다. 이를 기꺼이 인정한다는 것은 성숙의 표지이며 역사로부터 교훈을 얻는 데 필수적인 태도다. 그러나 이는 절대로 그들의 범죄를 변명하기 위한 주장으로 해석되어서는 안 된다. 대중 형성에 사로잡힌 사람은 어떤 면에서 자신이 행하는 일을 알지 못하지만, 그렇다고 이런 식으로 용서받을 수 있다는 뜻은 아니다. 대중 형성 혹은 최면 상태에서도 사람들은 윤리적 선택을 내릴 능력이 있다. 최면에 걸린 상태에서는 다른 때라면 스스로 생각하기에 고통스러울 만큼 부끄러운 일을 저지르고(옷을 벗는다거나 우스꽝스러운 춤 동작을 하는 행위), 평소에는 할 수 없는 신체적 재주를 부리기도 하지만(이를테면 의자 둘 사이에서 막대기처럼 뻣뻣하게 누워 있는 행위), '깨어' 있을 때 준수하던 윤리적 경계를 넘어서도록 설득되지는 않는다.

대중에게 주어진 익명성—군중 속으로 사라진 개인은 자신이 눈에 띄지 않는다고 느낀다—은 기본적으로 변명에 불과하며 자신의 강박을 제멋대로 발산하게 하는 가림막이다. 군중 속에서 범죄를 저지르는 사람이 있다고 해보자. 그런 사람이 정상적인 상황에서 자신을 절제하는 것은 윤리적 명목이 아니라 전술적 이유 때문이다. 대중이 비도덕적이라고 해서 대중 형성이 정상적인 상황에 존재하는 윤리적 인식을 제거한다는 뜻은 아니다.[6] 다만, 대중 형성은 가려 있던 윤리 인식의 부족을 일시적으로 노출시킨다. 이렇게 대중은 인간이 지닌 윤리적 차원의 실체를 드러낸다.

나치당에서 자신의 놀라운 이데올로기적 '온화함'을 믿은 것은 아이히만뿐이 아니었다. 죽음의 수용소에 관한 나치당의 담론 전체가 이를 입증했다. 그들은 가스실에서의 죽음을 '편안한 죽음death of grace'이라고 불렀다(예, 살아 있기보다 죽는 것이 낫다고 느끼는 사람들이 가장 고통을 덜 느낄 만한 해결책). 총통은 독일이 전쟁에서 패할 경우, 모든 독일인에게 이러한 죽음을 안겨줄 기획을 구상해두고 있었다. 그는 명예를 걸고 약속하기를, 이러한 시나리오에 대비해 충분한 양의 가스를 떼어두었다고 했다. 심지어 뉘른베르크 재판에서도 나치 지도자들은 그러한 죽음을 '의료적 행위', 사회를 '건강하게' 만들어줄 정밀한 치료적 개입이라며 무덤덤하게 말했다.

아렌트는 아이히만이 유대인에게 협조를 호소한 것보다 훨씬 더 놀라운 일이 있었다고 지적한다. 그는 실제로 유대인의 협조를 얻어내기도 했다. 이에 관해 아렌트는 다음과 같이 적었다.

유대인 장로회는 아이히만과 그의 부하를 통해 각 열차를 채우는 데 얼마나 많은 유대인이 필요한지에 대해 들은 다음 수송될 사람의 명단을 만들었다. 유대인은 등록을 하고, 무수히 많은 서류를 작성했으며, 재산을 보다 손쉽게 탈취할 수 있도록 하는 여러 장의 재산 관련 질문지를 작성하고 또 작성했다. 그리고 그들은 집결지에 모여 열차에

탑승했다. 일부 숨거나 탈출하려는 사람들은 유대인 특별 경찰에 의해 검거되었다. 아이히만이 아는 한에서는 아무도 저항하지 않았고 아무도 협력을 거절하지 않았다. … "매일매일 사람들은 자신의 장례식장을 향해 이곳을 떠났다."[7]

유대인위원회는 "그들 자신도 중부 및 서부 유럽에서 온 경우는 테레지엔슈타트나 베르겐-벨젠 수용소로, 동부 유럽 공동체 출신인 경우는 아우슈비츠로 이송될 지경이 될 때까지'만'" 아이히만의 '프로젝트'에 협조했다.[8] 때로는 영웅적인 저항도 있었지만, 그때마다 이를 무시무시하게 짓누르자 더는 그런 시도를 할 수 없었다. 독일 비밀경찰 파견대와 싸우다가 부헨발트 수용소에서 몇 달간 계속 고문을 당하다 숨진 425명의 젊은 네덜란드계 유대인들을 생각해보라.[9] 그런데도 희생자들이 계속 나치 처형자들의 계획에 동조한 것은 심리적 관점에서도 반드시 생각해봐야 한다. 분명 그들 중 다수는 대중 형성에 사로잡혀 있었다.

이 점에서 유대인만 예외 대상이었던 것은 결코 아니다. 많은 독일인은 히틀러의 계획에 자신들의 숙청이 포함되어 있을 때조차 그에 대한 충성을 지켰다. 일례로 히틀러는 심장병이나 폐병이 있는 독일인, 이 밖에 온갖 결함이 있는 사람을 몰살시키겠다는 계획도 세우고 있었다—전쟁의 진행 양상으로 인해 이 계획들은 실행되지 않았다. 마찬가지로 소비에트 연방에서도, 사람들은 자기 순서가 찾아와 강제 노동 수용소로 보내질 것을 수동적으로 기다렸다(알렉산드르 솔제니친Aleksandr Solzhenitsyn의《수용소군도》를 읽어보라).[10] 내가 직접 들은 이야기도 있다. 내가 만났던 한 여성은 소비에트 연방에서 자라 아버지와 삼촌이 강제 노동 수용소로 끌려갔다면서도, 어깨를 움츠리면서 그 체계에 '장점과 단점이 있었다'고 말했다. 대중 형성은 피해자와 가해자 모두를 장악한다.

전체주의 지도자들 자신이 최면에 빠진다는 사실은 그들이 군중과 분리될 때 드러내는 심리적 반응에서 여실히 드러난다. 나치 지도자들이 덴마크, 불가리아처럼 대중 형성에 그리 영향을 받지 않은 국가에 오래 주둔하게 되자 뭔가 예측 가능한 일이 벌어졌다. 그들(그 지역의 독일 관리들-옮긴이)은 자신들이 따르던 대의에 대한 확신을 잃어버리게 되었고, 나치 체제는 더 이상 그들을 의지할 수 없었다.[11] 다시 말해 그들은 최면에서 깨어났다. 이는 지도자들이 자신들의 이데올로기뿐만 아니라 대중에 의해서도 최면에 빠진다는 것을 잘 보여준다. 지도자들은 자기가 군중 속에 만들어 놓은 효과에 스스로 도취된다. 대중과 그 지도자의 심리적 조건 사이에는 일종의 **순환적 인과성**이 있다. 그들은 서로를 최면에 빠뜨린다.

전체주의 지도자 자신이 최면에 빠져 앞뒤를 분간하지 못한다고 해서 그가 사람들 앞에 내놓는 자기 말을 전부 믿는 것은 아니다. 더 정확히 표현하자면 이렇다. 그는 자신이 사람들에게 주입하려는 이데올로기를 맹목적으로 신뢰하지만, 이를 촉진하고자 자신이 사용하는 담론은 신뢰하지 않는다. 그는 자신의 이데올로기를 너무도 열광적으로 믿는 나머지 그 이데올로기를 실현하기 위해서는 무한히 조작하고 거짓말하고 기만해도 된다고 여긴다. 인류(또는 그 일부)는 온갖 세계 중에서도 최상의 세계로 전진하고 있으므로 어떤 일이든 허용된다고 보는 것이다.

이는 나치주의와 스탈린주의가 자신들의 이야기가 지닌 과학적 호소력과 일치하도록 수치와 통계치를 사용한 방식—그들은 선전 활동에 이런 수치를 대거 포함했다—에서도 엿볼 수 있다. 시간이 지날수록 그 수치들은 '사실을 극도로 혐오'하는 양상을 띠어, 그 수치들을 합리화하는 용도로 사실 정보가 조정될 정도였다. 소비에트 연방에서는 미리 정해 놓은 할당량에 도달하지 못할 경우, 주말에 길거리에서 '반역자들을' 임의로 집어내는 일이 흔했다.[12] 스스로를 전체주의의 최면에 걸리게 한 과학자들은 이러한 방식으로 금세 '엉터리 학자'로 변했다.[13] 그들은 종종 그 기만적이고 조작적인 본질을 숨기려고도 하지 않는 담론에 빠지기도 했다.[14]

이상하게도 대중은 언제나 그들의 지도자를 기꺼이 용서할 의향이 있다. 조작과 기만을 보여주는 부인할 수 없는 증거는 '비열할 수는 있지만 영리하다', '결국 우리의 유익을 위해 하는 일이다'라는 말들로 치장된다. 이에 대해 아렌트는 다음과 같이 적었다.

전체주의 대중 지도자들은 정확한 심리학적 가정, 즉 이런 조건 아래서 어느 날 사람들이 가장 환상적인 말도 믿게 만들 수 있으며, 그다음 날 그 말이 틀렸다는 확실한 증거를 보면 그들은 냉소주의로 도피할 것이라는 가정에 기초하여 선전 전략을 세운다. 자신들을 속인 지도자를 버리는 대신, 대중은 자신들도 그 말이 거짓임을 항상 잘 알고 있고 그렇게 영리하게 사람들을 속이는 수완을 가진 지도자에게 감탄한다고 단언할 것이다.[15]

사람들과 마찬가지로(6장 참조) 지도자들도 열광적으로 자기를 부인할 줄 안다.[16] 모스크바 재판 동안 유죄 판결을 받은 공산당 지도자들의 처형에서 나타난 가장 놀라웠던 점 중 하나는 그들이 자신의 죄를 뉘우치는 모습이었다(이는 조지 오웰의 소설 《동물농장》에서 탁월하게 묘사되기도 했다).[17] 비록 혐의를 받은 범죄들에 대해서는 대부분 완벽히 결백했지만, 자신의 당원 지위만 침해되지 않는다면 자신의 유죄를 입증하는 증거를 성실히 제출하고 자신의 신념에 따라 협조하고 나섰다는 것이었다.[18] 그들은 이 최면을 죽음의 지경까지 영속화했다. 그런 최후의 순간 직전에 최면에서 깨어나기란 실로 고통스러운 일이었을 것이다.

이는 당원들이 계속해서 친구, 동료, 그 외 주변 모든 사람을 체제의 터무니없는 잔혹성(치명적인 고문 포함)에 희생되도록 만들고, 결국 당원들 자신마저 전체주의의 괴물에 잡아먹히게 하는 당혹스러운 역동을 초래했다. 이에 대해 솔제니친은 이렇게 논했다. "권좌에 있는 사람들 대다수는 그 자신이 판결을 받는 바로 그 순간 직전까지 무자비하게 남을 체포했고, 이와 같은 지시에 따라 순순히 동료를 파괴했으며, 어제의 친구나 전우도 보복을 위해 넘겨주었다."[19]

이는 전체주의의 본질이 공리주의나 이기심이 아니라는 것을 다시 한번 보여준다. 돈과 권력은 중간적인 목적일 뿐이다. 궁극적 목표는 하나의 이데올로기적 허구를 실현하는 것이다. 그리고 전체주의 지도자는 이를 달성하기 위해 자기 이익을 맹목적으로 희생한다.[20] 이에 대해 르봉은 대중의 지도자들 자신도 최면에 걸리며, 특히 자신이 열광적으로 믿는 이데올로기에 의해 최면 상태에 빠진다고 논했다.[21]

이러한 반-공리주의적 특성은 전체주의 체제가 자신의 경제를 파괴하고 경제적 대혼란을 일으키는 무모함에서도 드러난다. 예를 들어 노동 수용소는 값싼 노동과 금전적 이득을 목표로 한다고 간주할 수 있으나 실제로는 전혀 그렇지 않다.[22] 이 수용소들은 전혀 수익성이 없었고, 심지어 자급자족하기도 어려운 방식으로 조직되었다. 이 수용소들은 주로 하나의 이상 사회를 위한 실험 공간이자 시범 프로젝트 역할을 했다. 이곳에서 엘리트 집단은 그들의 이데올로기에 맞게 사람들을 복종시키는 방법을 배운다.[23] 인간에 대한 실험은 전체주의의 전형적인 활동이다. 그것은 유사과학적, 이데올로기적 허구에 현실을 완전히 복종시키는 것이다.

그렇다고 전체주의 지도자가 전형적인 이상주의자라는 뜻은 아니다. 그는 과격하고 열광적인 맹목성을 보인다는 점에서도 이상주의자와 다르지만, 놀라울 만큼 원칙이 부족하고 법을 혐오한다는 점에서도 이상주의자와 엄연히 다르다. 예를 들어 전체주의 지도자는 주로 자신의 재량에 따라 조정되는 임시적 규칙을 기반으로 하는 법령에 따라 통치한다.[24] 그가 진정으로 옹호하는 유일한 법은 법이 없다는 것뿐이다.[25] 이는 오늘날 코로나바이러스 팬데믹 상황에도 존재하는 위험 요소다. 이 위기 동안 비상 규칙이 기존의 법과 기본권을 대체했다. 이런 비상 상황에서는 항의할 권리도 없고, 정부가 의회로부터 정책 승인을 받을 필요도 없으며, 사유 재산을 존중할 필요도 없다. 이에 더해 타당성이 의심되는 의학 검사들이 사실상 언제든지 팬데믹 비상 상황을 발표할 근거로 받아들여진다는 사실을 고려하면, 개인과 사회가 직면하는 위험의 규모는 계산하기조차 어렵다.

각각의 법은 전체주의가 내세우는 다음과 같은 철의 논리를 시행하지 못하게 하는 방해막이 된다. "역사의 궁극적 목표—프롤레타리아의 통치, 우수 인종의 창조 등등—를 실현하길 원한다면 모든 귀족과 농민을 제거해야 하며, 장애인과 유대인을 전부 몰살시켜야 한다 등등." 하지만 다음과 같은 논리도 생각해볼 필요가 있다. "중환자실이 넘쳐나지 않도록 예방하고 싶다면 봉쇄를 시행하고, 사회 전체를 폐쇄하고, 노인들이 손주들을 만나지 못하도록 하고, 더는 사고 현장에서 응급 처치를 하지 않으며, 이제 막 출산한 여성이 갓 태어난 아기를 안아보지 못하게 하고, 모든 시위를 금하며, 백신 미접종자는 여행도 금하고 의료계에 종사하지도 못하게 해야 한다 …." 코로나바이러스 위기가 벌어지기 전에 누군가 이런 논리를 펼쳤다면, 사람들은 의구심을 품으면서 그 사람이 제정신이 아닐 것이라고 생각했을 것이다. 하지만 오늘날에는 많은 사람이 이를 확고하게 믿는다. 아렌트는 "너는 B와 C 등등, 살인적인 알파벳의 끝까지 말하지 않고 A를 말할 수는 없다."고 논했다.[26] 일단 논리의 전제를 받아들이고 나면 다른 모든 것은 이로부터 연역된다.[27] 모든 논리적 반론은 주의 영역에서 체계적으로 금지되고 무력하다고 간주되며, 이렇게 모든 정상적인 윤리적 경계가 단계적으로 침해된다.

하나의 기본 논리를 사회에 강요하려는 전체주의의 열광적인 욕구는 표지에 대한 집착으로도 표현된다. 이 표지는 엘리트를 식별해주는 기호(유니폼, 메달, 배지 등)로도 나타나고[28], 체제의 '객관화된 적'에 대한 낙인으로도 나타난다. 필요하다고 간주될 때는 살을 지져 표시하는 방식으로도 낙인을 찍는다(예, 아우슈비츠에서 문신으로 새긴 번호. 강제 노동 수용소에서도 그룹마다 별도의 표시가 있었다). 이렇게 전체주의는 표시 체계를 사용해 나름의 논리를 현실에 각인시키고 이를 현실 세계와 영구적으로 연결하려고 노력한다. 중요한 것은 표시와 낙인을 부여하는 것이 파괴 과정의 첫 단계일 때가 많다는 것이다.[29]

이 지점에서 우리는 전체주의의 심리적 본질을 정확히 짚어낼 수 있다. 전체주의는 인간 언어가 지니는 다의성을 표시 체계의 단의성으로 축소하고자 시도한다. 5장에서 논의한 대로 인간과 동물의 주된 차이점은 의사소통 체계에 있다. 동물이 사용하는 신호는 모호하지 않으며 상대적으로 변하지 않는 방식으로 대상을 지칭한다(예, 큰가시고기의 은빛이 도는 흰 배는 성적 수용성을 뜻한다. 이는 각 개체, 맥락, 시대, 서식지와 관계없이 일정하다). 반면에 사람은 상징이나 말로 이루어진 기표를 사용하는데 이는 맥락에 따라 전혀 다른 것을 뜻할 수도 있다. 인간 언어의 이러한 특성은 인간의 경험과 문화에 끝없는 풍부함과 다양성을 가져다주고, 새로운 형태의 표현과 정체성을 만들어낼 무한한 가능성을 선사한다. 그러나 여기서 생겨나는 근본적인 불확실성 때문에 인간은 큰 고뇌에 빠지기도 한다. 다른 어떤 생명체도 "나는 누구일까?", "내가 원하는 것은 무엇일까?", "나는 타자에게 어떤 의미일까?"와 같은 질문으로 괴로워하지 않는다.

전체주의는 (유사)과학적 확실성과 무자비한 논리로 후퇴하고, 상징을 기호로 축소시키려고 애쓰며, 문화적 표현의 모든 다양성을 전멸시킴으로써 이 같은 불확실성을 없애려는 궁극적인 시도다.[30] 노동 수용소와 죽음의 수용소에 있는 인구 집단들을 체계화되고 산업화된 방식으로 수송하고 착취하고 살인한 것은 우리 마음속에 영원히 새겨진 역사적 사례들이다.

전체주의 체계의 논리는 끊임없이 유동적이며 대개는 갈수록 터무니없어진다. 전체주의 체계의 존재 이유는 무엇보다도 불안의 대상을 한 곳에 집중시키는 데 있다. 따라서 전체주의는 끊임없이 새로운 불안 대상을 찾아내야만 한다. 더는 불안과 연결할 대상을 찾지 못할 때, 전체주의는 존재 이유를 상실한다. 나치주의와 스탈린주의 모두 끊임없이 스스로를 재구성했다. 이러한 **역동성**에 전체주의 현상의 본질이 놓여 있다. 새로운 위협에 대한 새로운 반응을 만들어내야 하기에 지시와 명령도 끊임없이 바뀐다. 《동물농장》[31]에 등장하는 돼지들을 생각해보라. 이들은 하룻밤 만에 새로운 규칙을 벽에 써놓았다.

최근 수십 년간 우리 사회에도 수많은 불안 대상이 등장한 것을 볼 수 있다. 이것들은 점점 더 빠른 속도로 나타나 시민의 자유에 점점 더 많은 제약을 가한다. 테러리즘, 기후 변화, 코로나바이러스가 그 예다. 특히 코로나바이러스 위기 동안 우리는 끊임없이 새로운 위협이 나타나 새로운 행동을 요하는 것을 보고 있다(코로나바이러스 변이가 끝없이 이어지면서 새로운 대응 조치를 도입할 필요가 생긴다). 또한 이야기가 전개되는 전체 궤적 곳곳에서 기이한 변화들이 일어났다. 처음에 봉쇄 조치는 '감염 곡선을 누그러뜨린다'라는 점에서 정당화되었다. 어차피 바이러스는 확산될 것이므로, 관건은 확산 추세를 늦추는 것뿐이었다. 따라서 우리가 할 일은 '감염 곡선을 꺾어놓는' 것이었다. 그런데 갑자기 더는 확산 추세를 늦추는 것이 아니라 감염률을 제로로 만드는 것, 그러니까 애초에 불가능하다고 여겨진 목표를 달성하는 쪽으로 초점이 옮겨졌다. 이후 감염이 사실상 사라지자 이번에는 감염 **예방**을 위한 조치들이 실행되었다('감염 곡선이 나오지 않게' 한다는 말로 바뀌었다고도 할 수 있다). 시간이 지나면서 규칙들이 너무 빨리 바뀐 나머지 아무도 그것들을 더는 알지 못하는 것 같았다. 그리고 사람들은 이러한 임의성에 대해 아무런 법적 보호도 받지 못한 채 어떤 이유로든 벌금을 물 수도 있겠다는 사실을 점점 더 수동적으로 받아들였다.

이 전체 과정에서 사람들에게 전달되는 메시지는 비판에도 아랑곳하지 않고 자신의 터무니없음을 그대로 드러낸다. 예를 들어 코로나 대응 조치로 인해 피해(예, 거주 보호센터의 격리로 인한 피해)를 본 사람들은 역설적이게도 그러한 조치에 찬성하는 주장에 이용된다. 이 희생자들은 부주의하게 사망자 수에 추가되면서 대응 조치를 정당화하는 데 이용된다. 같은 맥락에서 유엔은 봉쇄가 초래하는 기근으로 수백만 명이 사망할 수도 있다고 경고했다.[32] 우리는 이들 또한 코로나19 희생자로 잘못 계산될 위험, 나아가 이로 인한 사람들의 공포 및 더 엄격한 조치에 대한 지지도 기하급수적으로 늘어날 위험을 감수하고 있다. 예방접종 캠페인으로 인한 피해자들에게도 같은 문제가 일어날 가능성이 있다. 이렇게 사회는 악순환에 빠진다. 조치가 엄격해질수록 피해자가 늘어나고, 피해자가 늘어날수록 조치기 더 엄격해지는 것이다.

이는 악의적이고 의도적인 기만(예, 음모. 8장 참조)이 아닌 대중 심리 측면에서 이해되어야 한다. 그렇다고 이것이 덜 위험하다는 뜻은 아니다. 오히려 정반대다. 비판적 반성의 부족, 공감의 비합리적인 배분, 크나큰 개인적 손실을 받아들이려는 일부 사람들의 의향은 극도로 위험한 조합이다. 미접종자들이 일부 공공 영역에 접근을 거부당하는 방식(이제는 심지어 식료품점이나 병원에서도 이들을 거부해야 한다는 사람들이 나올 정도다)은 가장 불쾌한 기억을 불러일으키며, 비인간화의 지독한 순환의 첫 단계가 될지도 모른다.

이 사태의 향후 전개 양상을 과소평가해서는 안 된다. 단순히 반대편에 있는 사람들의 미래만 말하는 것이 아니다. 코로나 바이러스 위기 동안 감염자들을 격리센터에 두어야 한다고 했던 제안은 지금도 대체로 '비현실적'이고 '부적절하다'고 간주된다. 하지만 바이러스학 관점에 국한해서 생각한다면 이는 논리적인 다음 단계라고 손쉽게 인식될 수 있다. 이야기 바깥에 서서 생각할 수 없는 경우, 불안(또는 좌절과 공격성) 수준을 한 단계 높이는 것만으로도 이것(과도한 조치-옮긴이)을 '공중보건에 필요한 일'로 만들 수 있다. 여기에 더해 코로나19 검사의 조작 가능성과 권력의 봉건적 재분배(중앙 정치의 난국 속에서 시장과 주지사들에게 전례 없는 권한이 부여된다) 상황을 고려한다면, 다음과 같은 일이 벌어질 것이라고 충분히 예상할 수 있다. 이를테면 무작위적 체포, 임의적 격리, 자유재량에 따라 '감염된' 사람을 '치료'하는 일 등이다. 전체주의 쪽으로 기울어진 모든 사회 체계는 그 세세한 이야기들이 제각각 다를지언정 어느 정도는 동일한 현상을 불러일으킨다.

대중 형성과 전체주의가 귀결하는 악순환을 냉소적으로 보면 '안도감'이 들기도 한다. 대중 형성과 전체주의는 논리적 필연성 때문에 필경 스스로를 파괴한다.[33] 이것들은 본질적으로 자기 파괴적이다. 자기 파괴성의 근본 기제는 이렇게 이해할 수 있다. 대중 형성은 불안과 공격성을 먹고 산다. 공격성의 분출 가능성과 공포가 없다면 대중의 역동은 결국 닳아서 없어진다. 만약 이런 일이 발생한다면, 지도자들은 대중이 최면에서 깨어나 자신들이 입은 피해를 깨닫고 지도자들에게 치명적인 방식으로 등을 돌릴 것임을 알게 된다. 따라서 지도자들은 불안을 집중시킬 새로운 대상을 끊임없이 찾아내고 그 대상들을 파괴할 새로운 조치들을 계속 도입할 수밖에 없다. 인구 중 전체화된 사람들은 6장에서 설명했던 이유(대중 형성의 집단 1 참조)에 따라 이를 기꺼이 따른다. 이렇게 사람들의 불안은 하나의 대상과 계속 연결되고, 사람들은 자신의 좌절과 파괴성을 분출할 수 있으며, 새로운 죽음의 의례를 통해 새로운 사회적 연결성을 끊임없이 재확인한다. 이것이 전체주의(그리고 대중 형성)의 자기 파괴적 악순환이 작동하는 방식이다.

전체주의 체계의 자기 파괴성은 성공적으로 반대의 목소리에 재갈을 물리고 반대파를 침묵시키는 순간 정점을 찍는다. 소비에트 연방은 1930년경에 이 지점에 도달했고(당시 스탈린은 거의 무한한 권한을 틀어쥐고 그의 대숙청을 시작했다), 나치 독일은 1935년경 이 지점에 다다랐다. 여기서도 우리는 전체주의와 독재 정권 사이의 뚜렷한 차이를 확인할 수 있다. 거의 언제나 독재 정권은 확고하게 권력을 획득하는 순간 공격성을 누그러뜨린다. 이 지점에 도달하면 독재자는 사실상 자신의 상식을 사용하곤 한다. '권력을 유지하고 싶다면 사람들에게 내가 유익한 존재임을 확신시켜야 한다'고 생각하는 것이다. 이와 대조적으로 전체주의 지도자는 이데올로기 및 이에 수반되는 대중 형성에 눈이 멀어 있는 까닭에 상식을 발휘하지 못한다. 완전한 권력을 거머쥔 순간에도 그는 여전히 자신의 광기 어린 논리를 집요하게 추구한다. 대중 형성에 사로잡힌 개인들이 극도로 혐오하는 반대의 목소리들이 있을 경우, 이들은 지도자에게 말 그대로 꼭 필요한 존재다. 필사적으로 피하려고 애쓰긴 하지만, 막상 이들이 없어지면 자신도 파멸하므로 반대의 목소리들을 입에 쓴 약처럼 여기는 것이다. 대중의 내러티브가 만들어내는 거대한 공명을 깨뜨리는 반대의 목소리가 없을 때, 전체주의 체계는 급격한 자기 파괴에 빠진다. 최면이 완전해지는 것이다. 이때 전체주의 국가는 아렌트의 표현대로, "자신의 자식들을 집어삼키는 괴물"이 된다.[34]

이러한 파괴성이 얼마나 예측 불가능하고 터무니없어지는지 이해하고 싶다면 스탈린 지배하에서 나타난 다양한 박해와 대량 학살의 파도를 기술한 솔제니친의 글을 읽어보라.[35] 이 시기에 스탈린 정권은 끊임없이 인구 중 새로운 그룹을 겨냥해 그들을 '객관적인 적'으로 규정했다. 이들은 그 어떤 적대 행위도 저지르지 않았지만, 자신이 속한 집단 때문에 그런 일을 저지를 수 있다고 간주되었다. 이 새로운 적들은 끊임없이 격리되고 제거되었다.[36] 처음에는 이러한 대숙청에서 일말의 논리를 찾을 수 있었다. 맨 처음 그들은 부르주아를 강제 이송했고, 뒤이어 해외에서 돌아온 군 장교들(부르주아처럼 자본주의 논리에 도취된 자들), 그다음으로 종교와 조금이라도 관련 있는 모든 사람(공산주의로 개종하지 않은 자들), 그리고 금을 소지했을 법한 모든 사람(치과의사, 시계 제조인, 보석 세공인), 다음으로 다른 소작인들보다 조금 잘사는 소작인들을 가차 없이 강제 이송했다. 이들은 모두 '프티부르주아petty bourgeois' 또는 부르주아처럼 자본주의자와의 접촉을 통해 영향을 받았을 법한 사람들이었다. 그러나 시간이 조금 지난 뒤—이들 집단이 전부 강제 이송되거나 전멸된 이후—에도 체제는 여전히 파괴적 본성을 분출해야만 했고, 이에 따라 무작위로 고른 '범죄자' 인구 집단이 파괴의 대상이 되었다.[37] 전체주의 체계의 격렬하고 파괴적인 역동은 나치 독일에서도 나타났다. 하지만 이는 불길한 결말에 다다르기까지 전개되지는 않았다.[38] 집시와 유대인을 강제 수용소로 강제 이송한 이후, 히틀러는 우크라이나인과 폴란드인뿐만 아니라 심장병과 폐병이 있는 모든 독일인마저 표적으로 삼으려 했다. 결국 전쟁이 발발하면서 이 계획은 실행되지 않았다.

전체주의가 '선한' 의도라고는 하나 어쨌든 과대망상에서 출발한다고 보는 데는 여러 이유가 있다. 선제주의는 사회가 이데올로기적 이상으로 완전히 변모하기를 열망한다(이를테면 극도로 순수한 나치주의 사회 또는 스탈린주의 하에서 프롤레타리아가 통치하는 사회). 그러나 이러한 천국을 만들어내려는 시도는 대개 지옥으로 끝난다. 스탈린주의의 역사는 이를 가장 극명하게 보여준다. 애초에 볼셰비키는 제정 러시아의 폐해들을 바로잡겠다는 결단에서 출발했다. 제정 통치 당시 해마다 약 17건의 사형이 집행되었다. 혁명파는 악을 써대며 분노했다. 사형제는 반드시 폐지되어야 한다고 본 것이다. 그러나 이들의 합의에는 작은 각주가 붙어 있었다. 처음에는 공산주의 자체를 하나의 체계로 주입할 필요가 있을 때만 처형을 진행할 계획이었다. 1917년 러시아 혁명 이후 초반 몇 달 동안에는 매년 540건의 처형이 이루어졌다.

몇 년이 지나자 이 수는 매년 1만 2천 명으로 늘었고, 1937년과 1938년 사이에는 매년 60만 명 이상이 처형되었다.[39]

희생자 수보다 더 놀라운 점은 사람들에게 사형 선고를 내리는 임의적인 방식이었다. 각 도시와 지역은 얼마나 많은 '반역자'를 체포해야 하는지를 규정한 주간, 월간 할당량을 부여받았다. 매주, 매월 말이 되었을 때, 지역별 담당자가 보기에 목표 숫자를 채우지 못했다고 판단되면 그들은 거리로 나가 사람들을 무작위로 체포했다.

이러한 유순함은 대량 체포의 수법을 이해하지 못했기 때문이기도 했다. 기관들은 대부분의 경우, 어떤 사람을 체포하고 어떤 사람을 체포하지 말라는 정확한 선택 기준을 두고 있지 않았다. 그들은 그저 할당된 숫자만을 집행할 뿐이었다. 할당된 숫자를 채우는 일은 합법적인 성격을 띨 수도 있었고, 반면에 극히 우발적인 성격을 띨 수도 있었다.[40]

혁명파는 사형제 폐지를 목표로 삼았을 뿐만 아니라 모든 형태의 노예제도 끝내려 했다. 하지만 이는 예상대로 되지 않았다. 솔제니친은 제정 러시아와 스탈린 통치하의 '프롤레타리아' 생활 조건 사이의 당황스러운 비교를 제시한다. 그의 설명에 따르면, 제정 당시 농노들은 겨울에는 일일 최대 17시간, 여름에는 일일 최대 12시간만 일할 수 있었다. 지시와 일거리를 할당할 때는 노동자의 신체적 한계를 항상 고려했다. 게다가 노동수용소들도 대체로 견딜 만했다. 표도르 도스토옙스키Fyodor

Dostoevsky는 노동 수용소가 너무 편안한 까닭에 귀족들이 결국에는 수용소에 관한 공포를 주입하지 못하게 될까 봐 두려워하기 시작했다고 표현했다. 스탈린주의 아래서는 수감자들의 운명이 극도로 달라졌는데, 안타깝게도 더 좋은 쪽으로 변한 것은 아니었다. 두 상황의 차이를 극명하게 보여준 예는 다음과 같다. 제정 통치하에서 수감자들은 하루에 3푸드(푸드pood는 러시아에서 사용하는 무게 단위로, 1푸드는 16.38kg에 해당한다-옮긴이)의 광석을 채굴해야 했지만, 공산주의자들이 통치하던 시기에는 일일 채굴량이 8백 푸드에 달했다![41]

볼셰비키의 또 다른 선한 의도는 소작인들의 몫을 늘려준다는 것이었다. 하지만 시간이 지나면서 이들은 마음을 바꿨다. 토지와 가축에 대한 애착을 보니 부농들 역시 '프티부르조아'이므로 공산주의적 전체주의 국가를 열렬히 사랑하기에는 부적합하다는 것이 입증된 것이다.[42] 이에 공산주의자들은 소작인 계급을 몰살시키겠다는 법령을 정했다. 이때 그들이 서둘러 도입한 강제이송 정책은 여러 면에서 역사상 유례가 없는 것이었다. 소작인들은 수만 명씩 이른바 '특별 부락들'로 이송되었다. 그곳에서 그들은 누가 봐도 비인간적인 생활 조건으로 인해 마지막 한 사람까지 죽어서 소멸되어 버렸다.[43] 이렇게 그들은 다시 한 번 농노로 전락했다. 이 농노들의 생활 조건은 어느 모로 보나 제정 통치 때보다 훨씬 악화되었다.

르봉은 "군중은 파괴하는 힘을 가졌을 뿐이다."라는 유명한 말을 남겼다.[44] 연대에 헌신하는 그들은 이데올로기적 천국을 이룰 것이라는 신념 속에 대의를 도모한다. 그러나 결국에는 늘 예외 없이 지옥의 심연으로 추락한다. 군중과 그들의 통치자는 파괴의 소용돌이 속으로 맹목적으로 빠져들어 결국 그들의 마음을 독점했던 논리—죽어 있고, 영혼이 없는 우주에 대한 기계론적 논리—가 불러오는 궁극적인 결과를 맞닥뜨린다. 8장에서 자세히 살펴보겠지만, 이러한 곤경의 진짜 주인은 전체주의 체제의 지도자들이 아니라 그들의 이야기와 그 기저에 깔린 이데올로기다. 모두를 사로잡는 이 이데올로기는 누구에게도 속하지 않는다. 모두가 자기 몫을 수행할 뿐, 각본 전체를 파악하고 있는 사람은 아무도 없다.

8

·

음모와 이데올로기

Conspiracy and Ideology

흉악한 일을 꾸미는 악한들은 어디엔가 있게 마련인데, 그 악한들만을 골라내서 박멸할 수 있는 방법은 없는 걸까? 그러나 선과 악의 분기선은 어느 누구의 가슴에도 다 가로놓여 있다. 그러니 누가 자기 가슴의 한쪽을 박멸시킬 수 있겠는가?

- 알렉산드르 솔제니친[1]

이렇게 한번 해보라. 빈 종이 위에 세 점을 서로 멀찍이 떨어진 지점에 찍는다. 그리고 종이 위 어느 곳이든 원하는 지점에 네 번째 점을 찍는다. 그다음 자를 가지고 먼저 찍은 세 점 중 하나와 네 번째 점 사이의 거리를 재본 뒤 이를 둘로 나눈 지점에 새로운 점을 찍는다. 이번에는 맨 처음 찍은 세 점 중 하나(임의로 고른 점)와 맨 나중에 찍은 점 사이의 거리를 잰 뒤에 이를 둘로 나눈 지점에 점을 하나 또 찍는다.

이 과정을 수백 번 반복하고 나면 놀라운 현상을 목격하게 된다. 수많은 점들이 이루고 있는 시에르핀스키 삼각형Sierpinski triangle이 눈에 들어올 것이다. 이 삼각형은 일종의 프랙털 패턴으로 도형의 전체 모양과 자잘한 세부 모양들이 전부 하나의 같은 형태를 띤다. 이 경우 내접삼각형을 갖춘 삼각형 모양이 나타난다(그림 8.1 참조).

그림 8.1

이 과정은 열 명, 백 명 혹은 더 많은 사람과도 쉽게 해볼 수 있다. 행동의 목적은 모른 채 그저 위에 설명한 규칙에 따라 돌아가면서 종이 위에 점을 덧붙여나가면 된다. 그러면 각 개인이 같은 규칙을 계속 적용함으로써 위 패턴을 함께 만들어낼 수 있다. 이는 본 장에서 논의하려는 내용과도 관련이 있다. 종이 위에 시에르핀스키 삼각형이 생겨나는 것을 보게 된 순진한 사람은, 점을 찍은 사람들이 사전에 이 패턴을 익히 아는 상태에서 계획에 따라 서로 협조하며 함께 작업에 임한다는 인상을 받을 수밖에 없다. 하지만 현실은 다르다. 모두가 이 패턴을 몰라도 되고 전에 본 적이 없어도 된다. 그저 모든 사람이 자기 순서에 점을 찍을 때마다 같은 규칙을 따르는 것으로 족하다. 본 장을 읽는 동안 시에르핀스키 삼각형을 염두에 두라. 그러면 곳곳의 논의를 이해하는 데 유용할 것이다.

대중의 지도자는 음모자일까? 대중 형성과 전체주의는 무대 뒤에 숨은 소수가 꾸민 매우 정교한 계획에 따라 작동하는 것일까? 이는 충분히 생각해볼 만한 질문이다. 한나 아렌트도 전체주의를 연구하면서 수시로 이 점을 고민했다.

한 가지는 분명하다. 역사를 통틀어 대중의 지도자들은 음모자로 인식되었다는 점이다. 19세기와 20세기 내내 대중이 힘과 집중도를 높여가는 동안 음모 이론들도 등장했다. 대개 이 음모 이론들은 복잡한 사회적 과정과 대중 형성을 설명하는 데 사용되었다. 그중 가장 먼저 나온 것이 **시온 장로 의정서**Protocols of the

Elders of Zion였다. 헨리 롤린Henri Rollin에 따르면, 20세기 초에 이 문서의 인기는 성서에만 뒤졌을 뿐이다.[2] 이 문서는 모든 국가 정부를 통제하며 그 위에 군림하는 일종의 비밀 유대인 세계정부가 있다고 주장했다.

어마어마한 인기를 누린 이 '의정서'는 사실 위조된 것이었다. 그 내용의 기원이 허구라는 점은 논쟁의 여지가 없다. 이 의정서는 1864년 프랑스 변호사 모리스 졸리Maurice Joly가 〈마키아벨리와 몽테스키외의 지옥에서의 대화〉라는 제목으로 펴낸 텍스트를 기반으로 하고 있다. 일종의 팸플릿인 이 문서에서 저자는 나폴레옹 3세의 권력에 대한 굶주림을 비난했다.[3] 이후 1800년대 후반에 러시아의 비밀 정보기관인 오크라나Okhrana가 러시아 내의 반유대주의를 부추길 의도로 이 텍스트를 수정하고 왜곡했다. 오크라나는 원문의 절반 정도를 그대로 유지하고, 이곳저곳에 문단 몇 개를 덧붙였으며, 단어 중 **프랑스**는 **세계**로, **나폴레옹 3세**는 **유대인**으로 일괄 대체했다. 이렇게 그들은 시오니즘의 창시자인 테오도르 헤르츨Theodor Herzl이 세계 제패를 열망하는 유대인 음모론의 수장으로 읽히는 텍스트를 만들어냈다. 이 조작된 팸플릿이 출간된 것은 1905년으로, 당시 러시아 보수파와 러시아 정교회는 이 문서를 열렬히 인용하며 자신들의 반유대주의 의제를 정당화했다. 그 뒤로 이 문서는 20세기 전반기에 독일에 전해졌고, 중동에서는 지금까지도 이 문서가 엄청난 인기를 누리고 있다.

그러나 대규모 대중 형성을 악한 엘리트층의 모의로 축소시키려는 경향은 그보다 훨씬 이전, 적어도 계몽주의 초기까지 거슬러 올라간다. 한 예로 1813년 슈발리에 드 말레Chevalier de Malet는 프랑스 혁명의 영웅들이 사실은 프리메이슨 집회소의 비밀 요원들이므로, 결국 무대 뒤에서 공공의 통치자들을 앞잡이처럼 교묘하게 조종하려는 더 광범위한 '혁명파'에 속해 있다고 주장하는 이론들을 기술했다.[4] 그리고 이 이론은 〈모니타 세크레타Monita Secreta〉[5]라는 더 오래된 소책자를 기반으로 한다. 이 문서는 예수회 조직에 대한 혐오 정서를 퍼뜨리고자 (쫓겨난) 한 예수회 수사가 꾸며낸 음모의 내용을 담고 있다. 〈모니타 세크레타〉는 1612년에 처음 발간되어 20세기 말까지 유럽 전역의 서점에서 판매되었다.

사실 위 이론들은 완전한 음모 이론들이다. 하지만 오늘날 **음모 이론**conspiracy theory이라는 용어는 음모에 관해 일언반구도 하지 않는 이론들을 지칭할 때도 입에 오르내린다. 그러므로 우선 이 용어를 개념적으로 엄밀하게 정의하는 것이 좋겠다. 위키피디아Wikipedia에 따르면, 음모란 '불법적인 또는 해로운 목적을 위해 […] 사람들 간에 수립하는 비밀 계획 또는 합의, […] 이 합의는 대중 또는 이로 인해 영향을 받는 다른 사람들에게 비밀로 유지함'이라고 정의된다.[6] 이 정의에 따르면, 어떤 활동이 음모로 분류되기 위해서는 최소 세 가지 핵심 특성을 갖춰야 함을 알 수 있다. 1) 의식적이고, 의도적이며, **계획적인** 일이 있어야 한다. 2) 이 일은 숨기거나 비밀로 해야 한다. 3) 이 일은 해를 가하려는 목적을 띠어야 한다(예, 관련자에 대한 악의가 있어야 한다).

그러나 현재 이 용어가 지칭하는 대상은 매우 광범위하다. 세계사 전체를 조종하는 국제적인 그림자 정부(예, 일루미나티Illuminati 또는 카발Cabal 조직)에 관한 이론, 더 이국적으로는 외계에 기원한 인간보다 더 비열한 엘리트들이 세계를 사로잡고 있다는 이론(예, 큐어넌QAnon 음모론) 등을 가리킬 때는 정확한 뜻으로 사용되고 있다. 하지만 금융, 정치, 산업, 경제, 미디어 수준의 권력 구조에 대한 비판을 조롱할 때도 음모라는 단어가—잘못—사용되고 있다.

따라서 이 용어는 일종의 낙인이자 담론의 수단이 되어 지배적 담론들이 스스로를 비판적 반성으로부터 보호하는 데 이용되고 있다. 마찬가지로 지배적 이야기와 일치하지만 실은 음모 이론인 것들을 지칭할 때 음모conspiracy라는 용어를 쓰는 경우는 드물다. 예를 들어 러시아가 미국 선거를 조종하려 한다는 주장, 사이버 공격 뒤에 중국 정부가 있다는 주장, 코로나바이러스가 중국 우한의 한 연구실에서 비롯되었다는 보고서를 스티브 배넌Steve Bannon이 비밀리에 유포하고 있다는 주장, 러시아가 서방의 각종 무정부주의 신문사에 자금을 대고 있다는 주장 등을 생각해보라. 옳든 그르든 이 주장들은 본질상 음모 이론들이다. 이들이 음모 이론이라는 낙인을 받지 않은 유일한 이유는 이들이 주류 매체를 통해 날마다 조성되는 지배적인 사회 담론에 속하기 때문이다.

여기서 우리는 '대중 형성을 음모의 결과로 봐야 할까?'라는 질문으로 돌아오게 된다. 군중 속에서 개인의 정신은 공동의 집단 심리로 대체된다고 귀스타브 르봉은 지적했다.[7] 군중은 통일된 방식으로 움직이며 같은 슬로건을 반복한다. 이때 여러 생각과 표현들이 대중 내 계급을 타고 번개 같은 속도로 퍼져나간다(르봉은 군중의 생각들이 '전염성 있다'고 설명했다).[8] 사회의 모든 부문은 그렇게 형성된 **유일 사상**pensée unique—정치인, 학자, 언론, 각종 전문가, 판사, 경찰—에 참여한다. 이렇게 대중은 고도로 조직화된 현상이라는 인상을 준다. 이런저런 이유로 대중 형성에 민감하지 않고, 이러한 사회 현상을 '외부인 시선으로' 관찰하는 사람들은 이것이 의식적으로 계획된 대규모 공조의 결과임이 틀림없다고 생각하곤 한다.

6장에서는 하나의 불안 대상과 벌이는 영웅적 전투 속에 사람들을 일치시키는 공동의 내러티브에 개인들이 사로잡힐 때 주로 대중 형성이 일어난다고 설명했다. 이 추론이 대중 형성 현상을 정확히 어느 정도까지 설명해주는지는 더 지켜봐야 한다. 일례로 대중을 형성하는 개인들 사이에는 실질적인 물리적 공명이 있는 듯하다. 하지만 이는 내러티브를 공유한다는 근거만으로는 설명할 수 없다. 이 현상은 복잡하고 역동적인 체계들이 자연에서 스스로를 조직하는 방식과 직접적인 유사성이 있다. 잘 알려진 예로 찌르레기들이 무리를 짓는 방식을 생각해보자. 해가 질 무렵, 찌르레기들은 사방에서 서로를 향해 날아와 조화로운 패턴으로 함께 움직이기 시작한다. 너무나도 완벽한 이 패턴을 본 노벨상 수상자 니콜라스 틴베르헌Nikolaas Tinbergen 은 찌르레기 떼를 '슈퍼 개체super individual'라고 불렀다. 즉, 모든 것을 아우르는 커다란 존재로서 모든 개체가 하나의 몸 안에 존재하는 세포들처럼 서로 연결되었다는 말이다.[9] 그들의 행동을 지시하는 관찰 가능한 의사소통 형태가 없는데도 그들은 서로를 완벽하게 감지한다.

군중 속의 개인들이 서로 간에 연결성을 수립하는 방식도 이와 비슷하다. 이는 특히 군중이 물리적으로 함께 있을 때 두드러지게 나타난다. 엘리아스 카네티Elias Canetti는 이를 다음과 같이 설명했다.

아무것도 없었던 곳에서 갑자기 생겨난 군중, 이것은 신비스럽고도 보편적인 현상이다. 몇 사람(다섯, 열 또는 열둘, 그 이상은 아니다) 정도야 서로 가까이 서 있을 수도 있는 일이다. 아무런 발표도 없었고, 무언가가 기대되었던 것도 아니다. 그런데 사람들이 갑자기 새까맣게 운집하고, 더욱 많은 사람들이 마치 모든 길은 그쪽으로만 통한다는 듯이 사방에서 도도히 흘러들어 온다. 그들 대부분은 무슨 일이 일어났는지 모른다. 무슨 일인가 물어보았자 대답을 못한다. 그러나 그들은 서둘러 그곳에 모인다. 그들의 움직임 속에는 어떤 결의가 있다. 이 결의는 일상적인 호기심의 발로 따위와는 사뭇 다르다. 그들 일부의 움직임은 물결처럼 다른 자들에게 번져간다. 그러나 또 다른 특징이 있다. 그들에게는 아직 말로는 나타낼 수 없지만 하나의 목표가 있다. 대부분 사람이 모여 가장 새까만 점을 형성하는 곳이 바로 그 목표이다.[10]

이 말인즉슨 군중을 통일시키는 것은 동일한 생각, 신념, 행동만이 아니라는 것이다. 군중은 일종의 물리적 단일성도 형성하는 듯하다. 이로 인해 군중은 사전에 계획된 거대한 기획의 산물이라는 압도적인 인상을 준다.

군중의 정신적, 물리적 운동이 드러내는 일치성만 보고 이를 음모의 산물로 간주하게 되는 것은 아니다. 군중이 지닌 위협적인 특성도 그러한 인상을 주는 데 기여한다. 군중은 사회에 그들의 의지를 주입하려고 시도하곤 한다. 사회를 통제하려는 것이다. 이는 늘 그래 왔지만, 시간이 지나면서 군중이 더 견고한 성격을 띠고 사회조직에 지속적인 영향을 끼치기 시작하면서 더 확연히 나타났다. 현대의 군중도 늘 같은 방향, 즉 과잉 통제된 사회를 향해 밀어붙인다. 새로운 불안 대상—테러리즘, 기후 문제, 바이러스—이 나타날 때마다 더 큰 기술적 통제를 요구하고 나선다. 때로 이 통제는 날카롭고도 예상치 않은 방식으로 타격을 줄 수 있다. 2016년 브뤼셀에서 일어난 폭탄 테러 이후, 앤트워프의 유대인 지역에는 테러리스트에 대항해 보호를 강화하고자 카메라 수백 대가 설치되었다. 코로나바이러스 위기 동안 이 카메라들은 유대인들의 회당 방문을 감시하는 데 사용되었다.[11] 이렇듯 사태가 이상한 방향으로 전개될 때도 있다.

코로나바이러스 통행권(그리고 QR 코드) 역시 더 강화된 통제 쪽으로 기우는 추세를 드러낸다. 이 통행권을 더 정교한 시스템, 즉 더욱 효율적이고 위조하기 어려운 체계로 장기(또는 단기)

로 활용하려는 계획은 기계론적 이데올로기의 논리 안에서 쉽게 고안된다. 2021년, 벨기에의 한 장관은 전자 팔찌가 실제로 더 나을 것이라는 주장을 이미 내놓았다(발찌도 나쁠 것 없을 것이다). 인구 중 기계론적 이데올로기에 사로잡힌 사람들은 분명 이런 제안에 따를 것이며, 의심의 여지없이 지금의 기술 정부는 이 문제에 대한 훨씬 더 효율적인 '해결책'을 내놓는다. 이 과정의 끝에서 우리는 여러 학자 중 이스라엘 역사학자 유발 하라리Yuval Noah Harari가 설명한 사회를 향해 움직일 것이다. 그 사회에서는 피하 센서로 우리의 혈액 상태를 항상 체크하면서 질병을 조기에 탐지할 뿐만 아니라 우리의 마음 상태마저 알아차림으로써 우리가 슬픈지, 행복한지, 화가 나는지 차분한지도 감지할 것이다.[12]

대중 형성에 사로잡히지 않은 사람들의 경우, 처음에는 자신이 이해하지 못할 극도로 산만한 상황—대중 형성 현상은 그 안에 사로잡히지 않은 사람들에게는 터무니없고 당혹스러워 보인다—에 놓여 있다고 느낀다. 이에 따라 눈앞에 보이는 통제적인 모습 그리고 참여를 거부하는 사람에 대한 전형적인 비관용을 마주하며 위협을 느낀다(6장 참조). 이런 상황에서 혼란에 빠진 목격자는 대개 간단한 참조틀을 간절히 원하게 된다. 그러면 주어진 상황을 정신적으로 극복할 수 있고, 이때 일어나는 불안을 비롯한 강렬한 정서를 그 틀 안에 넣고 통제할 수 있기 때문이다. 이때 음모론적 해석이 이들의 욕구를 충족시킨다. 음모론은 어마어마하게 복잡한 현상을 간단한 참조틀로 축소시킨다. 모든 불안은 하나의 대상(의도적으로 기만을 자행하는, '엘리트'로 추정되는 사람들)과 연결되므로 정신적으로 관리할 수 있다. 모든 비난은 자신의 외부, 타자에 있으므로 모든 좌절과 분노는 그 단일한 대상에 집중시킬 수 있다. 이런 이유에서 열광적인 음모론적 사고는 곤경 속에서 책임 소재를 따지고 공격의 분출 대상을 찾으려는 인간의 거의 저항할 수 없는 경향성을 증명한다. 이는 더 일반적인 심리적 규칙을 드러내는 것인지도 모른다. 즉 사람들이 느끼는 분노가 클수록 대상의 악의적 의도도 더 크게 인식된다.

따라서 어떤 측면에서는 음모론적 사고—세상의 모든 사건을 하나의 거대한 음모로 축소시키는 사고—가 대중 형성과 같은 기능을 충족시킨다고도 할 수 있다. 대중 형성에서 음모를 이론화하는 것은 사람들을 일종의 열의로 가득 채운다. 몇몇 간단한 정신적 이미지와 연관되는 화, 분노, 불만족은 매우 부정적인 상태를 (하나의 증상과도 같은) 긍정적인 상태로 변화시킨다. 이제 모든 것은 간단한 참조틀 안에서 설명할 수 있다. 더 이상 세상은 부조리하지 않고 논리에 들어맞는다. 개인은 적이 어디에 있는지 알고, 자신의 좌절과 분노를 집중시킬 지점을 가지고 있다. 이제 책임으로부터 자신을 해방시키며, 스스로에게 물음을 던질 필요도 없어진다. 이러한 방식으로 음모론적 사고는 거대한 심리적 중요성을 획득한다. 이러한 정신적 이미지에 연관된 효과는 다중적이다. 따라서 이러한 이미지들은 마치 정신의 자기장처럼 모든 정신 에너지를 끌어당기고, 결국에는 그 이미지 자체를 눈앞에 벌어지는 거의 모든 일에 대한 해석으로 제시한다.

이러한 이유에서 음모 관점에 입각한 사고는 사람들의 구미를 당긴다. 음모론적 논리가 점점 더 궤도에서 멀리 이탈하면 결국 부조리한 성격을 띤다. 그리고 지능이 높은 합리적인 사람들마저 여기에 빠져든다. 그 결과 '주류'가 옳다는 것이라면 무엇이든 틀렸다고 추정하는 매우 근본적인 불신이 많은 사람에게 자리 잡는다. 예를 들어 지구는 둥글다는 것이 주류의 이야기라면, 사실 지구는 평평할 것이라고 믿는 것이다. 음모론적 사고는 필경 특정 집단의 비인간화로 이어지기도 한다(사실 비인간화dehumanization는 문자 그대로를 의미할 때도 있다. '엘리트 집단은 파충류나 외계인으로 구성되어 있다'라는 식이다). 엘리트 계층은 완전한 악으로서, 그들은 우리가 먹는 음식과 주변 환경에 독성 물질을 주입해 의도적으로 우리를 병들게 하며, 수 세대 동안 교육을 통해 아동들을 세뇌시킨 것에 대한 책임이 있다는 식으로 생각한다. 이런 사고방식에서는 엘리트의 지식과 권력이 쉽게 과대평가된다. 이를테면 엘리트는 인간을 특징짓는 지식의 부족 때문에 고군분투하지 않는다고 본다. 그들은 의심하거나 망설이지도 않고, 뜻밖의 장애를 만나지도 않으며, 계산 착오를 저지르는 일도 없다고 여기는 것이다. 그들은 세상만사를 마음대로 주무를 수 있는 존재로 여겨진다. 음모론적 사고는 지각된 적의 크기를 무한대로 부풀려, 결국 개인이 그러한 거인 앞에서 무력감만 느끼게 한다. 이런 식으로 음모론적 사고는 자기 파괴의 한 측면을 나타내기도 한다.

음모에 기반한 사고는 종종 사실보다 심리적 '이점'을 호소하는 데서 비롯된다(물론 이는 다른 여러 사고 형태에도 적용된다). 그 이론들은 종종 탄탄한 논리를 갖추기도 하지만, 사실에 부합하지 않을 때도 많다. 예를 들어 음모론에 사로잡힌 사람들을 좀 더 자세히 살펴보면, 당연히 대개는 그들의 논리에서 아무런 설득력도 찾을 수 없다. 코로나바이러스 위기 동안 많은 사람은 전문가들이 의도적으로 사람들을 오도한다고 믿기 시작했다. 그들이 뻔뻔스러운 통계 오류와 그 밖의 오류를 체계적으로 저질렀기 때문이다. 전문가들이 그렇게 어리석을 리는 없다. 그렇지 않은가? 하지만 그 전문가들을 더 자세히 알아보면, 그들의 실수를 명백한 조작이라는 간단한 참조틀 안에 끼워 넣지 못한다는 것을 즉시 알게 될 때가 많다. 2021년 7월, 여름 휴가철 직전에 나는 향후 감염자 수의 예측 모델 수립에 참여한 통계학자 몇몇과 만난 적이 있다. 그중 한 사람은 감염자 수가 다시 오르고 있다며 우려를 나타냈다. 나는 즉시 대답했다. "휴가 가는 사람들이 많을 때니 다들 검사를 받겠죠. 늘어난 검사 수의 영향도 계산에 넣으신 건가요?" 그는 절망스러운 표정으로 동료들에게 눈짓을 주더니, "아뇨. 하지만 감염자 수를 추산할 때 그렇게 하는 사람은 아무도 없습니다.", "우리가 수립한 모델을 기반으로 예측한 감염자 수가 실제로 입원자 수와 일치하지 않습니까?", "그런 모델을 따르지 않았던 작년 가을에 벌어진 일을 우리는 잘 알고 있습니다." 등등의 이야기로 반박했다. 이 지적인 학자는 자신의 모든 주장이 잘못된 주장의 전형적인 예(군중에 호소하는 논증argumentum ad populum, 권위에 호소하는 논증argumentum ad auctoritatum, 허위 합의(false consensus)라는 사실을 까맣게 놓치고 있었다. 그 무엇으로도 검사 시행 수가 많을수록 양성 결과도 많아진다는 점을 그에게 설득시킬 수 없었다. 6장에서 소개한 애쉬의 실험을 기억하는가? 대중 형성은 학식 있는 사람이든 그보다 덜 지적인 사람이든 하나같이 눈을 멀게 한다. 음모론자가 되지 않더라도 그런 터무니없는 실수를 체계적으로 저지를 수 있다.

게다가 코로나바이러스 위기에 관해 주류 언론이 보도하는 일방성을 보면 처음에는 의도적이고 계획적인 보도 방식이 있는 것처럼 여겨지기도 한다. '다른 의견'을 제시하는 목소리를 거의 듣지 못하는 이유는 무엇일까? 어떻게 똑같은 오정보를 반복해서 제시할 수 있을까? 그런데도 내가 아는 '코로나바이러스에 비판적인' 몇몇 언론인은 체계적이고 계획적으로 보도 방향을 조종하는 것은 없다고 말했다. 다만 때때로 암묵적인 압력이 있었던 것은 사실이다. 예를 들어 일부 정치인은 국가 정책을 비판하는 온갖 내용을 방송해서 혼란을 야기하는 것은 옳지 않다고 제안했다. 어떤 면에서 이는 언론에 대한 비민주적 영향력—언론인들은 비판적 목소리를 너무 많이 보도하면 향후 정치인들이 기삿거리를 덜 제공할 것임을 알고 있었다—을 행사하는 것이지만, 그런데도 이는 검열이라기보다는 자기-검열이라고 표현하는 것이 더 정확하다.

내가 직접 정치인들을 접촉했을 때도 같은 인상을 받았다. 대체로 그들은 의심을 품고, 다른 국가들의 대응 조치에서 어느 정도나 벗어나도 될지 고민하며, 만약 더 관대한 조치를 도입했을 때 코로나바이러스 피해의 책임을 물을까 두려워하고, 반대자들에 대항해 단호한 행동에 나서 달라는 대중의 요구에 반응하는 사람들이다. 이 밖에 실제로 자신들의 이데올로기를 사회에 강요할 기회를 엿보는 정치인도 몇몇 있다. 그러나 대다수 정치인은 그저 순순히 이야기를 따른다. 이를 위해 '비밀' 회의를 소집해 한자리에 모일 필요는 없다.

나 또한 의도치 않게 몇몇 음모 이론의 주제가 되는 특혜를 누렸다. 이런저런 방식으로 공공연히 비판 의견을 내놓는 다른 많은 이들처럼, 나도 이른바 통제된 반대자(이를테면 코로나바이러스 정책에 은밀히 협조하는 사람)라는 비난을 받았다. 마치 나의 의도는 심리학 이론들로 반대파를 잠재우고 침묵시키는 것뿐인 듯했다. 그런가 하면 내가 악령 숭배자라고 생각하는 사람들도 있었다.

나는 다수의 인터뷰에서 코로나바이러스 위기 경로에 대해 어느 정도 옳은 예측을 여러 번 내놓았다. 예를 들면 백신 출시 이후에도 대응 조치가 해제되지는 않을 것이라는 예측이었다. 일부 음모론자들은 내가 그 계획을 사전에 전달받았다고 확신했다. 그리고 그들은 내가 악마 숭배자들에게 확증을 주려고 앞으로 벌어질 악한 일을 미리 발표했다고도 생각했다. 오늘날까지도 나는 그 어떤 사악한 단체에 가입한 기억이 전혀 없으며, 나의 '예측들'은 간단한 근거를 토대로 했다고 믿는다. 코로나바이러스 이야기에 관한 심리-논리를 살펴보니, 백신 출시 이후에 대응 조치를 중단시킬 만한 것이 전혀 없었다. 코로나바이러스 위기 전에도 공포는 이미 존재했고, 백신이 효과적이든 아니든 그 공포는 예방접종을 한다고 사라지는 것이 아니었다. 이 사안에 대해 내가 의견을 제시할 만한 자격을 어느 정도 갖췄다고 생각하지만, 그런데도 일부 사람들에게는 악령 숭배 관점에서 제시한 설명이 더 호소력 있다는 것을 이해한다.

지배적 담론과 뜻을 같이하는 사람들이 나를 음모론자로 본 적이 있었다는 점도 말해두어야겠다. 그들은 내가 대중 형성이라는 나의 이론을 믿기보다 그저 대응 조치에 대한 사회적 지지를 훼손하려고 교묘한 조작을 부리는 것이라고 생각했다. 내가 그저 우파 정당에 자리를 하나 차지하려는 심산이라는 것이다. 그들에게 해줄 말은 이것뿐이다. 만약 다음 선거에서 내 이름이 투표용지에 적혀 있다면 나조차도 놀라움을 금치 못할 것이다.

그렇다면 조종이나 조작은 전혀 없을까? 물론 있다. 온갖 종류의 조작이 엄연히 존재한다. 게다가 오늘날 대중 매체가 부릴 수 있는 온갖 수단을 고려한다면 조작의 가능성은 말 그대로 어마어마하다. 그러나 이러한 조종은 주로 개인들이 주도하는 것이 아니다. 가장 근본적인 형태의 조종은 본질상 비개인적이다. 무엇보다 조종을 주도하는 것은 하나의 이데올로기—사고방식—이다. 이데올로기는 사회를 점진적이고 유기적으로 조직하고 구성한다. 앞서 여러 장에 걸쳐 자세히 논했듯이 지배적 이데올로기는 본질상 기계적이다. 이러한 이데올로기의 호소력은 대개 인공적인 천국에 관한 유토피아적 관점에 있다(3장 참조). 세계와 인간은 기계이므로 충분히 이해할 수 있고 조작이 가능하다고 보는 것이다. 고통을 유발하는 일부 장애들은 기계적으로 '수리'할 수 있다. 장기적으로는 죽음마저도 없앨 수 있다. 더군다나 이 모든 것이 실현되는 과정에서 인간은 자신의 불행에 자기가 어떤 역할을 했는지 반성할 필요도 없고, 도덕적이고 윤리적인 존재로서 자신에게 물음을 던지지도 않는다. 단기적으로 이러한 이데올로기는 삶을 수월하게 만든다. 이 편리함에 대한 대가는 먼 나중에야 치르게 될 것이다(5장 참조).

개인들을 한 방향으로 이끌어 궁극적으로 사회 전체를 조직하는 '비밀스러운' 힘은 바로 이 근본적인 수준에서 찾아야 한다. 시에르핀스키 삼각형에서 보았듯이 모든 사람이 같은 규칙을 따르면 정확히 규칙적인 패턴이 사회에 나타난다. 개인들은 자기장 주변에 흩어져 있는 쇳가루들처럼 이러한 힘의 영향력 속에 완벽한 패턴을 이루어 존재한다. 인간은 앞서 언급한 '유혹들'—합리적 이해와 통제에 대한 환상, 인간으로서 비판적으로 자문하는 것에 대한 저항, 단기적 편리함 추구 등—에 늘 무릎 꿇었다. 종교적 담론은 이 유혹들이 위험하다고 간주했지만, 기계론적 사고가 부상하면서 상황이 바뀌었다. 이후 이 유혹들은 지배적 담론에 단단히 고정되었고, 지배적 담론이 그 유혹들을 정당화하기도 했다. 이를 신봉하는 지도자들과 추종자들은 인간 정신에 잠재된 무한한 가능성에 사로잡혔다. 우리의 정신이 이 논리에 사로잡혀 그 끌어당기는 힘에 (대부분 무의식적으로) 좌우되는 한, 과잉 통제된 기술관료 사회로 전진하는 경향은 결코 피할 수 없다. 과거에 사회를 재설계하고, 새로운 제도를 만들어내며, 새로운 권위자를 가려낸 것도 바로 이 이데올로기다. 민주주의에서 전체주의적 기술관료제로의 전환—이 속에서 코로나바이러스 위기는 일종의 위대한 도약이었다—은 실제로 처음부터 기계론적 이데올로기 논리의 일부를 형성했다. 기계론적 세계에서는 기술 전문가가 자신의 우월한 기계적 지식에 근거해 최종 결정권을 행사할 수밖에 없다.

이러한 이데올로기를 토대로 만들어진 제도들은 미래 사회가 어떤 모습이어야 하며, 이상적 미래 사회는 위기 상황에 어떻게 반응해야 하는지에 대한 계획을 세웠다. 록펠러 재단Rockefeller Foundation이 내놓은 오퍼레이션 락스텝Operation Lockstep[13], 빌 앤 멜린다 게이츠 재단Bill and Melinda Gates Foundation의 이벤트 201Event 201(존스 홉킨스 재단과 록펠러 재단 협업)[14], 클라우스 슈밥 Klaus Schwab이 쓴《클라우스 슈밥의 위대한 리셋》[15] 등은 모두 그러한 노력의 예다. 많은 사람이 보기에 이러한 프로젝트와 출판물은 우리가 경험하는 사회적 발전이 애초에 계획된 것이며 음모론의 소산이라는 결정적인 증거다. 팬데믹이 발생하기 훨씬 전부터 이러한 '계획들'은 팬데믹의 결과로 사회가 봉쇄에 들어가고, 생물학적 통행권이 도입되며, 피하 센서로 사람들을 추적하게 된다는 등을 기술했었다.

음모의 정의—비밀스럽고, 계획되었으며, 의도적이고 악의적인 기획—를 염두에 둔다면, 두 가지를 즉시 알아차리게 된다.

우선, 위에 언급한 모든 '계획'은 인터넷에 널리 공개되어 있으니 비밀이랄 것이 별로 없다. 그리고 이러한 계획들이 특정한 의도를 담은 지시를 통해 전문가들의 담론과 행동에 지침을 주는지는 의심스럽다. 전문가들의 의사소통은 모순과 비일관성, 철회와 바로잡음, 서툰 표현과 명백한 오류로 넘쳐난다. 이는 사전에 조직된 계획을 능률적으로 실행하는 것과는 전혀 다르다. 그들이 음모론자들이라면 가장 형편없는 음모론자들이다. 분명 심리전도 혼란과 헷갈리는 메시지를 활용한다. 그러나 이것만으로는 누가 보기에도 불편한 얼굴로 하루아침에 자신의 실수를 바로잡으려 애쓰는 전문가들의 행동을 설명하지 못한다.

전문가들의 담론에서 유일하게 일관된 것은 그들의 판단이 항상 기술적이고 생의학적으로 더 통제된 사회, 다시 말해 기계론적 이데올로기의 실현을 지향하는 쪽으로 움직인다는 것이다. 이런 점에서 볼 때, 학계의 재현 위기에서 드러났던 것과 같은 문제가 코로나바이러스 위기에서도 발견된다. 각종 오류와 엉성함, 강요된 결론 속에서 연구자들이 자신의 이데올로기적 원리를 무의식적으로 확증한다는 것이다(이른바 **충성 효과**allegiance effect, 4장 참조).

권력을 행사하는 전체 과정—예, 세상을 이데올로기적 신념에 맞게 조성하는 것—에서 대개는 비밀 계획과 합의를 만들 필요가 거의 없다. 놈 촘스키Noam Chomsky가 논했듯이 누군가에게 할 일을 지시해야 한다면 사람을 잘못 고른 것이다.[16] 달리 말해 지배적 이데올로기는 최종적으로 요직에 있게 될 사람을 골라

낸다. 몇몇 예외를 제외하면 이 이데올로기를 공유하지 않는 사람이 그 사회에서 성공할 가능성은 별로 없다. 결과적으로 권력의 자리에 오른 모든 사람은 자동적으로 같은 규칙에 따라 생각하고 행동하며 같은 '끌개attractor'(복잡한 동역학 이론에 사용되는 전문 용어)의 영향을 받는다. 또한 그들은 똑같은 논리적 오류, 똑같은 어이없는 행동에 빠지는데, 이는 그들 모두가 서로의 영향을 받지 않고, 또는 적어도 비밀회의에서 함께 모일 필요 없이 똑같이 왜곡된 논리를 따르기 때문이다. 이는 똑같이 잘못된 소프트웨어에 따라 운영되는 컴퓨터에 비교할 수 있다. 그들의 '행동'과 '생각'은 서로 '의사소통하지' 않은 채 똑같은 방향으로 일탈한다. 이와 정확히 같은 원리를 시에르핀스키 삼각형이 우리에게 보여준다. 눈이 휘둥그레질 정도로 정확하고 규칙적인 패턴들이 나타나는 것은, 개인들이 동일한 끌개에 이끌려 하나의 간단한 규칙을 각자 따르기 때문이다. 궁극적인 주인은 엘리트층이 아니라 이데올로기다.

미래에 대한 그러한 계획과 비전들은 사람들에게 그다지 '강요'되지 않는다. 여러 면에서 대중의 지도자들—이른바 엘리트 층—은 사람들이 원하는 것을 가져다준다. 두려움에 찬 사람들이 갈망하는 것은 더욱 통제된 사회다. 예를 들어 많은 사람에게 봉쇄는 견딜 수 없는 무의미한 노동 생활의 루틴에서 해방되는 것을 의미했고, 분열된 사회는 공동의 적을 필요로 했다. 음모론적 논리가 즐겨 제안하듯이 '계획'이 사건 전개보다 선행하는 일은 없다. 오히려 계획들이 사건 전개를 뒤따른다. 대중을 안내하는 사람들은 실질적인 '리더'라고 할 수 없다. 리더라면 대중의 향방을 스스로 결정하기 때문이다. 이와 달리 그들은 사람들이 무엇을 갈망하는지 감지하고 그 방향에 맞춰 기회주의적으로 자신들의 계획을 조정한다. 그들은 사건의 연쇄를 통제하고 지휘한다는 자기애 속에 뒹굴고 있다. 그러나 사실상 그들은 뱃머리에 앉아 유조선이 방향을 바꿀 때마다 장난감 핸들을 돌리는 아이에 더 가깝다. 아니면 크누트 왕을 떠올릴 수도 있겠다. 그는 썰물 때 바다 앞에 서서는 파도에게 물러나라고 지시를 내렸다. 그러고는 실제로 바닷물이 빠져나가자 자부심을 느끼며 뿌듯한 미소를 지었다. 한편 일부 기관들은 여기서 한 걸음 더 나아가, 전에 방영했던 영상을 각색해 자신들이 미래를 예측할 수 있다고 제안하기도 했다(일례로 디지-코스모스Digi-kosmos 영상은 마치 코로나바이러스 위기의 전개 양상을 정확히 예측한 양 각색되었다[17]). 아이러니하게도 음모론적 사고는 지도자들을 진지하게 여기고, 그들이 진짜 배를 조종한다든가 파도가 물러나게 한다고 믿음으로써 지도자의 자기애를 확증한다.

실행되는 계획의 방향성을 가리키는 듯한 다른 예들은 무수히 많다. 일례로 팬데믹pandemic의 정의는 코로나바이러스 직전에 조정되었고, **집단 면역**herd immunity은 코로나 위기 동안 정의가 바뀌어 오직 백신만 달성할 수 있는 것을 의미했다. WHO가 집계 방식을 바꾼 뒤로 코로나19 사망자 수는 독감 사망자 수보다 높게 나왔다. 백신의 부작용을 등록하는 방식은 심각한 과소평가로 이어질 수밖에 없었다(예를 들어 예방접종 후 첫 2주간 발현된 부작용은 백신과 관계되지 않는 것으로 분류했다). 코로나바이러스 위기가 시작된 시점에서 모든 정치적 요직을 차지했던 사람들은 기술관료제를 옹호하는 정치인들(세계경제포럼의 '차세대 리더Young Global Leaders'라고 불리는 사람들)이었다. 이 밖에도 많은 예가 있다.

이 예들은 음모가 실행되는 증거를 보여주기보다는 하나의 이데올로기가 사회를 어떻게 사로잡는지를 보여준다. 예를 들어 대기업과 정부 기관들이 대대적인 개편을 이행하는 거의 모든 경우에 유사한 일들이 일어난다. 분명 기업이나 기관을 개편할 뜻이 있고 이를 실행할 위치에 있는 사람이라면 누구나 자신이 구상한 개편 목적에 맞게 곳곳의 규칙을 조정하려고 할 것이다. 더불어 최선을 다해 적합한 사람들을 적합한 위치에 사전에 배치하고 각종 공식적, 비공식적 영향력을 발휘해 그들의 정신을 개편과 재구조화에 맞게 일치시킬 것이다. 기업이나 기관에 소속되어 이를 가까이에서 경험한 사람 중에 이를 음모라고 여길 사람은 없을 것이다. 심지어 우리는 모든 생물학적 유기체가 이와 같은 방식으로 움직인다고도 말할 수 있다. 유기체는 자신이 원하는 방향에 따라 환경을 조정하려고 노력하니 말이다.

그러나 어느 시점이 되면 위에서 말한 관행들이 음모의 구조를 띠는 무언가로 바뀔 수도 있다. 실제로 대형 기관들은 자신들의 이상을 사회에 강요하기 위해 온갖 의심스러운 전략을 활용한다. 최근 수 세기 동안 이에 사용되는 수단들이 급증했다. 세상의 온갖 기계화, 산업화, '기술화', '미디어화'는 실제로 권력의 집중화를 초래했으며, 제정신인 사람이라면 이러한 권력이 윤리적, 도덕적 인식이 전혀 없이 가차 없는 방식으로 추구된다는 것을 인정할 수밖에 없다. 이는 문서로도 잘 기록되어 있다. 정부에서든, 담배업계에서든, 제약업계의 로비에서든 뇌물 수수, 조작, 사기가 존재한다. 이러한 관행에 동조하지 않는 사람이 정상의 자리를 지킬 수는 없다.

자신들의 이상을 사회에 강요하고자 시도하는 기관 및 사람들은 실제로 윤리적 경계를 넘어선다. 그리고 그 정도가 심해지면 그들의 전략은 실제로 전면적인 음모, 즉 비밀스럽고 의도적이며 계획적이고 악의적인 프로젝트로 바뀔 수도 있다. 전체주의 과정이 계속되면서 전체주의 정권이 점점 더 전면적인 '비밀 사회'로 조직된다는 것 또한 잘 알려져 있다.[18] 예를 들어 우리는 가해자와 피해자 모두의 눈을 멀게 해 그들을 끔찍한 역동으로 몰고 간 대중 형성의 놀랄 만한 과정 속에 홀로코스트가 나타났다는 것을 보았다(7장 참조). 그러나 어느 수준에서는 모든 불순분자의 불임 조치 및 제거를 통해 인종적 순수성을 최적화하려는 체계적 의도가 담긴 계획도 있었다. 대략 다섯 명이 홀로코스트의 전체 파괴 장비를 빈틈없이 체계적으로 준비했고, 그들은 시스템의 나머지 부분이 오랫동안 맹목적으로 자신들에게 협조하도록 관리했다. 그리고 실제로 벌어지는 사태—즉 강제 수용소는 사실상 죽음의 수용소였다는 사실—를 알아차린 사람들은 … 음모자라는 비난을 받았다.[19]

이러한 계획의 준비와 실행이 전체주의 정권만의 특혜인 것은 결코 아니다. 20세기 내내 유전적으로 '열등'한 소인을 가졌다고 간주된 수많은 남성과 여성이 우생학의 교리 아래 비밀리에 불임 조치의 대상이 되었다. 1972년, **우생학**eugenics이라는 용어는 지나치게 부정적인 의미를 내포하는 까닭에 **사회생물학**social biology이라는 용어로 대체되었지만, 그 관행은 그대로 남아 21세기까지 지속되었다(예, 사전 동의를 구하지 않고 캘리포니아 수감자들에게 행한 불임 조치).[20] 최근 이러한 관행이 멈췄다고 믿을 만한 합당한 이유가 있을까?

지금의 사회적 풍토 속에서는 이러한 권력 행사의 퇴락을 노출할 자유가 거의 허용되지 않는데 이는 매우 위험한 상황이다. 이는 대중의 부상이 불러오는 해로운 영향이 분명하다. 반대 의견에 대한 비관용성이 너무 지나친 나머지 각종 기관, 기업 등의 위험한 영향을 분석한 견해에는 전부 '음모 이론'이라는 꼬리표가 붙는다. **무지를 향한 열정**La passion de l'ignorance이 전례 없이 번성하고 있다. 그리고 역설적으로 열광적인 음모론적 사고가 이 문제에 기여하고 있다. 맥락을 고려해야 할 미묘한 분석들이 음모론적 사고로 인해 시야에 잘 들어오지 않을뿐더러 더 쉽게 낙인에 찍히기 때문이다. 그러한 분석들은 같은 붓칠로 더럽혀지고 공범이라는 누명을 쓴다.

이렇게 되면 악의적 조작의 존재와 정도를 모든 사람이 판단하기가 어려워진다. 따라서 그것은 완전히 무시되거나 사방에 존재한다고 여겨진다. 이 두 가지 상반된 관점의 호소력은 항상 정서적-충동적 수준에서 찾을 수 있다. 둘 다 진리를 알고자 하는 진지하고 진중한 지적 열정을 방해한다. 결국 이러한 힘을 요령껏 회피하고 더욱 맥락을 고려하면서 미묘한 평가를 실행할 줄 아는 사람은 소수에 그칠 때가 많다.

그 결과 사회는 양극화되어 두 가지 진영으로 나뉜다. 큰 집단(군중)은 주류 매체에 등장하는 것이라면 얼마나 터무니없든지 간에 무조건 믿는다. 반면에 또 다른 집단은 같은 이야기를 완전히 불신한다. 에드거 존 루빈Edgar John Rubin의 유명한 그림(그림 8.2 참조)에서 관찰자는 꽃병과 두 얼굴 중 하나만 보고 절대로 둘을 동시에 볼 수 없듯이, 이 두 집단은 사회적 전개에서 서로 다른 현실과 형태만을 인식할 뿐, 상대 집단이 완전히 다른 그림을 보리라고는 상상하지 못한다.

이 두 집단이 폭력적으로 대결할 위험 요소는 분명 존재한다. 음모론석 사고 자체도 하나의 대중 현상을 출현시킬 수 있다. 잘 알려진 중세의 마녀사냥으로 인해 일부 도시와 마을에 살아 있는 여성이 거의 없었던 사례도 그러한 현상의 예다. 시온 장로 의정서 역시 중동과 나치 독일에서 반유대주의적 대중이 출현하는 데 중요한 역할을 했다. 나치의 선전은 여러 면에서 이 의정서를 흉내 냈고, 하인리히 힘러 Heinrich Himmler와 아돌프 히틀러는 이를 외울 정도였다.[21] 나치는 모든 고통의

그림 8.2

원인을 편협하게도 소수의 유대인 엘리트에 귀속시키는 쪽을 채택했다. 이 인과적 추론은 그 자체로도 기괴했지만, 터무니없는 성격을 지닌 대중은 결국 유대인 엘리트층이 아닌 수백만 명의 평범한 유대인을 희생시켰다.

이렇듯 음모론적 사고는 대중 형성에 대한 하나의 반응이자 해석일 수도 있고, 대중 형성 자체를 불러일으킬 수도 있다. 그러나 지금의 음모론적 내러티브가 대규모 대중 형성을 초래하리라 기대되지는 않는다. 1951년에 아렌트 역시 미래의 대중은 따분하고, 관료적이며, 기술 전문적 속성을 띨 것이라고 내다봤다.[22] 오늘날 큐어넌QAnon과 같은 일부 음모론들은 소규모 대중 형성으로 이어지며 이 같은 대중 형성은 미 의회 습격에서도 어느 정도 목격되었다. 이렇게 소규모 군중이 대규모 군중과 얼굴을 마주할 수도 있다. 그러나 물리적 대면에서는 규모가 작은 군중이 실패한다. 이 과정에서 군중은 자신의 맹목성을 스스로 입증하며, 무엇보다도 대중 형성에 내재된 자기 파괴성을 여실히 보여준다. 대중을 가라앉히고 싶다면 주로 심리적 수단을 활용해야 한다(본 장 후반부에서 논의된다). 이와 달리 물리적 폭력은 대중을 자극해 그들이 자신의 의로움, 그리고 소수를 박해하고 파괴할 그들의 신성한 의무를 더욱 열광적으로 확신하도록 자극할 가능성이 크다.

이런 까닭에 음모론적 사고는 윤리적, 실천적 차원과 더불어 지적 수준에서도 주의 깊게 다뤄야 한다. 이는 종종 대중 형성 현상에 관한 설명으로 제시되지만, 대개는 미묘한 맥락을 고려한 현실관에서 점점 더 멀어지고, 심리적 수준에서는 단순한 풍자적 견해로 빠질 때가 많은 이론으로 치우치곤 한다. 아렌트는 대중 형성과 전체주의가 어느 정도까지 음모로 거슬러 올라갈 수 있는가 하는 질문에 다음과 같이 온건하고 전반적으로 합리적인 해답을 제시했다. 대다수 사회적 격변에는 특정한 음모 차원이 존재하지만—권력을 가진 자들은 은밀히 일을 기획하는 것 외에 선택의 여지가 거의 없을 수도 있다—이는 쉽게 과대평가 된다. 만약 보이지 않는 곳에서 통치하는 주체가 있다면 그것은 비밀 사회가 아닌 이데올로기일 것이다. 조종하고 조직하는 실체가 있긴 하다. 하지만 이는 계획되고 조정된 방식으로 세계를 관리하는 음모의 엘리트로 구성된 것이 아니라 전형적인 사고방식, 즉 이데올로기로 구성된다. 찰스 아이젠스타인 Charles Eisenstein은 음모론 차원의 일방적 해석을 거부하며 다음과 같이 말했다. "실상 사건들은 점점 더 많은 통제가 이루어지는 방향으로 조직되는데, 그 조직하는 힘 자체가 시대정신, 이데올로기 … 그리고 신화다(음모는 아니다)."[23] 이러한 고찰은 결코 사회적 역동의 원인을 단일한 지점에 귀속시키지 않는다. 그러한 역동을 일으키는 데는 사회 전체가 이런저런 방식으로 작용하며, 모든 사람이 일정한 책임을 지고 있다. 따라서 이렇게 미묘한 진술은 확실성에 목말라하면서 한 명의 주범을 가려내 분노와 좌절감을 분출하려는 사람들에게는 불만족스러울 때가 많다.

앞의 세 장에서는 대중 형성과 전체주의를 이론 차원에서 논의했다. 이 시점에서 다음과 같은 질문을 제기해보는 것이 좋겠다. 이 이론을 가지고 실제 상황에서 무언가를 해볼 수도 있을까? 우리의 분석은 대체로 위 현상의 복잡성을 강조했고, 대규모 음모론의 측면에서 이를 설명한다는 것은 더 이상 도움이 되지 않는다. 따라서 무엇보다도 이 문제는 악한 엘리트를 폭력적으로 제거한다고 해서 해결되지는 않는다고 결론 내려야 한다. 전체주의 문제의 본질은 어마어마한 대중 역동에 놓여 있다. 즉 전체주의 지도자들을 제거하는 것은 아무런 소용이 없을 것이란 뜻이다. 그들은 완벽하게 대체될 수 있다. 아렌트는 이를 다음과 같이 논했다.

> 전체주의 지도자는 사실상 그가 지도하는 대중의 대변인에 지나지 않는다. 그는 자신의 신하들에게 전제적이고 자의적인 의지를 행사하는 권력에 굶주린 개인이 아니다. 그는 단순한 대표로서 언제든지 대체될 수 있다. 그리고 그는 대중이 그에게 의존하는 만큼 자신이 구현하는 대중의 '의지'에 의존한다.[24]

지도자는 말하자면 대중 운동 피라미드의 정점에 있을 뿐, 그가 제거되면 시스템이 동요하지 않고도 대체할 사람이 생긴다.

물론 대중 형성과 전체주의에 대한 반응으로 행사하는 폭력은 전체주의 체제 외부의 적들이 수행할 때 효과적—예, 연합군과 나치 독일과의 전쟁—이지만, 이는 내부 저항을 거의 일으키지 않고 대개는 역효과를 낸다. 상대가 폭력을 사용할 때, 이를 본 군중은 이미 쌓여 있던 어마어마한 좌절과 공격성을 적으로 보이는 이들(새로운 연대에 동조하지 않는 사람들)에게 발산할 정당성을 찾고 이를 '감옥 탈출' 카드라고 생각할 뿐이다.

아렌트는 이와 반대로 비폭력 저항이 전체주의에 맞서 놀라운 성공을 안겨준다고 지적했다.[25] 그는 역사적 관찰을 근거로 이러한 결론에 도달하게 되었다. 예를 들어 나치가 강요하려던 반유대주의적 조치에 참여하기를 단호히 거부한 덴마크 정부와 덴마크인들의 태도는 효과적이었다. 하지만 이에 관해 아렌트가 제시한 심리적 차원의 설명은 없다. 우리는 지금까지 제시한 심리적 설명을 바탕으로 어느 정도 설명을 시도할 수 있다. 더불어 '비폭력 저항'이 과연 무엇을 의미하는지도 좀 더 정확하게 설명할 수 있다.

대중과 그들의 지도자는 이데올로기의 색이 입혀진 내러티브에 사로잡혀 있고, 대중은 최면에 걸려 있으며, 지도자는 일종의 자기-최면에 놓여 있다. 양쪽 모두 이를테면 하나의 **목소리**에 사로잡혀 있는 것이다(6장에서 설명한 세뇌와 대중 매체 선전의 중요성 참조). 일종의 최면으로 대중 형성은 개인들이 하나의 목소리— 군중을 이끄는 지도자의 목소리—가 전하는 공명에 사로잡힌 현상을 말한다. 그러나 모든 사람이 이 과정에 굴복하는 것은 아니다. 6장에서 대중이 부상할 때 형성되는 세 그룹을 다음과 같이 구분했다. 하나는 대중 자체로서 주어진 이야기에 진심으로 동조하고 '최면에 걸린' 집단이다(대개 약 30퍼센트를 차지한다). 두 번째 그룹은 최면에 걸리지는 않았으나 반대하고 나서지는 않기로 한 사람들이다(대개 약 40퍼센트에서 60퍼센트가 해당한다). 마지막 그룹은 최면에 걸리지 않았으며 적극적으로 대중에 저항하는 사람들이다(약 10~30퍼센트를 이룬다).

이 세 번째 그룹 구성원에게 필요한 가장 중요한 지침은 자신들의 목소리를 표현하고, 지배적이고 최면적인 목소리의 공명이 절대적인 것이 되지 않도록 최대한 진실한 방식으로 노력하라는 것이다. 이를 실천할 방법은 전체주의 과정 곳곳에서 다르게 나타나지만(다른 의견은 점점 더 심하게 검열되고 대중 매체와 공공영역에서 금지되기 때문이다), 기회는 항상 존재한다. 색다른 목소리가 제시하는 주장은 다른 두 그룹에 효과를 발휘한다. 19세기에 귀스타브 르봉이 설명했듯이, 상반되는 목소리들(예, 세 번째 그룹의 목소리)은 대체로 첫 번째 그룹의 집단을 깨뜨리는 데 성공하지 못할 때가 많지만, 최면의 깊이를 축소시키고 대중이 만행을 저지르지 않도록 방지해준다. 또한 지도자들은 상반되는 목소리들에 민감하다는 것이 입증되었다. 앞 장에서 덴마크와 불가리아에 배치된 나치 지도자들이 '깨어났다'는 사실을 말한 바 있다. 자기 목소리를 주장하는 것은 대개 가장 차분하고 존중 어린 방식으로 이루어져야 한다. 침투적인 방식은 금물이다. 또한 자신의 주장이 불러일으킬 수 있는 염증과 분노에 늘 민감하게 주의하되 결단력과 끈기를 지녀야 한다. 다른 의견을 내는 목소리는 전형적으로 거절을 유발하고 어떤 상황에서는 공격성도 자극한다. 그러나 대중 역시 스스로 희생양이 되지 않으려면 이런 의견이 필요하다는 사실을 인식하는 것이 유용하다. 7장에서는 이를 다음과 같이 설명했다. 반대파가 침묵하면 전체주의 체제는 자신의 자식들을 집어삼키는 괴물이 된다고 말이다. 이런 점에서 볼 때, 어느 편을 고려하든 침묵이 가장 안전한 선택지라는 생각은 착각이다.

다른 목소리는 대중에 동조하나 최면에 걸리지는 않은 두 번째 그룹에도 영향을 미친다. 첫 번째 그룹과 대조적으로 이 그룹은 합리적 주장을 나타내는 의견에 반응을 보인다. 그러므로 다른 의견을 내는 목소리가 전체주의 내러티브의 세뇌와 선전을 가장 명확하고 구체적인 방식으로 분석하고 반박하는 것이 중요하다. 어떤 면에서 이는 어려운 일이 아니다. 전체주의 담론, 특히 수치와 통계자료를 과용하는 전형적인 특징은 명백하게 터무니없는 경우가 대부분이니 말이다. 그러므로 반대파는 자신의 목적에 활용할 만한 (제한된) 채널을 통해 반복적이고 끈질기게 외형의 그물을 뚫고, 허구 이미지가 만들어지는 방식을 최대한 드러내는 것이 중요하다. 한편, 대중 형성 과정을 전복하고 이전의 지배적인 상태('정상적인 옛 상태')로 복귀하는 것을 반론의 목적으로 삼아서는 안 된다. 바로 그 환경―6장에서 설명(대중 형성의 네 가지 심리적 조건)한 심리적 우려와 고통이 심각했던 상황―에서 대중 형성이 부상했기 때문이다. 이런 상태로 돌아가야 한다고 사람들을 설득하려는 것은 매우 불합리하므로 오히려 반대 효과를 자극할 것이다. 그러면 대중 형성에 사로잡힌 사람들은 더 완고하게 자신들의 내러티브를 고수할 것이다. 일반적으로 반론은 주제와 사안별로 전문성을 갖춘 실무그룹으로

꾸린 특별한 구조에 따라 질서 있고 조직된 방식으로 수립해야 한다. 그러한 조직을 갖추는 것 자체가 전체주의의 가장 치명적인 영향 중 하나인 모든 사회적 유대와 구조를 파괴하는 일에 대한 해독제를 제공한다.

마지막으로 세 번째 그룹은 자신을 변호한다. 정도의 차이는 있겠으나 대개 이 그룹은 대중이 좌절과 공격성을 분출하는 대상이 된다(6장 참조). 이들은 전형적으로 비인간적인 대우를 받으며 열등한 인간성을 지닌 피조물이라고 제시된다. 만약 이 그룹이 자기 목소리를 주장하기를 멈춘다면 스스로 그 낙인을 확증하는 것이다. 발언과 합리적 추론이야말로 동물과 구별되는 인간의 특징이다. 따라서 공개적인 발언을 멈추는 것은 비인간화로 가는 길이다. 이 사실만으로도 최대한 차분하고 지혜롭게 공공연한 발언을 지속하는 것이 왜 중요한지 잘 알 수 있다. 그러나 이렇게 해야 하는 또 다른 중요한 이유가 있다. 발언은 의미와 존재의 경험으로 이어진다. 적어도 발언하는 사람이 최대한 정직하고 진실하게 자신의 주관적 진실을 표현하려고 노력한다면 말이다. 다른 의견을 제시하는 발언이 꼭 책략과 수사를 갖출 필요는 없지만, 진실성과 정직성은 반드시 담고 있어야 한다(7장 참조). 공공연한 발언이 타자들에게 효력을 발휘하지 않을지라도, 발언자 자신에게는 무언가 분명한 효과를 끼친다. 결국 이러한 진실 말하기 행위가 전체주의의 부조리함을 의미 있게 드러내게 된다. 집단적인 광기에 휩쓸리지 않고 조용하고 진실하게 자신의 반대 의견을 주장하는 사람들은 이런 행위를 통해 끊임없이 인간성이 고양된다. 수용소군도에서 보낸 8년 동안 공공연한 발언과 저술이 자신에게 어떤 효과를 끼쳤는지 설명한 솔제니친의 통렬한 증언을 읽어보라.[26]

무엇보다도 중요한 과제는 공공연한 발언을 지속하는 것이다. 모든 것의 사활이 이 행위에 달려 있다. 이는 모든 이해 당사자의 이익에 부합한다. 공공연한 발언 행위가 일어나는 구체적인 방식—책, 출간물이나 인터뷰, 카메라 앞, 상점 앞, 식탁, 제한된 또는 대규모의 사람들과 모이는 자리—은 그리 중요치 않다. 모든 사람이 나름의 방식으로 진실에 관해 공공연히 발언할 때 전체주의라는 병을 치료하는 데 이바지할 수 있다. 엄청난 수의 사람이 통일성을 갖춰 공공연히 발언해야만 의미 있는 사회적 그룹을 형성하는 것은 아니다. 대개 대중(전체 인구 중 전체화된 사람들)은 고작 30퍼센트를 차지한다는 사실을 기억하라. 그 외 40~50퍼센트가 순순히 대중에 따르는 것은 대중이 전염성 있는 최대 집단으로서 가장 큰 목소리를 내기 때문이다. 두 번째 그룹에게는 이것이 가장 설득력 있게 작용한다. 그러나 대중의 담론에 담긴 부조리함 역시 대중 자신에게 손해를 끼치는 데 작용한다. 만약 남아 있는 10~20퍼센트가 (그들 스스로가 또 다른 군중이 되지 않고!) 반대 그룹을 형성해 합리적인 방식으로 대안적인 목소리를 낼 수 있다면, 이 그룹은 대중 형성을 원래 상태로 풀어버리거나, 적어도 대중 형성의 손아귀로부터 사회를 놓아줄 수는 있을 것이다. 또한 비동조적인 그룹은 대중(그리고 전체주의 체제)이 본질상 자기 파괴적이며 장기적으로는 항상 스스로를 파괴한다는 것(7장 참조)을 늘 염두에 두어야 한다. 전체주의 체제는 반드시 극복해야 할 대상이기보다 그것이 자멸할 때까지 버텨내야 할 대상에 가깝다.

대중 형성을 돌파하는 더 전략적인 선택지를 생각해볼 수도 있다. 바로 불안의 대상을 다른 데로 옮기는 것이다. 대중 형성은 이유 없는, 정체 모를 불안이 특정 대상에 부착될 때 일어난다(6장 참조). 만약 더 심한 불안을 주입하는 새로운 대상이 제시된다면 이 연결성을 풀 수 있다. 예를 들어 전체주의 정권 자체를 불안의 대상으로 제시하는(이에 따라 전체주의가 초래하는 잔혹한 결과를 환기시키는) 대안적 내러티브를 전파하려고 시도해볼 수 있다. 이와 더불어 새로운 불안 대상에 대처하는 전략도 함께 제시한다면 더 확고하게 개인의 불안을 다른 방향으로 전환시킬 수 있다. 이러한 전략이 적절히 적용될 경우, 이는 올바른 근거를 바탕으로 실질적인 위험을 경고하는 메시지로 들릴 것이다. 그러나 이를 주된 전략으로 삼아 불안을 주입하는 데 모든 초점을 기울인다면 윤리적 경계를 넘어 비인간화 과정으로 휘말리게 된다. 결국 이는 전형적인 대중 형성과 전혀 다를 것이 없다.

지금까지 대중 형성의 심리적 기제를 방어하는 몇 가지 지침을 제시했다. 물론 이 지침들 자체는 피상적일 뿐이다. (이 책 1~5장에서 논의했듯이) 대중과 전체주의의 부상은 결국 기계론적 사고에 근거한다. 따라서 실질적인 사회문화적 해결책을 도출하려면 궁극적으로 기계론적 이데올로기를 넘어서야 한다. 9~11장에서는 기계론적 이데올로기 속에 세계와 인류에 관한 또 다른 비전을 제시할 일말의 계기가 담겨 있는지 살펴보려고 한다.

BEYOND

THE MECHANISTIC

WORLDVIEW

3

기계론적
세계관을
넘어

9

죽어 있는 우주 대 살아 있는 우주

The Dead versus
the Living Universe

이 책에서는 대략 다음과 같은 인과적 추론을 제시했다. 기계론적 이데올로기는 점점 더 많은 개인을 사회적 고립 상태에 놓이게 함으로써, 그들이 잠재적인 좌절과 공격성뿐만 아니라 의미 상실과 이유 없는 불안 및 우려 속에 동요하게 만들었다. 이러한 조건들은 장기간 지속하는 대규모 대중 형성을 불러일으켰고, 대중 형성은 전체주의 국가 체계의 출현으로 이어졌다.

그러므로 대중 형성과 전체주의는 사실상 기계론적 이데올로기의 **증상**이다. 각각의 물리적 또는 심리적 증상과 마찬가지로 이러한 사회적 증상도 근본적인 문제를 신호한다. 이 경우,

인구의 상당수가 사회적 고립을 느끼며 불안과 무의미성을 강렬하게 경험하면서 고통을 느끼는 것이 그 문제다. 또한 각각의 증상이 그렇듯 사회적 증상들도 질병 이득을 발생시킨다. 이를테면 사회적 고립과 공포라는 경험을 연결성이라는 착각으로 변형시키는 것이다. 그리고 다른 증상처럼 사회적 증상들도 이러한 질병 이득을 발생시키면서 근본적인 문제 자체는 해결하지 못한다.

따라서 우리가 분석해야 할 것은 근본 문제, 즉 증상의 원인인 기계론적 이데올로기다. 사회는 기본적으로 관념idea에 둘러싸여 있다. 우리가 하나의 사회로서 목표로 삼아야 할 가장 근본적인 변화는 실제적 차원의 변화가 아니라 의식상의 변화다. 이 책 1부에서는 기계론적 이데올로기가 유발하는 심리적 문제들을 살펴보았다. 3부에서는 이 이데올로기를 어떻게 능가할 수 있는지를 살펴보려고 한다. 본 장에서는 기계론적 이데올로기의 핵심적인 특징 중 하나를 들여다볼 것이다. 기계론적 이데올로기는 우주를 논리적으로 파악할 수 있고, 예측과 통제가 가능하며, 방향성이 없는 기계적 과정이라고 본다. 무엇보다도 이 이데올로기가 바라보는 우주는 죽어 있으며 의미 없이 주어진 것으로서, 죽어 있는 소립자들이 서로 맹목적이고 기계적으로 상호작용한다. 세상과 사물을 대하는 이러한 관점은 스스로를 과학적으로 타당한 유일한 관점이라고 제시하지만, 이를 철저히 조사해보면 과학적 관점에서도 이러한 세계관이 사실상 시대에 뒤처진 것임을 알게 된다.

사실 기계론적 세계관은 인간만큼이나 오래되었고, 적어도 보통 서구 문명 초기로 간주되는 때부터 이미 존재했다. 고대 그리스 시기인 서기전 약 400년경, 이미 그때부터 레우키포스Leucippus와 데모크리토스Democritus 등의 원자론자들은 우주 전체가 본질적으로 기계적으로 상호작용하는 물질 입자들의 집합이라는 관념을 옹호했다. 이 입자들은 이미 그때부터 원자atom라고 불렸는데 이는 '나눌 수 없는'이라는 뜻이며, 더 문자 그대로 말하면 '얇게 벨 수 없는(아토모스atomos)'이라는 뜻이다.

그러나 기계론적 사고가 지배적으로 성장해 서구 문명의 유일한 거대 서사로 남게 된 것은 계몽주의가 등장한 이후였다. 1장에서 논의했듯이 이 이데올로기는 심지어 일종의 창조 신화까지 갖추었다. 모든 것은 우주 기계를 작동시키는 빅뱅으로부터 시작했고, 일련의 기계적 효과에 따라 최초로 무기無機·inorganic 요소들이 생성되고 뒤이어 생명체들도 나타났다는 것이다. 이 추론에서 세계는 죽어 있는 기계적 과정으로, 소립자들의 끝없는 충돌에 따라 나타나는 거대한 연쇄 반응이다. 여기에는 목적이나 방향성이 전혀 없으며, 이 과정 어디쯤에선가 임의로 생명체와 인류가 만들어졌다.

이 전체 과정은 엄밀하게 예측할 수 있다고 여겨진다. 이를 가장 직접적으로 표현한 것은 프랑스 수학자 피에르 라플라스Pierre-Simon Laplace의 다음의 말일 것이다.

우리는 우주의 현재 상태가 그 이전 상태의 결과이며, 앞으로 있을 상태의 원인이라고 생각해야 한다. 자연이 움직이는 모든 힘과 자연을 이루는 존재들의 각 상황을 한순간에 파악할 수 있는 지적인 존재가 있다고 가정해 보자. [⋯] 그렇다면 그는 우주에서 가장 큰 것의 운동과 가장 가벼운 원자의 운동을 하나의 식 속에 나타낼 수 있을 것이다. 불확실한 것은 아무것도 없을 것이며 과거와 마찬가지로 미래가 그의 눈앞에 나타날 것이다.[1]

대다수 철학자는 이러한 세계관이 순진하다고 보았다. 일례로 버트런드 러셀Bertrand Russell은 그의 '러셀의 역설'을 통해, 아무리 뛰어난 계산 능력을 지녔다고 해도 완전한 지식을 가진 존재란 절대 있을 수 없다고 주장했다.[2] 그러한 존재라면 자신에 관한 완전한 지식, 그리고 자신에 관한 완전한 지식을 소유한 존재인 자신에 대한 완전한 지식도 가져야 하며 이 과정은 무한히 전개된다. 20세기 들어 베르너 하이젠베르크Werner Heisenberg도 이를 다음과 같이 구체적으로 입증했다. 확실성 측면에서 소립자를 논할 수는 없다. 이들의 위치를 시간 차원에서 정확하게 결정할수록 공간 차원에서 그들의 위치는 더욱 불확실해진다. "우주는 우리의 생각보다 이상할 뿐만 아니라, 우리가 생각할 수 있는 것보다 더 이상하다." (하이젠베르크의 불확정성 원리 참조)[3]

우주를 구성하는 이 기본 요소들—원자들—은 이전에 생각했던 것보다 복잡하고 난해해 보였다. 연구자들이 원자를 더 자세히 연구하면 할수록 원자들은 그들의 손가락 사이로 더 잘 빠져나갔다. 20세기 물리학은 원자들이 고대 그리스인들이 상상했던 크고 작은 구(체)가 아니라 소용돌이치는 에너지 시스템이며, 고체보다는 진동 패턴이라는 것을 보여주었다. 그렇다. 최종 분석에서 원자들은 심지어 전혀 물질적인 현상이 아니라 의식의 질서에 속하는 것으로 판명되기까지 했다. 20세기의 위대한 물리학자들은 원자들이 그저 연구자들의 의식에 반응하는 사고-형태 및 정신 현상이라고 믿었다(10장에서 자세히 논의된다).

물론 양자역학의 연구 결과들을 더 자세히 탐구한다면 기계론적 우주라는 관념을 더욱 상대화할 수 있다. 하지만 양자역학이 논하는 현상들은 대다수 사람이 절대 다가갈 수 없는 차원에 놓여 있다. 누가 아원자 세계를 직접 볼 수 있단 말인가? 이 지점에서 더 훌륭하고 구체적인 관점을 제시하는 과학 분야가 바로 복잡한 동역학 시스템 이론 및 카오스 이론이다. 이 이론들은 원칙상 모든 사람이 감각으로 인식할 수 있는 현상, 기계론적 비전의 한계를 기계론만큼이나 확실하게 보여주는 현상들을 다룬다.

브누아 망델브로Benoit Mandelbrot—카오스 이론의 창시자 중 한 사람이라고 여겨지는 탁월한 수학자—는 IBM에 합류했을 때, 전화회선을 통해 전송되는 컴퓨터 신호를 방해하는 잡음 문제로 고심했다.[4] 이 잡음의 원인은 습도, 회선 재료의 불규칙성, 우발적이고 헤아릴 수 없는 방식으로 신호 전송을 방해하는 작은 전자기장 교란 등 일련의 외부 요인들이었다. 우리는 이 요인들이 무작위적이며 서로 독립적으로 발생했으므로 전화회선상의 잡음에는 대체로 아무 일관성이 없으리라 추측할 뿐이다.

그러나 망델브로는 남들이 믿는 것을 곧이곧대로 믿는 사람이 아니었다. 그는 알고 보면 잡음에 어떤 패턴이 있을지도 모른다는 과감한 추측을 내렸다. 그는 "말이 되지 않는다고 존재할 수 없는 건 아니다."라고 말했다. 그리고 그의 추측은 옳았다. 그는 잡음 속에서 칸토어 먼지Cantor dust라는 잘 알려진 수학 패턴을 발견했다. 누구든지 하나의 회선을 세 부문으로 나누고 매번 중간 부문을 삭제하기를 반복하면 이 패턴을 쉽게 재생산할 수 있다.

물론 여기서 다음과 같은 중대한 질문을 던질 수 있다. 독립적으로 발생하는 일련의 우연적 요소들이 어떻게 하나의 규칙적인 패턴을 일으킬 수 있을까? 이를테면 드라이버가 케이블에 일으킨 훼손과 폭풍우가 일으킨 자기적 교란이 같은 패턴의 일부일 수 있을까? 마치 모든 우연의 일치를 없애기 위해 이 모든 우발적, 기계적 교란을 안정적이고 엄밀히 수학적으로 정렬된 장으로 끌어들인 것만 같다. 이에 대해 제임스 글릭은 이렇게 말했다. "생명은 무질서의 바다에서 질서를 끌어낸다."[5] 전화 회선상의 잡음은 스스로를 조직한 것으로 보인다. 살아 있는 유기체의 경우, 우리는 이러한 자기-조직의 속성을 정상적이라고—잘못—간주하게 되었다. 생명체는 공기로 호흡하고 음식과 음료를 섭취하는데, 이 모든 이질적 요소들이 신체에 질서 있는 패턴을 불러일으킨다. 그러나 무기 세계에서 이 현상이 모습을 드러낼 경우, 우리는 이것이 난처한 현상이며 지배적인 세계관과 반대된다고 인식한다(실제로 그렇다).

또 다른 예로 로버트 쇼Robert Shaw가 시연했던, 수도꼭지에서 떨어지는 물방울의 규칙성이 있다.[6] 이는 누구나 관찰할 만한 생활 속 사례다. 상대적으로 간단한 수학 절차만으로도 떨어지는 물방울 사이의 시간 경과에 나타나는 수학적 규칙성을 보여줄 수 있다. 이를 시각적으로 제시하면 아름다운 유기적 패턴이 생겨난다. 이 경우에도 우리는 물방울 하나가 떨어지는 순간이 한편으로는 연결되지 않은 일련의 외부 요인—물의 표면 장력, 온도, 주변 공기의 진동, 수도꼭지 테두리의 질감—의 결과라는 흥미로운 역설을 마주한다. 다른 한편, 물방울의 낙하는 엄격한 패턴을 따르는 듯하다. 서로 상관없는 이 모든 요소가 일관된 패턴을 낳는 이유를 기계론적 세계관으로는 설명하기 어렵고, 설명할 수도 없다. 분명 이 패턴은 특정한 방해—이를테면 의도적으로 손가락을 활용해 수도꼭지 입구를 막는 행위—때문에 교란될 수 있다. 그러나 이 방해가 사라지고 나면—이것이 다른 외부 요인과 어떻게 다른지 판단하기 어려운 상황이 되면—시스템은 다시 자연스러운 평형 상태를 되찾고 이전 패턴을 회복한다.

글릭은 이에 관해 다음과 같이 말했다. "카오스 동역학 연구자들은 단순한 계의 무질서한 운동 행태가 '창조' 과정으로 작용한다는 것을 발견한다. 무질서한 행태는 복잡성을 만들어냈다. 풍부하게 조직화된 패턴, 때로는 안정되고 때로는 불안정한, 때로는 유한하고 때로는 무한한, 하지만 언제나 살아 있는 생명체 같은 매력을 지닌 운동 행태를 만들어냈다."[7] 창조와 살아 있다는 속성을 유의해서 보라. 고전적인 과학 접근법은 이러한 물질의 창조와 생명의 측면을 간과했다.

위 예들과 어느 정도 맞닿아 있는 프랙털 이론(카오스 이론의 하위 이론)은 나뭇잎, 식물, 나무, 해면동물, 해조류와 같은 자연 속 형태들이 나타내는 뜻밖의 수학적 결정성을 보여주었다. 가장 잘 알려진 예는 아마 한스 마인하트Hans Meinhardt가 연구한 조개의 패턴, 망델브로의 세트, 그리고 피보나치 수열이 결정하는 나선형 모양일 것이다.[8] 피보나치 수열이란 0과 1이 처음 두 항을 이루고 이후 항들은 이전 두 항을 더한 값으로 만들어지는 수열(즉 0, 1, 1, 2, 3, 5, 8 등)을 말한다. 이 수열이 자연 어디에나 나타나는 나선형의 곡선을 결정한다. 1723년 갈릴레오가 남긴 유명한 진술, "자연이라는 책은 수학의 언어로 쓰였다."라는 말은 문자 그대로 받아들여야 할 듯하다.[9]

하나의 예를 좀 더 자세히 살펴보자. 로렌츠의 혼란스러운 물레방아는 액체와 기체의 대류 패턴 역학과 매우 유사한 운동을 만들어내는 기계 장치다(그림 9.1.). 이 기계는 MIT 교수 윌렘 말커스Willem Malkus가 수학자이자 기상학자이며 카오스 이론의 창시자 중 한 명인 에드워드 로렌츠의 연구를 보여주고자 고안한 것이었다. 기계는 바닥에 구멍이 뚫린 작은 양동이들이 회전 바퀴에 부착된 형태로 구성되어 있다. 위쪽에는 수도꼭지가 있어 가장 위쪽에 있는 양동이에 물을 떨어뜨린다. 떨어지는 물의 양이 매우 적을 경우, 양동이에 채워지는 물보다 구멍으로 빠져나가는 물의 속도가 더 빨라서 바퀴가 움직이지 않는다. 여기서

물의 유입량을 살짝 늘리면, 양동이가 채워지면서 바퀴가 때로는 이쪽으로, 다른 때는 반대쪽으로 움직이기 시작한다. 한번 바퀴의 회전 방향이 결정되면 바퀴의 움직임은 규칙적이고 예측 가능하며 물의 유입량과 직접적인 상관관계를 나타낸다. 유입량이 많을수록 회전 속도도 빨라진다.

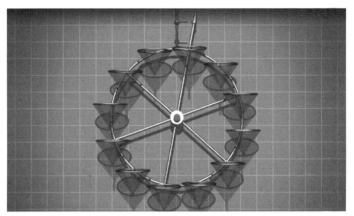

그림 9.1 로렌츠의 물레방아

그러나 유입량이 일정 한계를 초과하면 일련의 복잡한 효과가 발생해 바퀴가 변덕스럽게 움직이게 된다. 먼저 가장 위쪽에 있는 양동이가 입구까지 가득차면 바퀴가 빠른 속도로 회전한다. 그런데 바로 그 빠른 속도 때문에 다른 양동이들은 가장 위쪽을 지나가더라도 물로 가득 찰 기회가 거의 생기지 않는다. 이로 인해 바퀴는 다시 천천히 움직여 일시적으로 멈춰 선 뒤, 이때부터 다시 같은 방향으로, 때로는 반대 방향으로 회전을 지속한다. 이 과정은 무수한 변형 속에 반복된다. 바퀴는 빨리 또

는 느리게 움직이며, 때로는 비교적 오랫동안 같은 방향으로 도
는가 하면 끊임없이 방향을 바꾸기도 한다. 불규칙하게 나타나
는 혼돈기는 본질상 총체적인 것으로 나타났다. 다시 말해, (엄밀
히 생각하면) 바퀴의 움직임에서 반복되는 패턴이나 기간이 없다
는 말이다.

움직임이 얼마나 혼란스러워 보이는가와 관계없이, 놀랍게
도 이 움직임은 정확하게 결정되는 것으로 밝혀졌다. 이 움직임
은 세 개의 미지수로 구성된 세 개의 반복적인 미분 방정식으로
이루어진 수학 모델로 표현할 수 있다(실제로 이 자체는 더욱더 복잡
한 나비에-스토크스 운동 방정식의 간소화된 버전이다). 바퀴는 혼란스
럽게 움직이므로 (끊임없는) 이 방정식들의 해법은 전혀 주기성
을 보이지 않는다. 다르게 이야기해 보자면, 이 방정식들이 만
들어내는 미지수 값들의 집합에는 재현되는 패턴이 없다는 뜻
이다.

그러므로 바퀴의 동역학은 파이(π)와 같은 무리수irrational
numbers의 구조와 매우 닮았다. 파이 역시 소수점 뒤의 숫자들은
아무런 주기성을 띠지 않는다. 이러한 숫자들의 '무리적irrational'
속성을 고려할 때, 이런 수들은 일종의 **비율**로서 분수로 나타낼
수 없음을 알 수 있다. 그러나 비전문가들이 **합리적이지 않다**not
rational는 측면에서 말하는 '무리irrational·無理'란 말도 틀린 것은
아니다. 실제로 그런 수들은 합리적으로 고찰할 수 없다. 따라
서 이들은 논리적으로 질서 잡힌 합리적인 세계관에서는 교란
적이다. 히파소스Hippasus(피타고라스의 추종자)—이러한 무리수들

을 발견했다고 알려진 사람—는 이를 경험하며 손해를 자초하기도 했다. 전설에 따르면 히파소스는 피타고라스학파 동료들과 배에 타고 있었는데, 무리수와 같은 것이 존재한다는 자신의 직감을 뚜렷하게 밝혔다가 즉시 바다로 내던져졌다고 한다. 이것이 보여주는 것은 분명하다. 비율의 한계는 항상 일차적으로 **불확실성, 공포, 공격성**을 낳는다는 것이다.

혼란스러운 행동과 결정론이 결합함에 따라 물레방아는 '결정론적인 예측 불가능성'이라는 매혹적인 속성을 가지게 된다.[10] 이는 다음과 같이 설명할 수 있다. 물레방아 공식을 손에 쥐었다 해도 단 1초 뒤에 물레방아가 어떻게 움직일지는 예측할 수 없다. 이유는 간단하다. 물레방아가 미래에 어떻게 움직일지 예측할 수 있으려면 물레방아의 현재 운동 상태를 측정하고 이를 공식 안에 대입해야 한다. 그러나 바퀴의 본성상 현재 운동 상태에서 측정할 수 없을 정도로 작은 차이조차 미래 행동에 엄청난 차이를 불러올 수 있다(시스템 이론에서는 이를 가리켜 '초기 조건에 대한 민감성'이라는 특성으로 부른다.) 그러므로 바퀴는 영원히 자신의 미래를 신비 속에 감춰둔다.

로렌츠의 물레방아 이야기에서 가장 흥미로운 부분은 이것이다. 어느 시점에서 로렌츠는 세 개의 연속된 양量·quantity의 값들을 카오스 이론에서 위상공간phase space이라고도 불리는 3차원의 직교 좌표계상의 방정식들에 나타내는 것을 구상했다. 흥미롭게도 그 결과는 혼란스럽게 움직이는 시스템에서 일차적으로 기대될 만한 무작위적인 좌표들의 성운이 아니었다. 실제로 나타난 것은 엄청난 미적 속성을 갖춘 매우 규칙적인 도형이었고, 이때부터 이 도형은 일명 '로렌츠 끌개the Lorenz attractor'라고 알려지게 되었다(그림 9.2).

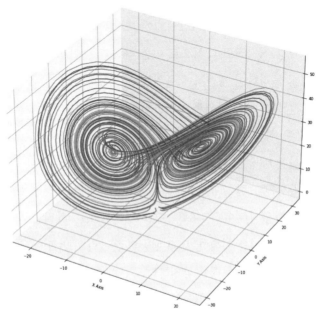

그림 9.2　로렌츠 끌개

글릭이 말했듯이, "물리계의 위상공간 그림은 본디 볼 수 없는 운동 패턴들을 보여준다. 마치 적외선 사진이 우리가 지각할 수 있는 영역 너머에 존재하는 패턴이나 세부 구조들을 보여주는 것처럼 말이다."[11] 로렌츠는 혼란스러워 보이는 행동들이라도 엄밀한(그리고 장엄한) 질서에 따라 결정되며 이를 위상공간에 시각적으로 나타낼 수 있다는 것을 처음 보여준 사람이다. 바퀴의 피상적 경험에서 나타나는 혼란 이면에는 보편적인 형태들의 미학적으로 장엄한 질서가 존재하며, 이는 여러 면에서 플라톤의 이상세계를 연상시킨다. 다른 경로이긴 하지만 양자역학역시 플라톤의 유명한 이상세계에 도달했다. 하이젠베르크는 아마 가장 직접적인 방식으로 이를 다음과 같이 표현했다. "나는 현대 물리학이 명백하게 플라톤에 찬성하기로 했다고 생각한다. 물질의 최소 단위들은 일반적인 의미에서 물체가 아니다. 그것들은 형태이자, 관념이자 …."[12]

의심할 바 없이 이는 앞서 말한 물레방아가 우리에게 가르쳐주는 가장 중요한 교훈이다. 우리는 물레방아의 특정한 행태를 예측할 수 없다(적어도 그 혼란한 위상에서는 말이다). 하지만 물레방아의 행동 원리를 이해하고, 그 행동의 혼란한 표면 뒤에 존재하는 숭고한 미학적 형태를 감지하는 것은 배울 수 있다. 그러므로 합리적인 예측 가능성이란 없지만, **직관적인 예측 가능성**은 어느 정도 존재한다. 1914년에 이미 앙리 푸앵카레Henri Poincaré는 어떤 현상을 직관적으로 이해하고 직관에 근거해 예측을 내리는 데 논리적 이해가 늘 필요한 것은 아니라고 주장했다.[13] 어떤 현상이 지니는 근본 구조—이를테면 로렌츠의 끌개—의 전역성globality은 그 현상을 매우 논리적으로 이해하지 않더라도 알아차릴 수 있다. 푸앵카레는 여기서 한 걸음 더 나갔다. 그는 현상에 관한 논리적 지식을 추구하는 것이 어느 시점에서는 가능하지만, 이는 오히려 역효과를 낼 수도 있다고 주장했다. 현상의 비합리적 측면에 직면했을 때, 합리적인 이해를 끈질기게 추구할수록 더 직접적인 수용성에 근거한 결론에 이르기는 요원해진다.

관찰자가 바퀴를 경험하는 방식은 관찰자의 주의가 어느 수준에 집중되어 있느냐에 크게 의존한다. 각각의 고립된 운동 혹은 움직임의 연쇄를 따로따로 본다면, 그 움직임들은 혼란하고 이질적이라고 지각된다. 이 경우 바퀴는 갑자기 방해를 받는 전후 운동의 불협화음으로 여겨진다. 그러나 바퀴에 친근감을 느끼면서 그 다양한 움직임이 나타내는 더 심오한 리듬(로렌츠 끌개의 모양이 보여주듯)을 알아차린다면, 다양한 피상적 움직임 이면에 나타나는 시간을 초월한 창조적인 조화를 경험하게 되고, 이때 바퀴는 마음을 달래주는 현상이 된다.

이런 점에서 바퀴는 인간 존재, 사회, 삶, 자연의 더 넓은 범위까지 적용되는 무언가를 우리에게 가르쳐준다. 이 바퀴와 같이 자연의 대다수 현상도 복잡한 동역학을 이루고 있으며 그 복잡성은 사실 예측할 수가 없다. 하지만 이 바퀴처럼 삶도 일정한 원리들을 따르고 있고, 그 숭고한 현상들은 겉으로 드러나는 혼란함 아래 감춰져 있다. 그리고 아마 여기에 개인이 실천할 가장 큰 과제가 놓여 있다고 할 수 있다. 온갖 존재의 복잡성에 존재하는 시간을 초월한 삶의 원리들을 발견하는 일 말이다. 이 원리들을 잘 감지할수록 삶의 본질 일부를 이해하기 시작한다는 느낌을 받는다. 또한 우주를 가로지르며 우리에게 말을 건네는 장엄하고 질서 있는 원리와 연결되어 있다는 느낌도 받는다.

그리고 우리가 각자의 원칙을 고수할수록 당장은 자신에게 해가 되는 것처럼 느껴질지라도 이 원리들은 더 실질적으로 다가온다. 그리고 우리는 인간으로서 진정한 존재감과 강인함을 한층 더 기를 수 있다. 한 상황을 '스마트하게' 분석해보니 기회주의적으로 자신의 원리를 포기하는 것이 더 유리해 보여서 그렇게 움직일 경우, 종종 개별성을 상실하고 무의미함을 경험하게 된다. 피상적인 삶의 모습에만 치중하고 그 근본 원리 및 형태들과의 접촉을 잃어버릴 때, 마치 로렌츠의 물레방아처럼 삶은 점점 더 무의미한 카오스로 경험될 것이다.

같은 원리가 사회 차원에도 적용된다. 기본적으로 한 사회는 수많은 원리와 기본권, 이를테면 발언의 자유에 대한 권리, 자기설성권, 종교 및 신념의 자유에 대한 권리들과 연결되어 있어야 한다. 만약 사회가 이러한 개인의 기본권을 존중하는 데 실패한다면, 그리고 개별성, 친밀성, 사생활, 개인의 주도성의 모든 형태가 '집단의 복지'에 참을 수 없는 위협으로 여겨질 정도로 사람들의 공포가 심화하도록 내버려 둔다면, 그 사회는 혼돈과 부조리 속으로 퇴락할 것이다. 계몽주의의 전형적 태도인 우주의 기계론적 본성에 대한 신념 및 이와 연관된 인간 지능의 과대평가는 점점 덜 원칙적인 방식으로 사회를 이끄는 경향을 수반했다. 순수하게 기계론적인 사고방식에서는 윤리적 원칙을 세우기가 극도로 어렵다(불가능하다는 것은 아니다). 기계적 우주 속에 사는 기계적 인간이 원칙을 고수하고 타인과의 관계에서 윤리적 규칙을 지킬 까닭이 무엇이겠는가? 결국 생존을 위해 분투하면서

적자適者가 되는 것이 중요하지 않을까? 이런 점에서 윤리와 원칙은 장점이기보다 오히려 장애가 아닐까? 마지막 분석에서 계몽주의적 인간이 계명과 금기 사항 또는 윤리적이고 도덕적인 원칙을 고수하는가는 더 이상 문제가 되지 않았다. 오히려 그에게는 세상에 대한 '객관적 지식'을 바탕으로 최대한 효율적으로 생존의 분투 속을 헤쳐 나가는 것이 중요했다. 이는 전체주의적이고 기술관료 위주의 정부 형태에서 정점에 다다랐다. 여기서 모든 의사결정은 일반적으로 통용되는 법과 원칙이 아니라 '전문가'의 분석을 바탕으로 이루어진다. 이런 까닭에 전체주의는 항상 법률을 폐기하는 쪽을 택하거나 법률 실행에 실패하고, '명령에 따라' 통치하는 편을 선호한다. 즉, 새로운 상황이 펼쳐질 때마다 그 상황에 대한 (유사)합리적 평가에 근거해 새로운 규칙을 형성해야 한다는 것이다. 이것이 변덕스럽고, 터무니없으며, 끝없이 변하는 규칙으로 이어져 결국 사회의 모든 인간성을 파괴한다는 것은 역사 속의 수많은 예가 보여준다.

이것은 궁극적으로 전체주의가 인간 합리성의 전능성에 대한 순진한 믿음의 증상이라는 한나 아렌트의 주장을 가장 직접적이고 구체적으로 보여줄지도 모른다. 그러므로 전체주의의 해독제는 삶의 피상적 현상들에 대한 합리적 이해에 눈멀지 않고, 그러한 현상 이면에 가려진 원리와 형태에 연결되어 있으려는 삶의 태도에 놓여 있다.

카오스 이론과 복잡한 동역학 시스템 이론은 우주를 바라보는 매우 새로운 관점을 열어준다. 글릭은 널리 찬사를 받은 그의 저서 《카오스》에서, 카오스 이론은 (상대성 이론과 양자역학에 뒤이어) 20세기 물리학 분야에서 세 번째로 일어난 대혁명이라고 주장했다.[14] 기계론적-유물론적 과학은 세계가 논리적이고 예측 가능하며 특히 본질적으로 죽어 있는 기계적 과정이라는 가정에서 출발했다. 과학은 살아 있는 현상들—유기체, 의식 등—을 죽어 있는 과정(예, 기계적, 화학적 과정)으로 축소시키는 것을 목표로 삼았다. 양자역학과 카오스 이론은 이 세계관을 뒤흔든다. 이 이론들은 역추진을 시작했고 훨씬 더 활력론적인 세계관 쪽에 무게를 둔다. 지금껏 죽어 있는 기계적 과정이라고 여겼던 온갖 현상에 생명과 의식이 담겨 있다고 제안하는 것이다. 전화 회선의 잡음을 생각해보라. 이는 각종 기계적 요인의 수동적 효괴기 이니라 자기조직적으로 나타난 결과로 밝혀졌다. 이는 목적성과 미학적 감각이라는 특징을 지닌다.

카오스 이론의 가장 혁명적인 측면은 이 이론의 관찰 덕분에 자연의 운행 속에 최종적이고 공식적인 원인이 실재한다는 것을 알게 되었다는 점이다. 아리스토텔레스의 인과론에서 유래한 이 개념들은 인과관계의 과정을 고려할 때 필수적이다. 간단히 말해, 아리스토텔레스의 인과론은 네 가지 종류의 원인—질료인, 동력인, 형상인, 목적인—이 있다고 주장한다. 아리스토텔레스는 조각상 제작의 은유를 들어 네 원인 사이의 차이점을 설명했다. 조각상의 질료인은 조각상을 만드는 재료를 말한다(그 재료가 없으면 조각상도 없다). 동력인은 조각가의 움직임을 가리킨다. 그는 끌과 망치를 이용해 돌을 조각상으로 변화시킨다. 형상인은 조각가 마음에 자리 잡은 조각상의 관념 혹은 형상으로서 이것이 조각가가 움직이는 방식을 좌우한다. 목적인은 조각상을 만드는 의도다(예, 누군가 조각가에게 조각상을 주문한 경우). 기계론적 세계관에서 보면, 분명 질료인과 동력인만이 작용한다고 여겨진다. 아주 먼 옛날, 물질 입자의 집합인 기계론적 우주가 스스로 운동을 시작했고, 입자들의 첫 움직임으로부터 그 외모든 존재가 뒤따라 나타났다. 그러므로 입자 자체가 질료인이며, 각종 효과를 발생시키는 입자들의 움직임이 동력인이다. 그러나 이 세계관 안에서는 물질적 과정의 전개 방식에 영향을 미치는 특정한 '형상'이나 '관념'(예, 특정 유기체에 관한 형상이나 관념)이 사전에 존재한다고 가정할 수 없다.

카오스 이론은 그러한 형상들이 **실제로** 존재하며 이것들이 조직적인 방식으로 작용한다는 것을 입증한다. 전화회선의 잡음 및 물이 떨어지는 수도꼭지의 사례에서 밝혀진 것은 훨씬 더 넓은 범위에 적용할 수 있다. 카오스 이론은 숨이 막힐 듯한 감탄을 불러일으키는 산지의 풍경은 단지 죽어 있는 기계적 과정—지각판, 침식, 용암 분출 사이에 일어난 우발적인 기계적 과정—의 효과가 아니라, 산지 형성에 작용한 무수한 기계적 과정을 조화시킨 숭고하고 시대를 초월한 관념에 있다는 것을 보여준다. 어쩌면 카오스 이론은 역사적, 논리적 차원에서 계몽주의 시대의 뒤를 잇는 새로운 시대를 양자역학보다 훨씬 더 강하게 예고하는지도 모른다. 이 시대에서 우주는 다시 한번 의미를 잉태한다.

10

물질과 정신

Matter and Spirit

기계론적-유물론적 세계관의 첫 번째 기본 가정은 우주가 논리적 추론으로 충분히 이해할 수 있는 기계 장치라는 것이다. 9장에서 우리는 이 정리의 상대성을 논의했다. 이번 장에서는 기계론적 유물론의 두 번째 주요 가정, 즉 의식과 심리 영역에 속한 모든 것은 물질 현상의 결과라는 점—물질이 정신을 지배한다 matter over mind—을 다루려고 한다.

현대의 대중 담론은 인간의 심리적 차원에 모호한 태도를 보인다. 한편으로 심리적 안녕은 매우 중요한 것이라고 여긴다. 스트레스는 건강에 악영향을 끼친다고 믿고, 플라세보 효과는 의료적 개입에서 중대한 역할을 한다고 인정되며, '자신의 문제에 관해 이야기하는 것'의 중요성도 어느 정도는 인정된다.

그러나 다른 한편으로 세상은 아직도 세계와 인류에 관한 기계론적 사고에 단단히 사로잡혀 있다. 그 어느 때보다 심한 듯하다. 이런 이데올로기 안에서 의식과 심리적 경험 영역에 속한 모든 것은 결국 뇌에서 일어나는 생화학적 작용의 사소한 부산물로 여겨진다. 인간의 욕망과 포부, 로맨틱한 갈망과 피상적인 필요들, 기쁨과 슬픔, 의심과 선택, 쾌락과 고통, 극심한 혐오와 가장 고상한 미적 감상—요컨대, 인간의 주관적 경험 세계의 총체—이 역학 법칙에 따라 상호작용하는 뇌 안의 소립자들이 일으킨 결과라고 축소시키는 것이다.

분명 이러한 관점에서는 삶에 대한 심리적 접근—그리고 더 나아가 모든 종교적, 영적 관행—을 일종의 비합리적인 것으로 여기는 것이 마땅하다. 그리고 이러한 개념적 틀을 치료에 활용하는 것은 기껏해야 **임시방편** 정도의 효과를 낼 것이다. 그마저도 인간 고통의 실제적, 생물학적 원인을 해결할 실제적, **생물학적 치료제**가 나오면 더는 유용하지 않다. 우울증은 뇌에서 생겨나는데 만약 우리가 이 문제를 열심히 탐구한다면 언젠가는 어떤 기계적 오류가 우울증의 근본 원인인지 분명히 보게 될 것이며, 그렇게 되면 뇌라는 기계에 일어나는 그런 자잘한 결함은 기계적으로 수리할 수 있을 것이다.

이러한 세계관을 따르는 개인은 암묵적 혹은 명시적으로 학문 분야에 일종의 위계가 있다고 가정한다. 학문의 맨 밑바탕에는 소립자 간의 기계적 상호작용을 다루는 물리학이 놓여 있고, 다른 모든 학문은 이 과정에서 뒤를 이을 뿐이다. 물리학이 무기 화학을 결정하고, 무기 화학이 유기 화학을 결정하며, 유기 화학은 해부학과 생리학을 결정하고, 해부학과 생리학은 심리학을 결정하며, 심리학은 경제학, 정치학, 사회학을 결정한다(그림 10.1). 궁극적으로 모든 것은 물리학과 화학으로 거슬러 올라간다.

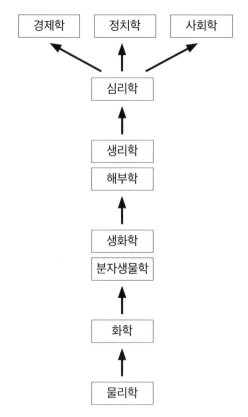

그림 10.1 엄격한 기계론적-유물론적 사고방식에서 바라본 학문의 위계질서

이러한 세계관은 널리 퍼져 있는 데다 단순하면서도 설득력 있다. 하지만 과학은 이 관점을 쓸모없는 것으로 만들어버렸다. 무엇보다도 기초 물질 입자들의 과학이라는 양자역학은 물질 지식 차원에서 의식의 영역을 완벽하게 설명하려는 시도가 불합리하다는 것을 보여주었다. 어떤 면에서 소립자들 자체가 의식 영역—이를테면 실험하는 동안 작용하는 정신적 인식 행위—에서 결정된다. 상상하기 어렵겠지만, 두 사람이 입자 하나를 동시에 관찰할 경우, 이 입자가 동시에 다른 두 위치에 존재할 수 있다는 것은 사실이다.

게다가 이러한 관찰은 입자의 순간적 위치를 넘어, 관찰 순간보다 수십억 년 전에 이 입자가 이동한 전체 궤적도 결정한다.[1] 관찰 시점에야 비로소 과거 궤적이 결정되는 것이다. 세계적으로 유명한 물리학자 스티븐 호킹Stephen Hawking에 따르면, "[입자가] 두 가지 경로 중 하나를 선택한 것은 지구나 태양이 탄생한 때보다 더 과거인 수십억 년 전일 것인데, 그런데도 우리가 현재에 실험실에서 하는 관찰이 그 선택에 영향을 미치게 된다."[2] 이러한 통찰은 인간 정신이 거의 파악하기 어려운 시간, 공간, 물질을 경험하고 이해하는 우리의 방식과 너무나도 대조적이다. 닐스 보어는 양자역학의 관찰에 존재하는 기묘함을 이렇게 표현했다. "양자역학으로 충격을 받지 않은 모든 사람은 그것을 이해하지 못한 것이다."[3]

이런 점에서 볼 때, 물질 영역이 물리학 부문, 나아가 심리학 부문을 결정한다고 여기는 학문의 위계질서는 보편적으로 타당하지 않다는 것을 알게 된다. 심리적 존재인 인간 역시 물리적 대상의 영역을 결정한다. 그러므로 적어도 우리는 의식과 물질 사이의 상호 영향 혹은 순환적 인과성을 가정해야 한다(그림 10.2). 양자역학의 창시자들은 여기서 한 걸음 더 나갔다. 그들은 물질 영역이 본질적으로 의식 영역 일부를 형성한다고 보았다. 베르너 하이젠베르크가 말했듯이, "사실 물질의 최소 단위는 일반적인 의미의 물리적 대상이 아니다. 이들은 형태이자 관념이다."[4] 논리적 실증주의 철학자 버트런드 러셀Bertrand Russell 역시 이 같은 관점을 취했다. "물리학과 심리학에서 우리의 모든 자료는 심리적 인과 법칙의 적용을 받는다. … 이 점에서 심리학은 (보다) 실제로 존재하는 것에 더 가까운 학문이다."[5]

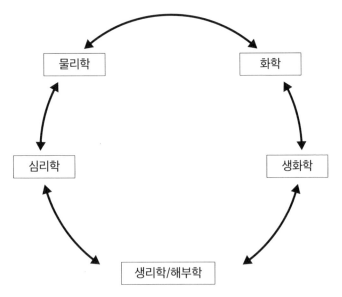

그림 10.2　서로 다른 학문 영역 사이의 순환적 인과관계

기계론적 세계관은 물질 입자가 견고하고, 절대적이며, '객관적인' 자료로서 이로부터 다른 모든 것을 추론할 수 있다는 관념에 전적으로 기반한다. 하지만 양자역학은 이와 근본적으로 다른 무언가를 우리에게 보여준다. 물질을 더 촘촘하게 조사할수록 관찰 행위 자체가 지각에 영향을 끼쳐 대상 물질을 더 주관적으로 지각하게 된다. 그러므로 우리는 하이젠베르크의 불확정성 원리와 완벽히 일치하는 관점에서 물질—한때 기계론적 유물론의 군건한 토대로 간주되던 것—이 알고 보니 본질상 주관적인 현상이었다고 진술할 수 있다. 정확히 물질이란 무엇일까? 아무도 모른다.

따라서 뇌의 물질성을 완벽하게 이해한다고 해도 결코 의식을 완전히 이해할 수는 없다. 의식의 물질적 토대인 뇌에 관한 모든 연구는 어느 순간 절대적 한계에 부딪힌다. 이 경계를 넘어서면 의식 자체가 물질을 결정하기 시작한다. 이는 심리적 부문이 제1영역으로 그 어떤 상황에서도 물리, 화학, 또는 생화학 부문으로 축소될 수 없다는 것을 보여준다. 치료 차원에서 이는 심리적 치료가 질병의 원인을 완전히 다스리는 치료라는 뜻이기도 하다.

양자역학은 심리적 경험에 대한 기계론적-유물적 결정론의 착각을 가장 근본적으로 논박하는 것일 수도 있다. 하지만 이것이 가장 구체적인 논박인 것은 아니다. 다수의 관찰에 따르면, 정신을 일종의 기계론적 두뇌 장치로 축소시키기 어렵거나 불가능하다는 것을 입증할 더 직접적인 방법이 있다.

한 예로, 뇌 조직이 거의 다 죽고 남은 부분이 전체의 5퍼센트도 되지 않음에도, 지능검사에서 130점보다 높은 점수를 기록하는 등 뇌가 완벽히 정상적으로 기능하는 사람들이 있다. 분명히 해두건대, 지금 내가 말하는 것은 불분명한 주장들이 아니라, 〈란셋〉이나 〈사이언스〉 등의 학술 저널에 게재된 과학적 관찰들이다.[6] 뇌 영상이나 부검 결과들을 살펴보면, 이 사람들의 뇌강이 거의 액체로 가득 차 있다는 것을 분명히 알 수 있다(그림 10.3).

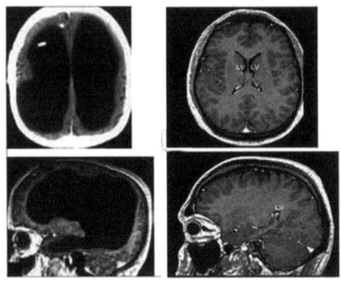

그림 10.3 뇌 조직이 온전한 사람(오른쪽)과 뇌 조직이 거의 다 죽은 사람(왼쪽)의 뇌 영상 비교. 왼쪽 두개골에 보이는 검은색 부분은 뇌 조직이 죽은 뒤에 생겨난 공간을 액체가 가득 채우고 있음을 보여준다.[7]

원칙적으로 이 관찰들은 의식의 생물학적 결정성을 배제하지 않는다. 다만 이는 그러한 결정성이 실재한다면 본질상 매우 복잡할 것이며, 뇌는—복잡한 동역학 시스템 차원에서 말하자면—적어도 자기 조직성과 자기 재조직성이라는 속성을 소유한다는 것을 보여준다. 남아 있는 소량의 뇌 조직은 죽어 없어진 뇌 조직의 기능들을 자연스럽게 대신한 것으로 보인다. 그러나 이러한 재조직성 자체는 뇌 조직에 담긴 의식과 의도성을 일정 부분 전제하고 있다. 그러므로 의식이 뇌의 물질적 기질에 따라 엄격하게 결정된다는 가설은 결국 순환적 추론으로 끝나게 된다. 즉, 의식은 뇌의 물질적 기능의 결과이며, 뇌의 물질적 기능은 (어느 정도) 의식의 효과라는 식이다.

이러한 측면에서 이른바 신경가소성neuroplasticity을 연구하는 실험들도 있다. 정신적 활동(예, 수학 혹은 기억 훈련)은 뇌의 생화학적 특성과 구조에 상대적으로 짧은 기간일지라도 관찰 가능한 변화를 일으킨다.[8] 이는 의식과 뇌 사이의 인과관계가 일방적이지 않음을 보여주기도 한다.

심리적 차원이 물리적 차원의 결과가 아니라 원인일 수 있다는 것을 직접적으로 보여주는 일련의 관찰들도 살펴볼 수 있다. 이러한 관찰 중에는 일상생활에서 빈번히 발생하는 일 속에서 발견되는 것들도 있다. 물론 가장 흔한 것은 특정한 감정들이 우리 몸에 끼치는 영향, 강렬한 공포 또는 슬픔의 영향으로 단 몇 시간 만에 머리카락이 완전히 회색으로 변하는 예 등에서 나타난다. 긍정적인 차원에서는 사람들이 특정 상황에서 거의 상상할 수 없는 힘을 발휘해 사랑하는 사람을 구해내는 사례도 생각해볼 수 있다. 잘 알려진 예로 플로리다에 사는 63세의 할머니 로라 슐츠Laura Schultz의 이야기를 들 수 있다. 슐츠는 1977년 통학버스 앞바퀴를 한 손으로 들어 올리고, 다른 한 손으로 그 아래 깔려 있던 손주를 끌어낼 수 있었다.

이러한 예들은 우리의 두 눈을 휘둥그레지게 한다. 더불어 심리적 경험을 더 잘 이해하려면 더 큰 노력을 기울여야 한다는 확신을 심어준다. 이상하게도 많은 경우에 인간은 자신이 직접 경험하면서 확인한 증거는 까맣게 잊어버리고 '과학자들'이 '관찰했다'는 내용을 더 쉽게 확신한다. 과학자들의 관찰을 믿으려면 '맹목적 신념'에 의존해야 함에도 말이다. 어쨌든 나는 이 점에 관해 몇몇 과학적 연구 결과를 제시할 수 있다는 점을 기쁘게 여긴다.

심리-신경면역학 분야는 바이러스 감염 경로에서 작용하는 불안과 스트레스의 역할을 가늠하게 해준다(물론 이는 코로나바이러스 위기에도 적용된다). 몇몇 연구에서는 쥐들이 실험적으로 유도된 스트레스 상황에 놓여 있을 때 바이러스 감염으로 죽을 확률이 40퍼센트 더 높았다.[9] 여기서 작용하는 기제는 잘 알려져 있다. 스트레스는 면역력 저하를 일으켜(주로 호르몬과 백혈구 세포의 집중도 변화 때문이다) 바이러스에 더 취약하게 만든다는 것이다. 2016년의 한 연구는 이와 똑같은 기제가 인간에게도 작용해 다양한 중증 질환자의 사망률에 상당한 영향을 끼친다는 것을 확증했다.[10] 코로나바이러스 위기에 참고할 만한 중요한 자료는 2008년에 발표된 한 연구다. 이 연구에 따르면 스트레스는 특히 바이러스성 뇌 질환의 치명률을 높이며, 이 효과는 여성보다 남성에게서 훨씬 더 높게 나타난다.[11] 이 연구 결과는 코로나바이러스 위기에서 여성 사망자보다 남성 사망자가 더 많다는 설명하기 어려운 현상과도 상응한다.

그 외 학문 분야에서 이루어지고 있는 관찰들을 살펴보더라도, 불안의 치명적 특성을 확인하는 데 반드시 통계치나 동물실험이 필요한 것은 아님을 잘 알 수 있다. 이른바 원시 사회에서 주술사가 저주를 내린 뒤에 사람들이 죽는 경우가 있다는 것은 인류학에서 잘 알려진 사실이다. 허버트 베이스도우Herbert Basedow는 호주 원주민들 사이에 행해진 의식을 통해 이러한 의식의 전형적인 경과를 설명한다.

자신이 마법의 뼈에 지목되었음을 알게 된 사람은 불쌍한 표정을 짓는다. 당혹감에 휩싸인 그의 두 눈은 공포의 뼈를 응시하며, 두 손은 마치 그의 몸을 꿰뚫으려는 듯한 치명적인 힘을 회피하려는 듯이 쭉 뻗는다. 그의 얼굴은 하얗게 질리고 눈은 흐리멍덩해지며, 얼굴에 드러난 표정은 마치 갑자기 마비에 걸린 사람처럼 끔찍하게 일그러진다. 그는 소리를 지르려고 하지만, 대개 그 소리는 목구멍에 딱 걸리고 입가에 거품만 물 뿐이다. 몸은 떨리기 시작하고 근육들은 걷잡을 수 없이 오그라든다. 몸을 뒤로 젖혀 바닥에 쓰러진 그는 잠시 기절한 듯하다. 하지만 이내 괴로운 듯 몸부림치며 두 손으로 얼굴을 가리고 흐느끼기 시작한다. 잠시 뒤에는 어느 정도 기운을 차리고 자기 오두막으로 기어간다. 이때부터 그는 점점 기력을 잃고 몸 상태가 나빠진다. 먹기도 거부하며 부족의 일상 활동에도 전혀 참여하지 않는다. 또 다른 주술사가 나타나 저주를 풀어주지 않는다면 그는 짧은 기간 안에 목숨을 잃는다.[12]

이러한 유형의 사망은 널리 관찰되었고, 문헌에서 이는 **심인성 사망**psychogenic death이라고 알려져 있다. 헨리 엘렌버그Henry Ellenberger는 주술사와 희생자가 속해 있는 **공동체 전체**가 주술사의 권위를 믿는다는 점이 중요하다고 덧붙여 설명했다. 이 점은 뒤에 다시 논의하기로 하자.

마술적 사고를 뛰어넘지 못한 비합리적인 원시 부족인에게는 이런 현상이 일어날 수도 있다. 하지만 21세기를 살아가는 합리적인 서구인에게는 상관없는 일이 아닐까? 실은 전혀 그렇지 않다. 서구인도 이런 현상으로 인해 신체 기능에 영향을 받는다는 것을 보여주는 관찰이 무수히 많다. 벨기에 리에주 대학병원의 마취과 전문의인 마리-엘리자베스 페이몽빌Marie-Elisabeth Faymonville 교수는 수십 년간 환자들을 최면 상태에 놓고 수술을 해왔다. 벨기에 국영 텔레비전 다큐멘터리에도 소개된 이 처치는 놀라울 정도로 단순해 보인다. 페이몽빌은 수술대에 누워 있는 환자에게 부드러운 어조로 말을 건네면서 그를 편안한 정신세계로 인도한다. 그다음 외과의에게 이제 수술을 시작해도 좋다는 의미로 눈에 띄지 않는 신호를 준다. 그러면 외과의는 환자 몸에 필요한 절개를 실행한 뒤 예정된 의료적 처치를 진행하는데, 이때 벌어지는 일들을 환자는 전혀 의식하지 못한다. 여기서 분명히 할 점은 소규모 처치만 이렇게 하지는 않는다는 것이다. 갑상선 제거, 유방 보철물 삽입, 종양 제거와 같은 대수술에도 이러한 방식을 사용한다.[13]

사실 이 현상은 플라세보 효과로 알려진 형태로 날마다 의료 현장에서 많은 이들에게 일어난다. 이 용어는 제2차 세계대전 당시 전장에서 흥미로운 현상을 관찰한 이후에 유행하기 시작했다. 모르핀을 다 써버린 의사 중 한 사람이 아이디어를 하나 떠올렸다. 신체 일부를 절단해야 할 군인들에게 수술 직전에 식염수를 주입하면서 그들을 안심시키자는 것이다. 놀랍게도 대다수 군인은 모르핀을 맞았을 때와 똑같이 진정되었다. 이후 더 많은 연구가 진행된 결과, 플라세보는 협심증 환자의 관상동맥을 개방하는 것부터 뇌의 죽은 부분을 재활성하는 것까지 매우 놀라운 물리적 효과를 일으킨다는 사실이 밝혀졌다. 이 분야의 전문가인 아서 샤피로Arthur Shapiro와 브루스 웜폴드Bruce Wampold 는 플라세보 효과가 의료적 개입의 효과에서 가장 큰 몫—때로는 80퍼센트 이상—을 차지한다고 믿는다.[14] 일부 연구자는 분별 있는 관점에서든 아니든, 실제 의약품 대신 플라세보 의약품을 더욱 통용해야 한다고 주장한다. 한편, 통계 연구를 통해 플라세보 효과가 극히 낮다고 결론 지은 연구자들도 있었다(일부 보고서는 플라세보 효과가 단 10퍼센트에 그쳤다고 보고한다).[15] 이 모든 결과를 볼 때, 수치 연구는 맥락을 고려해서 살펴봐야 한다는 결론을 내릴 수 있다. 최면을 통한 진정 효과와 식염수 마취라는 간단한 사례연구들은 결국 과학적으로 더 많은 가치를 지니며, 신체에 영향을 미치는 심리적 요인들이 적어도 특정 상황에서는 매우 놀랍다는 것을 분명하게 알려준다.

플라세보 효과는 치료적 개입에 대한 환자의 주관적 경험이 매우 중요하다는 것을 잘 보여준다. 자기가 받는 치료를 긍정적으로 생각한다면 그 자체가 치료의 중요한 일부를 이룬다. 반대 상황도 마찬가지다. 치료에 부정적인 태도를 보인다면 이 자체로 부정적인 영향을 미칠 수 있다. 이는 **노세보 효과**라고 알려져 있다. 다수의 문헌에 따르면 이 효과로 인해 다양한 종류의 상태에 놓일 수 있다.[16] 위에서 언급했던 심인성 사망은 극단적인 예로, 이러한 효과들이 매우 강력하게 나타날 수 있음을 보여준다. 이로써 윤리적 이유에 더해 실용적이고 지적인 차원에서도 의료적 치료를 절대 의무화하지 말고 자기결정권을 엄격히 지켜야 한다는 주장이 존재한다는 것을 알 수 있다.

더 자세히 들여다보면 심인성 사망, 최면에 의한 진정, 플라세보 등에 작용하는 기제는 항상 같다. 권위자 한 사람이 눈앞에 있는 개인의 마음속에 강력한 심상 이미지를 불러일으킨다는 것이다. 긍정적일(예, 치유) 수도 있고 부정적일(예, 사망, 질병) 수도 있는 이 심상 이미지는 생생하고 분명하게 경험되어야 하고, 다른 모든 정신 활동으로부터 주의를 끌어와야만 한다. 이때 신체는 말하자면 심상 이미지와 '통합되어' 그 이미지와 동일한 형태 또는 조건을 구현한다(예, 회복되거나, 사망하거나, 앓게 된다).

신체에 끼치는 심상 이미지의 기묘하고 방대한 영향을 가장 확실히 보여준 것은 생물학자들일 것이다. 해리슨 매튜스Harri-son Matthews는 여러 번 실험을 되풀이한 끝에 암컷 비둘기가 동종의 이미지를 전혀 보지 못한다면 난소가 성숙하지 않는다는 것을 보여주었다(특히 새장에서 완전한 격리 속에 사육되는 경우).[17] 추후 실험 결과, 새장에 거울만 설치해 놓아도 번식력을 갖게 하는 데 충분한 것으로 나타났다(물론 실제 비둘기가 존재하는 곳에서 자랄 때보다는 번식력이 조금 낮았다). 메뚜기를 대상으로 한 레미 쇼뱅 Rémy Chauvin의 비슷한 실험에서는 훨씬 더 광범위한 효과가 나타났다. 비둘기의 경우처럼, 메뚜기도 다른 메뚜기의 존재에 따라 장기 기능에 강한 영향을 받았는데, 이에 더해 외피의 색깔 패턴도 달라지고(녹색 줄무늬가 없었다), 뒷다리 구조도 일관되게 달라졌다.[18] 이 실험들을 바탕으로 다양하게 변형된 실험이 이루어졌는데 매번 결론은 같았다. 연구 주제로 삼은 동물의 경험 세계에서 시각적 이미지의 존재 여부가 결정적인 요인이라는 것이다.

코로나바이러스 위기에서 중요한 것은 다음과 같다. 몇몇 저술가들(예, 귀스타브 르봉)은 군중(서로 동일시하는 개인들의 집단)의 신념이 최면과 동일한 영향을 신체에 끼친다고 지적했다. 한 사회 전체가 불안 및 이에 수반되는 질병과 사망의 이미지에 사로잡혀 있을 때, 이러한 이미지들 자체가 하나의 요인이 된다. 위에서 설명했듯이 이는 부분적으로 심리적 고통이 주어진 환경의 면역력을 떨어뜨려 바이러스가 유입되는 생물학적 환경을 대폭 바꿔놓기 때문에 발생한다. 앙투안 베샹Antoine Béchamp이 남긴 "미생물은 아무것도 아니다. 중요한 것은 환경이다."라는 말도 한번 생각해보라. 이는 루이 파스퇴르Louis Pasteur가 임종 직전에 동의를 표했던 말이기도 하다.

이번 장에서 우리는 시각 이미지가 신체에 미치는 영향을 집중적으로 살펴보았다. 그러나 이 이미지들은 그 자체로 훨씬 더 중요한 심리적 기억 장치, 즉 이야기와 이데올로기의 기억 장치 및 **상징적 기억 장치** 일부를 형성하는 데 밀접하게 관여한다. 갖가지 내러티브가 인간과 사회를 사로잡는 방식은 매우 놀랍기도 하지만 대체로 잘못 이해된다. 3장과 4장에서 이미 설명한 대로, 모든 아동은 어린 나이부터 언어적 과정에 관여한다. 아동은 부모가 제공하는 내러티브 속에서 자라나는데 이는 더 넓게는 사회 집단, 그리고 궁극적으로는 사회 전체가 공유할 때가 많다. 핵심적으로 늘 이러한 이야기는 답할 수 없는 질문에 상징적인 해답을 제시하는 신화의 형태를 취한다. 삶에 관한 특정한 관점을 제공하고, 무엇이 중요하고 무엇이 덜 중요한지 설명하며, 평화를 안겨주는 것과 공포를 던져주는 것을 결정한다. 실제로 마르셀 모스Marcel Mauss와 같은 민속학자들은 이러한 이야기가 훨씬 많은 것들을 결정한다는 점을 보여주었다.[19] 그것은 호감 대상과 혐오 대상(예, 생선 눈이 콩고에서는 별미지만 유럽에서는 대체로 혐오감을 일으킨다), 신체가 움직이는 방식(일본 사람과 아프리카 사람들의 걸음걸이를 비교해보라), 고통을 느낄 때 채택하는 기본적인 반사 반응(예, 문화마다 고통을 느낄 때 손을 거둬들이는 방식이 다르다) 등을 결정한다. 우리 몸이 성장 과정에서 노출된 신화적 내러티브에 완전히 흡수되고 잠식되어 있다는 말은 전혀 과장이 아니다.

부분적으로 혹은 완전히 말과 내러티브로 진행하는 의료적 처치가 신체에 그토록 막대한 영향을 끼칠 수 있는 것도 이 때문이다. 위대한 벨기에계 프랑스인 인류학자 클로드 레비-스트로스Claude Lévi-Strauss가 쓴 〈상징적 효력L'efficacité symbolique〉과 같은 글을 읽어보면, 상징적 구조가 사회 그리고 그 사회를 구성하는 개인들에게 미치는 지대한 영향을 확인할 수 있다.[20] 이는 매우 세부적인 수준에서 정신적, 육체적 기능을 통제한다. 한 예로 레비-스트로스는 브라질의 열대우림에서 출산 중에 합병증을 앓았던 여성의 사례를 이야기한다. 당시 주술사들은 의례적인 방식으로 그 부족 전체가 인정하는 내용을 진통 중인 여성에게 읽어주거나 노래로 불러주면서 출산을 계속 유도했다. 이 내용에는 부족 신화에서 유래한 일련의 캐릭터가 등장하며, 수많은 선한 영들이 좁은 복도를 거쳐 악령들이 아기를 가둬둔 동굴로 들어간다는 이야기를 전한다. 이 선한 영들은 악령들이 기꺼이 아기를 놓아줄 때까지 그들과 협상한다. 주술사가 이야기의 이 지점까지 음송하면 진통이 시작된다. 레비-스트로스에 따르면 이 음송은 여성의 몸을 '소집한다'. 다시 말해 무질서해졌던 산모의 신체를 그의 성장기에 듣곤 했던 신화와 다시 연결함으로써 원하는 방향으로 신체를 움직인다는 것이다. 레비-스트로스는 그가 아는 한 이 방식이 늘 성공적이었다고 강조했다. 흥미롭게도 주술사들은 이를 직관적으로 실행한다. 자신들이 상징적 틀(신화)의 효능을 이용해 그러한 효과를 내고 있다는 것을 인식하지는 못한다는 것이다.

이런 점에서 21세기 서구인은 레비-스트로스가 말하는 브라질 원주민들과 전혀 다르지 않다. 계몽주의적 인간 역시 그의 기원에 관해 무언가를 말해주고, 삶에 대한 특정한 관점을 취하게 하며, 부정적이고 긍정적인 정서와 연결 짓고, 특정한 자극에 영향을 받게 하는 신화와 이야기 속에서 자랐다. 이 신화는 기계론적 우주에 관한 이야기다. 이 이야기에서 우주라는 거대한 기계는 빅뱅으로부터 움직임을 시작했고, 인간은 우주라는 거대한 기계 속에 작은 기계처럼 움켜잡혀 있다. 이렇게 볼 때, 질병과 건강 측면에서 이야기의 권위자는 주술사가 아니라 의료 전문가다. 그리고 이 전문가는 주술사처럼 하나의 의식을 행함으로써 환자의 신체에 질서를 잡으려 한다. 그리고 현대의 의사들도 주술사들처럼 자신이 치료 중에 활용하는 상징적 틀의 막대한 영향을 제한적으로만 인식한다. 그들 역시 자신의 치료 행위에서 나타나는 치유와 심리학은 아무 관계가 없다고 믿곤 한다. 플라세보 효과가 크게 기여한 점은 의료 행위가 시각적 이미지의 영향에 큰 비중을 두고 있다는 것을 넘어, 무엇보다도 상징적 효과에 어마어마한 비중을 두고 있음을 보여주었다는 데 있다.

심리적 영역이 육체적 부문에 끼치는 영향을 얼마나 강력하고 직접적으로 관찰할 수 있는가와 관계없이, 인간—특히 서구인들—은 삶의 물질적-생물학적 차원에 주의를 쏟고, 심리적 영역의 중요성은 부차적이라고 치부하는 나쁜 습관을 지니고 있다. 나 역시 이 점에서는 부분적으로만 예외에 속한다고 느낀다. 그러나 한 문제의 인과관계에 결정적 영향을 끼치는 중요한 요인을 부인하면 그 문제가 심화되는 결과를 낳을 때가 많다.

하지만 이 이야기의 좋은 소식도 짚고 넘어가야겠다. 플라세보와 최면에 관한 연구 결과들은 부정적인 이미지만 신체에 영향을 끼치는 것이 아님을 명확히 보여준다. 긍정적인 이미지들도 이와 유사한 영향을 끼치나 그 효과는 정반대다. 플라세보와 최면에 긍정적 효과를 크게 기대할 수 있는지는 의심스럽다. 둘 다 윤리적으로는 의문의 여지가 드는 측면이 있다. 플라세보는 본질상 일종의 기만행위이고, 최면에서는 최면을 당하는 사람의 마음이 최면술사의 암시에 지배를 받기 때문이다.

더욱 눈여겨볼 것은 윤리적 원칙을 엄격히 고수함으로써 가장 놀라운 육체적 회복력을 발휘할 수 있음을 보여준 사람들의 사례일 것이다. 《수용소군도》에서 솔제니친은 여러 사람 중에서도 그리고리 이바노비치 그리고리예프Grigory Ivanovich Grigoryev의 감동적인 이야기를 들려준다. 그는 나치의 강제 수용소에서 수년을 보낸 뒤 스탈린주의 하에서 강제 노동 수용소로 온 수감자다. 그는 전설적인 정직과 고결함으로 모든 사람 가운데 남다른 모습을 보였다. 그는 아무리 심한 처벌을 받는다고 해도 자기 생각에 비윤리적이라고 여겨지는 임무는 수행하기를 거부했다. 또한 기회가 있을 때마다 서로의 식량을 훔치던 수감자들의 흔한 관행에도 참여하기를 거부했다. 그는 자신이 적절하다고 믿는 윤리적 규칙을 엄격히 고수했다. 솔제니친은 그의 영적인 순결함이 그의 몸에 미친 영향에 관해 다음과 같이 설명했다.

> 그것보다 더한 일도 있었다. 밝고, 오염되지 않은 정신의 놀라운 영향이(당시는 이러한 영향을 믿으려 하지 않았으며, 이해하려고 하지도 않았다) 그의 육체에 미쳤던 것이다. 이제 나이가 젊지 않은(쉰 살에 가깝다) 그리고리 이바노비치의 몸이 수용소에서 튼튼해졌다. 전부터 있던 관절 류머티즘은 아주 흔적도 없이 사라지고, 티푸스를 앓고 나서는 더욱 건강해졌다. 겨울에는 머리와 팔만 나오게 구멍을 뚫은 종이 주머니를 외투 대용으로 입었으나, 그것만으로도 감기 하나 들지 않았다.[21]

한 가지는 분명하다. 생물학적-환원주의적 접근법의 대안으로서 인간에 대한 더 심리학적 접근법이 제시하는 가능성을 탐구하고 활용하는 것은 분명 미래의 큰 도전과제 중 하나다. 이 도전과제를 훌륭히 완수하지 못한다면 현재와 미래의 여러 위기에 대한 항구적인 해결책을 찾기 어려울 것이다.

사람들은 심리적 인과성에 관해 위에서 언급한 과학적 관찰들을 이상하다거나 믿기 어렵다고 여기곤 한다. 이러한 우리의 경향성은 결국 우리 모두가 기계론적-유물론적 착각에 몹시 취약하다는 사실로만 설명할 수 있다. 하지만 과학은 심리적 경험을 물리적 영역에 의해 수동적으로 결정되는 것으로만 여기라고 전혀 강요하지 않는다. 오히려 정반대다. 과학의 외딴곳—앞서 언급했던 하이젠베르크, 보어, 막스 플랑크, 에르빈 슈뢰딩거의 말들을 떠올려보라—에서는 전혀 다른 결론에 도달했다. 생물학과 물질을 한층 더 깊게 이해하는 길은 의심의 여지없이 우리의 심리적 삶의 구조를 이해하는 데 있을 것이다. 이런 까닭에 과학은 심리적 경험의 구조를 지도화하고, 관련 법칙을 명확히 세우며, 인간 이해를 향한 관문을 활짝 열어줄 방안을 모색하는 것을 가장 근본적인 과업 중 하나로 여겨야 한다.

나는 플라세보 효과와 같은 사안을 과학적으로 조사해야 한다고 생각한다. 이런 사안이 지성과 상충하는 난해함에 빠지도록 놔두어서는 안 된다. 레비-스트로스는 그의 전문 분야인 구조 인류학을 통해 이야기와 이미지의 효과를 합리적인 방식으로 거의 완전하게 설명할 수 있음을 보여주었다. 그의 기술은 과학적 차원에서도 숨이 막힐 정도로 엄밀하면서도 본질상 매우 반-기계론적이다. 이것이 바람직한 방향이다. 기계론적 이데올로기에 스스로를 매몰시키지 않으면서도 현실을 최대한 합리적으로 분석하고, 합리적으로 알 수 있는 절대적 한계까지 사태를 궁리하며, 이성이 스스로를 초월하는 지점까지 밀고 가는 과학을 추구해야 한다.

11

•

과학과 진실

Science and Truth

전체주의는 인간 지성이 삶과 사회의 지침 원리가 된다고 여기는 신념이다. 이 이데올로기는 기술관료와 전문가들이 그들의 기술 지식을 바탕으로 사회라는 기계를 결함 없이 운영함으로써 유토피아 같은 인공적인 사회를 건설하는 것을 목표로 한다. 전체주의 관점 안에서 개인은 집단에 완전히 종속된 채 사회라는 기계 속에 부착된 하나의 부품으로 축소된다(버트런드 러셀의《사회에 대한 과학의 영향The Impact of Science on Society》[1]을 참고하라).

기술관료 사회의 이상은 계몽주의 전통, 그중에서도 긍정적인 성향을 띠었던 분파에 내재되어 있었다. 앙리 드 생시몽Henri de Saint-Simon, 오귀스트 콩트Auguste Comte 같은 실증주의 사상가들은 과학자와 기술관료가 교황과 신부를 대체하는 인본주의적 기술관료 사회에 대한 열광적인 신념을 표현했다.[2] 영광을 돌릴 대상은 신이 아니라 인간의 이성이었다. 이것이 전쟁이나 갈등 없이 유토피아적 사회, 자유의 땅에 이르는 길이었다.

나치주의가 등장하면서 전체주의 이데올로기를 실현하려는 야망이 역사상 가장 크게 시도되었고, 스탈린주의에서는 정도가 훨씬 더 심했다. 이들은 현실에 천국을 이루고자 했으며 이를 위해서라면 모든 것, 즉 배제, 낙인, 궁극적으로 그들이 생각하는 이상적 이미지에 어긋나는 모든 인구 집단에 대한 대대적인 전멸도 정당하다고 보았다. 이 두 역사적 사례 모두에서 새로운 유토피아 사회는 확고한 논리를 무자비하게 적용함으로써 이룩되는 것이었다(7장 참조).

그러나 전체주의 현상을 전체주의 체제와만 동일시하는 것은 큰 실수일 것이다. 기술적, 과학적 기술에 근거해 광범위한 방식으로 삶을 조종하고 통제하려는 광적인 시도로 이루어진 전체주의의 저류는 항상 존재한다. 기술관료주의적 사고는 항상 두 기둥이 떠받친다. 한편으로 이 사고는 우리를 모든 시련과 고통에서 구해준다는 인공적인 천국에 관한 긍정적인 이미지를 넌지시 전달해 사람들에게 호소력을 발휘한다. 다른 한편으로 이 사고는 문제 해결의 필수 요건인 불안을 이유로 내세워 자신을 강요한다. 최근 수십 년간 우리 사회에 나타난 모든 '불안 대상'—테러리즘, 기후 문제, 코로나바이러스—이 그런 방식으로 다뤄졌다. 테러리즘의 위협은 감시 장치의 필요성을 불러일으켰고, 이제 사생활은 무책임한 사치로 여겨질 정도다. 기후 문제를 통제하려면 실험실에서 만들어낸 육류, 전기차, 온라인 사회로 옮겨가야 한다. 코로나19로부터 우리를 보호하려면 인간의 자연적인 면역력을 mRNA 백신이 유도하는 인공 면역으로 대체해야 한다.

인간이 기술과 물리적으로 통합—트랜스휴머니즘의 이상—될 것으로 기대되는 제4차 산업혁명은 날이 갈수록 불가피한 필요조건으로 인식된다. 사회 전체가 일종의 **생체인터넷**internet of bodies, 즉 기술관료 정부가 사람의 몸을 디지털 방식으로 모니터링하고, 추적하며, 흔적을 알아내는 쪽으로 변화해야만 한다. 이 방법만이 미래의 문제를 극복할 수 있다. 다른 방법은 없다. 기술적 해법에 동조하지 않으려는 모든 사람은 순진하고 '비과학적'이다.

전체주의와 기술관료주의는 자신을 합리성과 과학의 정점이라고 표현하길 좋아한다. 기술관료주의적인 천국은 사람들을 행복하고 건강하게 만들 것이다. 설령 그렇지 않더라도 최소한 이를 달성할 가장 큰 기회를 제공할 것이다. 이를테면 피하 센서를 활용해 모든 생화학적 변화를 등록하고 기록할 수 있다. 여기서 질병의 징후를 보이는 사람은 누구든지 즉시 검사를 받고 적절한 치료를 받을 수 있다. 이를 효율적으로 달성하려면 감시와 정부 통제라는 인공조명 아래 모든 것을 영구적이고 예외 없이 노출해야만 한다. 인간 존재가 이따금 사생활의 그늘을 즐길 수 있을 때만 활짝 피어나는 꽃과 같다는 사실은 기술관료주의적 관점에서 그리 중요치 않다. 시스템에 동조하길 거부하는 모든 사람은 시민의식이 부족한 사람이며, 스스로를 집단보다 더 중요시하는 사람이다. 개인의 건강은 더 이상 개인의 문제가 아니다. 몇몇 질병들은 전염성이 있기 때문이다. 그러나 객관화된 생물학적-환원주의적 관점에서도 지나친 (정부의) 통제는 그 자체로 건강에 해롭다는 것이 명백히 밝혀졌다. 바이러스 감염의 예를 들어보자. 통제는 스트레스를 초래하고, 뒤이어 스트레스 자체가 바이러스 감염에 대한 물리적 저항력을 극도로 떨어뜨린다(예, 10장에서 언급했던 최대 80퍼센트나 더 높았던 사망률을 떠올려보라). 생물학적-환원주의적 분석에 근거한 행동은 순수하게 물리적인 수준에서도 사실상 실패로 이어지는 지름길이다. 현미경으로 들여다보는 작은 원 안에서 관찰한 기계적 과정에 근거해 바이러스 감염 경로를 이해하기란 불가능하다. 심리적, 사회적, 경제적 맥락 전체가 필수적인 역할을 한다. 헤겔은 이미 "진리는 전체다Das Wahre ist das Ganze."라는 사실을 알고 있었다.[3]

바로 이것을 21세기 과학이 놀라운 방식으로 우리에게 두드러지게 보여주었다. 즉, 크고 작은 모든 것은 서로 연결되어 있으며, 모든 것은 더 중요하고 복잡한 동역학 시스템의 일부라는 것이다.

바이러스성 질환—더 나아가 건강과 행복—의 경로를 이해하려면 인간과 사회를 고찰하고 자연의 원리들을 관찰해야 한다. 이렇게 할 때, 기계론적 이데올로기에서 제2의 자리로 격하되었던 삶에 관한 다음의 거대한 질문들이 다시 전면에 등장한다. 욕망하는 존재로서 우리는 과연 누구일까? 우리는 타인들, 우리의 몸, 쾌락, 자연, 죽음과 어떤 관계일까? 자연 안에서 우리는 어떤 위치를 차지하고 있을까? 이러한 물음에는 절대로 결정적인 해답을 얻지 못할 것이다. 각 개인은 새로운 상황에 부딪힐 때마다 이러한 질문에 새로운 답을 내려야 하며, 그 해답들은 결코 순수하게 합리적인 방식을 동원해 단정적으로 판단할 수 없다(9장 참조). 과학의 종점은 빈틈없는 합리적 이해와 현실 통제로 도달하는 것이 아니다. 오히려 인간의 합리성에는 한계가 있고, 지식은 인간에게 속한 것이 아니라 인간이 일부를 구성하는 더 폭넓은 시스템 속에서 찾아야 함을 최종적으로 받아들이는 것이야말로 과학의 종점에 이르는 길이다.

이렇게 해서 우리는 긴장이 감도는 흥미로운 영역에 도달했다. 한편으로 여러분은 합리적 지식의 꾸준한 성장으로 과학의 발전을 보고 있다. 끊임없이 늘어나는 수많은 현상 속에서 준수되는 법칙들이 속속 드러난다. 그러나 다른 한편으로 여러분은 과학이 사물의 비합리적인 핵심, 인간의 이해를 비껴가는 대상을 향해서도 나아가고 있음을 보고 있다. 이 무언가는 관찰되는 모든 사물의 사소한 측면이라며 무시해도 되는 것이 아니다. 그것 자체가 생명의 본질이다(3장 참조). 바로 이 수준에서 우리는 세계가 계속 합리화되어 감에도 인간 존재는 더욱 생명의 본질이 난해하다고 느끼며, 날이 갈수록 무의미성, 불안, 심리적 불안, 좌절감을 더 빈번히 경험한다는 것을 알 수 있다(1부). 우리가 현재 경험하는 일련의 위기들은 기계론적 이데올로기에 모순을 일으키고, 이와 연관된 유사-합리적 해결책들이 실패한다는 것이 점점 더 명확해지고 있다. 특정 집단의 사람들은 과학의 창시자들이 이미 인식했던 것—사물의 본질은 합리적으로 이해할 수 없고, 현실은 기계론적 틀 안에 축소시킬 수 없다—을 점점 더 분명히 알게 될 것이다. 이를 깨달을 때라야 비로소 우리는 진정으로 드러나는 생명의 본질을 찾기 시작할 수 있다. 이 본질은 늘 합리화와 기계화를 피해 가고, 디지털화되는 대화 속에서 자취를 감추며, 어머니의 자궁과 인공 비닐 자궁의 차이를 나타내고, 전열기와 장작 난로의 차이를 나타내는 등 고유의 성질을 지닌다.

과학의 여정은 우월한 지식을 획득하는 데서 끝나지 않고 소크라테스적인 겸손에서 막을 내린다. 이 여정을 충분히 오래 경험한 인간이라면 모든 합리적 지식이 상대적이며 자신이 궁구하는 대상의 본질과 동떨어져 있다는 것을 더 잘 안다—자연히 알게 된다. 이 여정의 종착점에 다다르면 논리와 합리성으로는 이해할 수 없는 무언가와 조우하게 된다. 위대한 과학자들은 이러한 만남을 다양한 방식으로 증언했다. 알베르트 아인슈타인 Albert Einstein은 그가 우주의 모든 곳에서 발견한 난해한 신비와 현실의 놀라운 구조에 관해 이야기하길 좋아했다. 닐스 보어는 현실의 모든 것에 관해 시가 논리보다 더 많은 것을 포착한다고 보았다.[4] 막스 플랑크는 세계와 모든 인간의 운명을 전능한 손에 쥐고 있는 의식적이고 지적인 정신에 모든 물질의 뿌리가 놓여 있다고 말했다.

가장 냉철한 과학과 물질 연구에 평생을 바친 사람으로서, 나는 원자에 관한 내 연구의 결과를 이렇게 말할 수 있다. 물질 같은 건 없다! 모든 물질은 원자의 입자들을 진동시키고 원자의 미세한 태양계를 하나로 묶는 어떤 힘의 미덕에 의해서만 생겨나고 존재한다. … 이 힘의 뒤에는 의식적이고 지적인 정신이 존재한다고 가정해야 한다. 이 정신이 모든 물질의 모체다.

종교와 과학 모두 신에 대한 믿음을 요구한다. 신자들의 신이 시초에 있다면, 물리학자들의 신은 모든 고찰의 끝에 있다. 신자에게 신은 토대이지만, 물리학자에게 신은 모든 일반화된 세계관으로 이룬 대건축물의 극치다.

신은 인간이 지구상에 있기 전부터 존재했고, 그의 전능한 손안에 온 세계, 신자, 비신자를 영원히 쥐고 있으며, 지구와 그 위에 존재하는 모든 것이 재가 된 훨씬 이후에도 인간의 이해가 도달할 수 없는 수준에서 왕위를 유지할 것이다. 이 믿음을 설파하는 사람, 이에 감동되어 숭배와 완전한 신뢰를 품은 사람은 삶의 위험 속에서도 전능자의 보호 아래 안전하다고 느낄 것이며, 오직 그들만이 스스로를 진정한 종교인이라고 할 수 있을 것이다.[5]

과학의 창시자들이 합리주의적 세계관을 뒤로한 것은 예외가 아니라 법칙이었다. 과학자들의 관조적 작업을 한번 살펴보라. 아인슈타인, 베르너 하이젠베르크, 에르빈 슈뢰딩거, 루이 드 브로이Louis de Broglie, 플랑크, 보어, 볼프강 파울리Wolfgang Pauli, 아서 에딩턴 경Sir Arthur Eddington, 제임스 진스 경Sir James Jeans 등 이들 모두가 신비적 세계관을 가지게 된 것은 대상을 연구하는 과정에서 해결할 수 없는 신비에 직면했기 때문이다.[6] 그렇다고 합리적 근거와 논리의 중요성을 과소평가하는 것은 결코 아니다. 다만 합리성이 인간의 최종 목적지는 아니라는 것이다. 궁극적으로 합리성을 초월하기까지 인류는 논리의 길을 탄탄히 밟아나가야 한다.

위대한 과학자들은 과학에 대한 논리적-사실적 담론을 뒤로하고, 새롭게 개화된 태도로 계몽주의 시대 초기에는 하위적인 것으로 치부되던 담론 유형으로 되돌아갔다. 이는 시적 혹은 신비주의적 담론으로서 이름 붙일 수 없는 대상—계속해서 인간 정신을 교묘히 벗어나는 대상—에 대한 원초적 존경과 진정한 경외심을 담고 있었다. 여기서 우리는 뭔가 흥미로운 것을 보게 된다. 과학이 지나온 궤적은 모든 인간 아동(혹은 적어도 대다수 아동)이 하나의 주체로 변모해가면서 따르는 궤적과 구조적으로 동일하다. 이를 더 폭넓은 관점에서 살펴보기 위해 5장에서 제시했던 발달심리학적 논증을 다시 한번 언급하려고 한다.

모든 아동은 엄마와의 공생적 공명 속에 삶을 시작하는데 이는 초기(몸짓) 언어를 통해 실현된다. 거울 단계부터는 이러한 직접적인 공명이 끝나고, 이때부터 아동은 어떤 말이 어떤 대상을 가리키는지를 논리적으로 판단하려고 집요하게 애쓴다. 아동이 차지하려는 궁극적 대상은 항상 타자의 욕망이다. 타자는 무엇을 원할까? 결국 타자의 말을 이해하려는 열의는 항상 그 타자의 욕망의 대상이 되려는 욕구에서 비롯된다. 이러한 위치는 한편으로 자기애적 쾌락의 가능성을 열어주지만, 다른 한편으로는 의존성과 불안에 빠져들게 한다. 말의 의미에 집착하는 끈질긴 시도로 인해 아동은 공생을 이끄는 능력을 잃고 만다. 의미에 고착하는 태도 때문에 말은 공명력을 잃고, 생애 최초 몇 달간 연결성을 만들어냈던 소리들은 더 이상 같은 기능을 하지 못한다. 여기서 우리는 논리적-합리적 이해에 대한 열광적 추구, 자기애, 의존성, 불안, 사회적 고립 등 다양한 요소 간의 연결성을 볼 수 있다.

거울 단계를 지나 세 살 반 정도가 되면 아동의 주관적 경험에 두 번째 대혁명이 일어난다. 이때부터 아동은 말이 결정적 의미를 지닐 수 없다는 것을 깨닫기 시작한다. 인간의 언어는 해결할 수 없는 결핍이 있으므로 절대로 결정적인 확실성을 지닐 수 없다는 것을 깨닫게 되는 것이다. 타자가 바라는 궁극적 대상이 되고자 했던 자기애적 착각이 흔들릴 때, 우선 아동은 자기애적 우주에서 어쩔 수 없이 일차적 공포에 직면한다. 바로 타자의 요건을 충족하지 못해 폐기될 대상으로 버려질 수 있다는 공포 말이다. 이 지점에서 아동이 택할 수 있는 길은 두 가지다. 하나는 자기애적 공포를 느끼지 않도록 자기애와 (유사)합리성에 더 완고하게 매달림으로써 불확실성을 없애려고 노력하는 것이다. 이렇게 시도하는 아동은 어쩔 수 없이 점점 더 고립된 존재가 되어 결국 더 심한 불안과 우려에 빠지고 만다.

두 번째 길은 자기가 만난 불확실성 속에서도 창의적인 방식으로 삶의 실체를 구축할 만한 공간을 발견하고 개별성을 발달시키는 것이다. 더는 타자가 바라는 대상이 될 필요가 없으므로 자기 자신이 되어 나름의 개성을 실현할 기회가 생긴다. 이때 아동은 더 이상 타자의 대상이 되는 데서 즐거움을 찾지 않는다. 오히려 인간으로서의 개별성을 갖춰 호감을 얻는 편을 열망한다. 자기만의 개인적인 방식으로 선택을 내리고 인간으로서 다른 사람들과 관계를 맺는다. 이 길로 들어선 아동은 언어의 비사실적이고 비논리적인 활용, 개별성과 창의력을 드러내는 언어 활용을 점점 더 섬세하게 감지한다. 부분적으로 아동이 언어의 공명 기능과 타인과의 연결성을 재발견하는 비결은 바로 이러한 언어 활용을 연습하는 데 있다. 이렇듯 언어가 유연하게 활용되고, 모든 단어가 하나의 특정한 의미와만 연결되지 않는다는 사실은 대화자 서로가 소리를 주고받음으로써 (논리적으로는 이해하기 어려운) 개별성을 교환하게 한다. 이 지점에서 발화는 지식을 전달하는 수단에서 주관적 진리로 탈바꿈한다.

두 번째 길을 택한 아동은 모든 면에서 타자가 늘 자기를 위해 존재하는 것을 당연시하는 **왕 같은 아기**his majesty the baby라는 자기애적 위치에서 벗어나, 다른 인간들 사이에 머무는 한 인간으로 존재한다. 이 변화는 아동을 해방시키기도 한다. 더는 새로운 상황에 부딪힐 때마다 해도 되는 것과 안 되는 것, 용인되는 것과 그렇지 않은 것을 분별하고자 부모에게 의존하지 않아도 된다. 인간관계를 규율하며 아동 스스로 어느 정도 실천해야 할 폭넓은 원리들을 인식하기 때문이다. 여기서 우리는 다시 한 번 다양한 요소(불확실성을 감내하는 능력, 공명하는 언어에 대한 감수성, 인간주의, 개별성, 주권, 타자와의 연결) 사이의 연결성을 볼 수 있다.

이 혁명은 모든 아동에게 각기 다른 정도로 일어나며, 절대로 말끔한 결과를 안겨주지 않는다. 어떤 의미에서 모든 삶은 타자와의 관계 속에서 자신의 공간을 찾으려는 시도로 구성된다. 이 목표를 위해 자신을 집중적으로 투여하는 사람이 있는가 하면 별로 그러지 않는 사람도 있다. 하지만 이러한 실존적 삶의 과업을 피할 수 있는 사람은 아무도 없다. 이 과정에서 더 진전할수록 더 많은 에너지와 창의력을 가지게 된다. 이 두 번째 길에서 실현되는 궁극적인 잠재력은 분명치 않지만, 앞 장에서 논했듯이 그 심리적 영역이 신체에 미치는 막대한 영향을 고려할 때 그 가능성은 실로 엄청나다. 인류의 미래는 기계론적-트랜스휴머니즘의 궤도가 아니라 바로 이 궤도 위에 놓여 있다.

모든 아동이 자기 존재 및 타자와의 관계에서 자신의 위치와 관련하여 근본적인 불확실성과 직면하듯이, 과학 및 과학에 기반한 계몽주의 사회도 이제 갈림길에 이르렀다. 하나의 사회를 이루고 있는 우리는 불안을 회피하고 불확실성을 부인하든지,

아니면 우리의 자기애적 불안을 뿌리치고 불확실성을 받아들일 수 있다. 첫 번째 길을 택한다는 것은 더 많은 (유사)과학적 이데올로기, 그릇된 합리성, 그릇된 확실성, 기술적 통제에서 해결책을 찾는다는 뜻이다. 이 길의 끝에는 더 심한 불안, 우울, 사회적 고립이 기다린다. 이런 경험에 대한 반응으로 통제할 수 없는 것을 통제하겠다고 더 고집스럽게 애쓰다 보면 더 깊은 절망에 빠진다. 이 책에서 우리는 이러한 악순환이 도달하는 논리적 최종점이 대중 형성과 전체주의, 즉 인간의 모든 창의성, 개별성, 다양성, 모든 형태의 사회적 연결(개인과 국가 집단 사이의 유대는 제외)의 급격한 파괴 현상이라는 것을 보여주었다. 사회의 전 영역에서 이 과정이 점점 더 한계에 가까워지고 있음을 볼 수 있다. 역사상 처음으로 지구촌 전체가 대중 형성이라는 동일한 과정에 사로잡혔고, 어디든 존재하는 통제가 사생활의 가장 내밀한 영역까지 다다를 정도로 세계의 '기술화'와 '기계화'가 확대되었다. 이에 우리는 지배적 이데올로기가 궁극적 종점에 이르러 마지막 총력을 다한 뒤 결정적이고 최종적인 방식으로 무력성을 드러내는 순간, 즉 한 순환의 종결점을 경험하고 있다.

그러나 두 번째 길을 택한 사회는 불안을 뿌리친다. 그리고 불확실성이 인간의 조건에 내재되어 있으며 창의성, 개별성, 인간적인 연결성을 출현시키는 필요조건임을 깨닫는다. 이 길 위에서 사회는 연결성과 개인의 차이점이 서로를 강화하는 공간이 된다—이와 반대로 전체주의 체계에서는 집단성이 모든 사람의 개별적 자유를 철저하게 빼앗아 모든 다양성이 사라지고 그 자리를 단일한 국가 정체성이 차지한다. 위대한 과학Great Science은 앞서서 두 번째 길을 걸어갔다. 이성을 절대적 한계까지 추구한 뒤, 그 지점에서 새로운 형태의 앎, 타자와 연결되는 새로운 연결 방식, 그리고 서로 다른 원리를 토대로 인간 존재를 바라보는 관점을 가지게 된 것이다.

과학이 이 지점에 도달한 방식은 어린 아동이 거치는 과정과 구조적으로 같다. 젊은 과학도 논리적 추론으로 연구 대상을 완전히 이해할 수 있다는 믿음에서 시작한다. 사실facts은 논리적이니 완전히 이해할 수 있다고 보는 것이다. 그러나 조사하는 현상을 논리적으로 분석할수록 본질상 비논리적이며 인간 정신으로는 파악할 수 없는 하나의 핵심이 분명히 드러난다. 그리고 아동의 경우처럼, 이 순간 모든 논리는 상대적이라는 인식이 싹트고, 논리적으로는 이해될 수 없으나 더 직접적인 친화성, 대상과의 공명으로 이어지는 언어 형태(시, 신비주의 등)에 대한 감수성이 높아진다.

이 책을 시작하면서 세계와 인류에 대한 기계론적 관점의 출현은 세계에 관한 지식 획득 측면에서 일대 혁명이었다고 논했다. 종교적 세계관 안에서 지식은 신에 의해 인간에게 드러나는 것이었다. 따라서 모든 지식의 출처는 인간 밖에 놓여 있었다. 이를 기계론적 세계관이 완전히 바꿔놓았다. 인간이 지식의 출처를 자기 안에서 찾은 것이다. 이제 인간은 사실 관찰과 논리적 추론을 통해 사실 간의 상호 연결성을 탐구함으로써 스스로 지식에 도달하게 되었다. 그러나 이 여정의 끄트머리에서 과학

은 또 한 번 지식이 인간 밖에 놓여 있다고 결론 지어야 했다(본
장 앞부분에서 언급했던 플랑크의 말을 참조하라).

궁극적 지식은 인간 밖에 놓여 있다. 그리고 이 지식은 만물
안에서 진동한다. 인간은 마치 하나의 끈처럼 자신의 진동을 사
물의 주파수에 맞추어 조정함으로써 그 지식을 받을 수 있다.
갖가지 편견과 신념을 제쳐놓을수록 인간은 더욱 온전히 주변
사물과 함께 진동하며 새로운 지식을 얻을 수 있다. 이는 르네
톰의 논문을 해석하는 하나의 방법이다. 그는 위대한 과학자에
게 꼭 필요한 것은 특출난 논리적 사고 역량이 아니라, 자신이
연구하는 사물들과 공감할 줄 아는 뛰어난 능력이라고 주장했
다(1장 참조).[7]

과학은 이러한 공감에 이르는 여러 방법의 하나일 뿐이다.
공예를 배우는 것도 이러한 능력을 길러준다. 처음 배울 때는
제작 대상과 절차에 관해 논리적으로 일관된 지식을 갖춰 나간
다. 그다음 이 지식을 실제로 적용하는 법을 배우면서 도구와
재료에 대한 감을 익히는데 이 감은 모든 논리적 지식을 초월한
다. 바로 이것이 장인의 본질을 구성한다. 장인의 감—자신의
공예와 기술에 대한 친화력과 지식—은 다년간 질서 있는 연습
을 통해서만 얻을 수 있다. 단순히 이론적 지식만 축적한다고
장인이 될 수 없는 이유도 여기에 있다.

예술을 배우는 것도 좋은 방법이다. 우선 논리적이고 일관된
규칙 묶음을 배운 뒤, 수년간 연습을 지속하면 이러한 규칙을 뛰
어넘는 친화력이 생긴다. 더구나 그 규칙들은 결국 쓸모없는 짐

이 되어 내다 버려야 한다. 일본 속담 중에 "예술의 규칙은 그것을 깨뜨릴 능력이 생길 때까지만 지켜야 한다."는 말이 있다. 일본의 토가쿠레류 인술忍術·Ninjutsu의 34대 대가인 하츠미 마사아키初見良昭는 그의 무술은 궁극적으로 잊어버리기 위해 배우는 것이라고 말했다.[8] 연습과 훈련을 통해 몸을 다진 뒤에 그 기술을 놓아버리는 것은 그것을 배우기보다 어렵다. 하지만 이는 중요한 일이다. 누구든 전장에서마저 머릿속에 기술을 떠올려야 하는 사람은 목숨을 잃을 것이다. 또한 하츠미 마사아키는 무술을 다년간 연습하면 무기에 나름의 의지가 깃들어 있음을 깨닫게 된다면서, 절대로 무기를 노예 부리듯 해서는 안 된다는 말도 남겼다. 검마다 고유의 성향이 있어 특정한 방식으로 움직이려 한다는 것이다. 무기가 가려는 방향을 느낄 수 있을 때만 검을 원하는 대로 다룰 수 있다.

공감하는 능력은 자기 몸과의 관계에서도 효력을 발휘한다. 본질상 우리 몸은 우리 자신과 이질적이다. 몸은 각종 자극—음식, 타인, 갖가지 상황—에 반응할 때 우리의 지식이나 의지 없이 자율적으로 움직인다. 우리는 살아가면서 이를테면 움직임을 기반으로 한 예술 활동이나 명상을 수행하거나, 각종 요인(영양소, 운동 등)이 몸에 일으키는 효과를 관찰하거나, 혹은 정신분석 치료를 통해 신체적 경험을 반복해서 말로 표현함으로써 자기 몸을 느끼는 법을 배울 수 있다. 누구든 귀를 기울여 자기 몸의 언어를 익히는 사람은 건강의 비결을 가지고 있다. 자기 몸을 느끼는 것은 그 어떤 의약품보다 중요하고, 소위 건강식과 같이 '객관적'이라고 여겨지는 모든 합리적 지식보다 중요하다.

마찬가지로 인간은 주관적 경험, 사고, 감정, 특히 타인과의 관계에서 일어나는 모든 것을 경험하는 심리적 존재로서의 자신도 알아야 한다. 자신의 경험을 감지하고 이를 말로 나타내고 다른 경험과 관련지어 표현하는 능력은 우리 인간 존재의 핵심을 이룬다. 3장의 논지와 같은 선상에서 볼 때, 우리는 온전한 발화—인간으로서 우리의 어떤 면이 진동하고 공명을 일으키는 유형의 발언—를 통해 타인에게 자신의 개별성 일부를 전달할 수 있을 때 인간으로서 존재한다. 우리는 이 온전한 발화—이를테면 정신분석 치료 장면에서 배우는 기술—의 기술을 통해 타인 그리고 우리 주변의 세상과 진정한 연결성을 깨달을 수 있다 (그러면서도 자신을 잃지 않는 방식으로).

또한 이 기술은 인간, 나아가 하나의 문화이자 사회로서 우리가 죽음과 다른 방식으로 관계 맺게 한다. 생물학적-환원주의적 특성이 있는 기계론적 인간관에서 고통, 부패, 죽음은 무의미할 뿐이다. 이것들이 인간인 우리에게 무언가를 말해주고 가르쳐줄 수는 없다고 본다. 이것이야말로 기계론적 거대 서사의 가장 큰 문제일 것이다. 지상의 궁극적인 주인인 죽음이 지상에서 합당한 대접을 받지 못했다는 사실 말이다. 죽음도 이를 달가워하지 않는다. 이야기에서 금지된 죽음은 우리를 위협하고 테러리즘, 바이러스 등 모든 위협에 미친 듯이 반응하게 하여, 결국 원래 문제보다 더 큰 피해를 불러온다. 우리 문화가 죽음에 새로운 자리를 내어줄 방법은 또 다른 거대 서사를 만들어 이를 신봉하는 것이 아니라, 통합적 발언 기술을 함양하고 대상과의 접촉을 이루는 것이다. 타자 그리고 세상과의 연결, 더 폭넓은 전체와의 공명은 자아라는 편협한 제약을 없애준다. 말 그대로 자기 외부의 존재와 연결되는 정도만큼 자신의 경계를 넘어설 수 있으며, 이때 우리의 경험세계는 시공간 안에서 끝없이 확장되는 존재로까지 넓어진다. 더 큰 평원과 공명을 이룰 때, 우리는 영원한 생명의 공기 속에 흔들리며 바스락거리는 갈대처럼 영원한 우주 속에 참여한다.

사물의 중심에는 논리 범주로는 결코 명확히 포착할 수 없어 계속 다른 말로 바꿔 표현해야 할 무언가가 놓여 있다. 이를 말로 옮기려는 모든 시도는 일시적일 수밖에 없다. 새로운 만남은 새로운 말들을 낳으며, 이 말들은 대상과 만나는 가운데 곧장 생겨난다. 막스 자코브는 "진실은 언제나 새롭다(Le vrai est toujours neuf)."고 말했다.[9] 대상과의 만남은 진실을 생산한다. 이 진실은 항상 갱신되는 발언 방식으로, 그 핵심적인 특징은 논리적 옳음이 아니라 대상과 신선하고 진지하게 공명한다는 것이다. 이런 점에서 시는 논리적 관점에서는 무의미해 보이지만, 엄밀한 삼단 논법으로 수립한 담론보다 훨씬 더 많은 진실을 전달할 수 있다.

진실truth은 시대착오적인 개념이 되어 이제 낡은 표현처럼 들린다. 프랑스 철학자 미셸 푸코는 그의 저서 《진실의 용기》에서 흥미로운 방식으로 미사여구와 진실을 구분한다.[10] 미사여구를 쓰는 사람은 자기가 공감하지 않는 다른 관념과 신념을 불러일으키고자 노력한다. 진실 말하기를 고수하는 사람에게는 정반대 상황이 펼쳐진다. 그는 발언을 통해 자기 안에 살아 숨 쉬는 관념이나 경험을 타자에게 전달하려고 진심으로 애쓴다. 자기가 느끼고 있는 무언가가 타자 안에 공명을 일으키도록 노력하는 것이다.

최근 수 세기, 특히 최근 수십 년간 공공 영역은 부쩍 미사여구로 가득 찼다. 이미 우리는 정치인들을 보면서 그런 미사여구에 익숙해 있었다. 정치인들이 임기 동안 공약을 이행하고자 시도만이라도 해주길 기대하는 사람조차 없다. 장기적으로 보면 사람들은 정치인의 선거 담론이란 확신시키는 일만을 수행한다는 것을 쉽게 받아들인다. 사실 광고도 마찬가지다. 어리석은 사람이 아니고서야 광고가 홍보 상품을 정확히 묘사한다고 믿을 리는 없다. 코로나바이러스 위기 동안 우리는 자신을 과학자라고 말하는 사람들도 별반 차이가 없다는 것을 알게 되었다. 오늘 그들이 확실하다고 말한 것이 내일이면 금세 철회되는 식이었으니 말이다.

사회가 직면해야 할 진정한 방향 전환과 혁명은 미사여구를 떨쳐버리고 결연하게 진실을 하나의 지침 원리로 삼는 것이다. 푸코는 진실 말하기의 양식을 예언prophecy, 지혜wisdom, 테크네techné, 파레시아parrhesia(대담하게 말하기) 등 네 가지로 구분했다.[11] 각 양식은 하나의 대상과 공명하고 이를 진실한 말하기 속에 반향하여 타인에게 전달하는 능력과 관계된다. 예언은 논리적 이해가 아니라, 위대한 프랑스 수학자이자 과학 철학자인 앙리 푸 앵카레가 제안한 것처럼 현실을 사로잡는 이야기를 감지하는 능력에서 기인하는 예측력을 말한다. 지혜는 침묵을 지키면서 타자가 자신의 말에 귀 기울이도록 하는 능력이다. 테크네techné 는 기술적으로 옳은 것을 말하고, 언급하는 대상의 구조를 적절 히 반영하는 논리적-사실적 담론을 제시하는 능력이다. 마지막 으로 파레시아parrhesia는 사회의 그릇된 담론을 돌파하는 발언을 공공연히 꺼내는 용기를 가리킨다. 진실 말하기 현상의 재평가 는 혁명의 진전을 가늠할 탁월한 지표가 될 것이며, 이는 계몽주 의 전통에 내재된 전체주의 경향을 극복하는 데 꼭 필요하다.

마지막으로 우리는 이렇게 자문할 수 있다. 하나의 이상理 想·ideal으로서 합리성을 포기하기란 위험한 일이 아닐까? 이 질 문은 내게 작은 성찰을 요구하는데 이는 주제의 심각성을 고려 할 때 절대 진부한 내용이 아니다. 날마다 3만 5천 명의 아동이 굶주림으로 사망한다. 바이러스 하나에도 동요하는 대중이 왜 이런 사실에는 동요하지 않는 것일까? 인류가 합리적인 관점을 가졌다면, 코로나바이러스로 위협받는 사람들보다 훨씬 적은 비용으로 이 어리고 굶주린 생명들을 구해야 하지 않을까? 여기 에는 시민의 자유를 위협하는 일도 없고, 실험 단계의 치료제와 관련된 위험도 없지 않은가? 지구 반대편에서 죽어가는 아동 한 명 때문에 공황에 빠지는 사람은 아무도 없다. 이것은 불편한 진실이다. 계몽주의의 합리성과 인본주의는 여러 면에서 일종의 겉치레이자 무화과나무 잎(추한 실체를 가리기 위한 덮개를 뜻함-옮긴이)이다. 이 겉치레를 걷어내면 비합리성의 두 눈을 마주하게 된다. 합리성이라는 무화과나무 잎 뒤에는 오래된 인간의 악덕들이 놓여 있다.

합리적 세계관이 있다고 비합리적 사고의 고삐를 단단히 쥘 수 있는 것은 아니다. 오히려 합리적 세계관은 비합리성을 깨닫지 못하게 한다. 이에 따라 비합리성은 기괴하리만치 많은 부분을 차지한다. 하지만 자기 지성의 한계를 알고 있는 사람은 대개 덜 오만하고 더욱더 인간적이며, 타인의 다름을 더 인정해줄 줄 안다. 자신의 지성이 외침을 멈출 때, 그는 존재하는 사물들이 제 이야기를 중얼거리는 소리를 듣게 된다. 그리고 그 역시 자기 이야기를 할 자격이 있음을 깨닫는다. 절대 논리는 없다는 인식은 정신적 자유의 전제 조건이다. 이 논리에 존재하는 틈은 말 그대로 개인의 고유한 양식과 창조에 대한 열망을 펼칠 공간을 열어준다. 괴테는 삶이라는 질병을 치료할 그만의 약을 설명하면서 "나는 창조하는 동안 건강해졌다."고 말했다. 어쩌면 이 약은 바이러스에도 효과를 발휘하지 않을까?

어찌 되었든 이 치료제는 우리가 서로를 위협적으로 느끼지 않고서도 자유로운 발언권과 자기 결정권을 존중하도록 보장한다. 이는 적을 만들 필요 없이 불안, 불편함, 좌절, 공격성을 누그러뜨릴 잠재력을 담고 있다. 이 지점에서 우리는 더 이상 의미와 연결성을 경험하기 위해 군중에 매몰될 필요가 없어지고, 전체주의의 겨울은 새로운 삶의 봄에 자리를 넘겨준다.

감사의 말

말이 어디서 오는지는 말로 표현할 수 없다. 하지만 말이 어디로 가는지는 분명히 안다. 말은 항상 다른 사람을 향해 간다. 인간은 말이 발원지를 떠나 타자에게 향해 가는 여정에서 잠시 거쳐가는 좁은 통로다.

이 책에 쓴 말들은 수년간 낙서와 메모로 남아 있었다. 이 기록들을 세상에 내보내야겠다고 마침내 결심하게 만든 것은 코로나바이러스 위기였다. 이 위기 동안 그 말들이 갈망하는 타자가 생겼다. 다양한 글과 팟캐스트, 그리고 인터뷰를 통해 전달한 나의 의견을 열린 마음으로 경청한 모든 이들에게 감사의 뜻을 전한다. 그들의 사람 냄새나는 반응—소셜 미디어, 이메일, 편지로 전해 받은 이야기들—덕분에 그 말들이 내 안에서 꽃을 피웠고, 내 이야기를 계속 전하고 내 생각을 글로 옮겨야겠다는 의지가 생겼다.

나의 진솔한 의견을 제시할 수 있는 포럼을 열어준 많은 이에게 감사한다. 특히 말리스 데커스Marlies Dekkers와 아드 베르브루게Ad Verbrugge 두 사람을 생각하면 감사한 마음이 든다. 〈데니버 비헐드De Nieuwe Wereld〉 스튜디오도 친근한 느낌이 든다. 녹음을 마치고 함께 모여 와인 한 잔을 나누는 자리는 집처럼 편안했다. 이 책을 집필할 당시 상황에서는 발언하고 글을 쓰는 것이 조심스러운 일이었다. 엄청난 사회적 저항 속에서 진행해야 했기 때문이다. 이러한 저항에 맞서는 경험을 함께해주고, 이 과정에서 뜻밖의 방식으로 내 삶에 나타나 친한 친구들이 되어준 사람들에게 감사한다. 여러분의 이름을 여기에 다 적을 수는 없지만, 여러분 한 사람 한 사람은 내가 이 말을 여러분에게 쓰고 있다는 것을 알아줄 거라고 믿는다. 여러분은 영원히 나의 마음과 생각 속에 특별한 자리를 차지할 것이다.

2021년 8월, 본격적으로 펜을 들고 이 책의 내용을 쓰기 시작했다. 작업할 때는 발행인 낸시 더보벤Nancy Derboven이 사전에 정해준 집필 일정을 엄격히 지켰다. 이 점에 대해 더보벤에게 감사한다! 같은 맥락에서 내 책에 크나큰 열의를 보여준 마고 볼드윈Margo Baldwin에게도 감사한다. 그리고 이 책의 훌륭한 영역본을 만들기 위해 흔들림 없는 헌신을 보여준 엘스 반브라반트Els Vanbrabant와 브리안 굿스피드Brianne Goodspeed에게 깊이 감사한다. 내 연구를 영국에 알리고자 꾸준히 노력해준 로버트 말론Robert Malone 박사에게 특별히 감사한다. 로버트, 스페인에서 만나서 정말 반가웠고 앞으로 또 만날 수 있길 바란다!

나는 전체주의에 관해 학술 잡지, 칼럼, 논문에 실었던 다양한 생각과 아이디어들을 모아 이 책의 내용을 구성했다. 집필 과정 동안 이 책의 초고를 읽고 의견을 나눠준 사람들—데보라 데스멧Debora Desmet, 리제 브레인느Liesje Breyne, 나탈리 드 니프 Nathalie De Neef, 스티븐 우터스Steven Wouters, 티네케 드 콕Tineke De Cock—에게 감사한다. 여러분이 기꺼이 조언해주지 않았다면 나의 원고는 절대로 무르익지 않았을 것이다. 내 막내 여동생 데보라는 동사의 시제를 다시 한번 생각해보도록 이끌어주고, 니체의 작문 십계명을 여러 번 상기시켜주었다. 리제는 단어들이 뻣뻣하게 얽혀 있는 곳마다 더 간결하게 표현할 방법을 찾아주었다. 나탈리가 건네준 재미있는 의견 그리고 절제와 중용에 관한 제안들은 내가 궤도를 이탈하지 않도록 도와주었다. 스티븐은 중요한 추가 문헌을 제공하고 잘못된 부분들을 바로잡아주었다. 티네케는 마지막 한 글자까지 모든 문장을 비판적으로 살펴보고 무자비할 정도로 논리적 명확성을 요구함으로써 텍스트 수준을 한층 끌어 올려주었다. 여러분 모두에게 진심 어린 감사의 인사를 전한다. 마지막으로 교정 작업을 맡아주고, 무엇보다도 집필 막바지 몇 달간 나의 집중력이 흐트러질 때도 밤늦도록 작업을 진행해주었으며, 나의 끊임없는 고찰과 즉흥적으로 떠오르는 생각들을 늘 차분히 들어준 발레리Valerie에게 감사하다는 인사를 전한다.

2021년 11월 메이겜에서
마티아스 데스멧

주 석

주석 중 국내에 번역된 책의 경우 책 이름을 병기하였으며
쪽수를 확인할 수 있을 경우 쪽수까지 병기하였습니다.

들어가는 말

1 Hannah Arendt, The Origins of Totalitarianism (London: Penguin Books, 1951): 622. 한나 아렌트, 박미애, 이진우 (옮김), 《전체주의의 기원 2》(한길사, 2006) p.276.

2 Maaike Schwering, "Himalaya voor het eerst in dertig jaar zichtbaar door schonere lucht" [Himalayas visible for the first time in thirty years through cleaner air], Knack, August 4, 2020, https://weekend.knack.be/lifestyle/ reizen/natuur/himalaya-voor-het-eerst-in-dertig–jaar-zichtbaar-door-scho-nere-lucht/article-news-1586287.html.

1 과학과 이데올로기

1 Immanuel Kant, "Beantwortung to the Frage: Was it Aufklärung?" [Answer to the question: What is Enlightenment?], Berlinische Monatsschrift (De-cember 1784): 481–94.

2 Michel Foucault, De moed tot waarheid [The courage to truth] (Amsterdam: Boom, 1978).

3 Max Jacob, Cornet a dés [Dice box] (Paris: Jourde and Allard, 1917).

4   W. Heisenberg, "Über den anschaulichen Inhalt der quantentheoretischen Kinematik und Mechanik" [On the physical content of the quantum theoretical kinematics and mechanics], Zeitschrift für Physik 43, (1927): 172–98.

5   René Thom, Prédire n'est pas expliquer [To predict is not to explain], Champs sciences, Editions Eshel, trans. Roy Lisker (IHES edition, 2010): 92.

6   Elisabeth Margaretha Bik, Arturo Casadevall, and Ferris Fang, "The Prevalence of Inappropriate Image Duplication in Biomedical Research Publications," mBio 7, no. 3 (July 2016): e00809-16.

7   Owen Jarus, "Famed Archaeologist 'Discovered' His Own Fakes at 9000-Year-Old Settlement," Live Science, March 12, 2018, https://www.livescience.com/61989-famed-archaeologist-created-fakes.html.

8   I. M. D. Souza and A. M. L. Caitite, "The Amazing Story of the Fraudulently Cloned Embryos and What It Tells Us about Science, Technology, and the Media," Historia, Ciencias, Saude—Manguinhos 17, no. 2 (2009): 471–93.

9   Joseph Hixson, The Patchwork Mouse (Garden City, New York: Anchor Press, 1976).

10   Isabelle De Groote et al., "New Genetic and Morphological Evidence Suggests a Single Hoaxer Created 'Piltdown Man'," Royal Society of Open Science 3, no. 8 (August 2016): 160328, https://doi.org/10.1098/rsos.160328.

11   Gretchen Vogel, "Psychologist Accused of Fraud on 'Astonishing Scale'," Science 334, no. 6056 (November 4, 2011): 579–79, https://doi.org/10.1126/science.334.6056.579.

12   Daniele Fanelli, "How Many Scientists Fabricate and Falsify Research? A Systematic Review and Meta-analysis of Survey Data," Plos One 4, no. 5 (2009): e5738, https://doi.org/10.1371/journal.pone.0005738.

Mona Baker and Dan Penny, "Is There a Reproducibility Crisis?"Nature 533 (May 26, 2016): 452–54.

14   C. Glenn Begley and Lee M. Ellis, "Drug Development: Raise Standards for Preclinical Cancer Research," Nature 483 (March 2012): 531–33, https://doi.org/10.1038/483531a.

15 Andrew Chang and Phillip Li, "Is Economics Research Replicable? Sixty Published Papers from Thirteen Journals Say 'Usually Not'," Finance and Economics Discussion Series 2015-083 (September 2015): http://dx.doi.org/10.17016/FEDS.2015.083, retrieved from https://www.federalreserve.gov/econresdata/feds/2015/files/2015083pap.pdf.

16 C. Glenn Begley and John P. Ioannidis, "Reproducibility in Science: Improving the Standard for Basic and Preclinical Research," Circulation Research 116, no. 1 (January 2015): 116–26, https://doi.org/10.1161/CIR-CRESAHA.114.303819.

17 John P. Ioannidis, "Why Most Published Research Findings Are False," PLoS Medicine 2 (August 2005): e124, https://doi.org/10 .1371/journal.pmed.0020124.

18 Mattias Desmet, The Pursuit of Objectivity in Psychology (Ghent: Borgerhoff & Lamberigts, 2018).

19 G. J. Meyer et al., "Psychological Testing and Psychological Assessment: A Review of Evidence and Issues," American Psychologist 56, no. 2 (February 2001): 128–65.

2 과학의 실제적 응용

1 Benjamin Kidd, The Science of Power (New York/London: Putnam's Sons, 1918): 18–19.

2 David Graeber, Bullshit Jobs (Amsterdam: Business Contact, 2018): 16. 데이비드 그레이버, 김병화 옮김, 《불쉿 잡》(민음사, 2021) p.13.

3 Graeber, Bullshit Jobs: 23. 데이비드 그레이버, 《불쉿 잡》 p.23.

4 Graeber, Bullshit Jobs: 27. 데이비드 그레이버, 《불쉿 잡》 pp.31-32.

5 Graeber, Bullshit Jobs: 18. 데이비드 그레이버, 《불쉿 잡》 p.15.

6 R. M. Giusti, K. Iwamoto, and E. E. Hatch, "Diethylstilbestrol Revisited: A Review of the Long-Term Health Effects," Annals of Internal Medicine 122, no. 10 (May 1995): 778–88, https://doi.org/10.7326/0003-4819-122-10-199505150-00008.

7 Arthur Shapiro, The Powerful Placebo: From Ancient Priest to Modern Physician (Baltimore: The Johns Hopkins University Press, 1997).

8 Bruce Wampold et al., "The Placebo Is Powerful: Estimating Placebo Ef-

fects in Psychotherapy and Medicine from Randomized Clinical Trials," Journal of Clinical Psychology 61, no. 7 (July 2005): 835–54, https://doi.org/10.1002/jclp.20129.

9   Gaia, "Nieuwe cijfers: wereldwijd 79,9 miljoen dierproeven" [New figures: 79.9 million animal tests worldwide], Gaia, April 24, 2020, https://www.gaia.be/nl/nieuws/wereldproefdierendag-nieuwe-cijfers-wereldwijd-799-miljoen-dierproeven.

3 인공적인 사회

1   James Gleick, Chaos: Making a New Science (London: Penguin Books, 1987): 292. 제임스 글릭, 박래선 옮김, 김상욱 감수, 《카오스》(동아시아, 2013), p.410.

2   Gleick, Chaos: 41–44. 제임스 글릭, 《카오스》 pp.72-77.

3   Gleick, Chaos: 43. 제임스 글릭, 《카오스》 p.76.

4   Mattias Desmet, "Waarom digitale gesprekken zo uitputtend zijn" [Why digital conversations are so exhausting], Knack, May 6, 2020, https://www.knack.be/nieuws/wetenschap/waarom-digitale-gesprekken-zo-uitputtend-zijn/article-opinion-1606309.html.

5   A. Hautekeet, "Online leven is schadelijker dan coronavirus" [Life online is more harmful than the coronavirus], De Standaard, May 26, 2020, https://www.standaard.be/cnt/dmf20200525_04971253.

6   C. De Kock, "Om echt te kletsen moet je kunnen klinken" [You can't have a good chat without raising a glass together], De Standaard, May 27, 2020.

7   P. Cabenda, "Met slimme seksspeeltjes kun je—heel veilig—van elkaar genieten" [With smart sex toys you can have sex without risk], De Morgen, May 26, 2020.

8   JCA, "Maleisiër via Zoom ter dood veroordeeld" [Malaysian sentenced to death via Zoom], De Standaard, May 20, 2020, https://www.standaard.be/cnt/dmf20200520_04966951.

9   S. Kelepouris,"'De slinger van het thuiswerken is doorgeslagen': experte ergonomie Veerle Hermans" ["The pendulum of working from home has swung": ergonomics expert Veerle Hermans], De Morgen, May 21, 2020, https://www.demorgen.be/nieuws/de-slinger-van-het-thu-

iswerken-is-doorgeslagen-experte-ergonomie-veerle-hermans~bc2fcac7.

10　Patricia Kuhl, "Is Speech Learning 'Gated' by the Social Brain?" Developmental Science 10, no. 1 (January 2007): 110–20, https://doi.org/10.1111/j.1467-7687.2007.00572.x.

11　Annie Murphy-Paul, Origins: How the Nine Months Before Birth Shape the Rest of Our Lives (Amsterdam: Free Press, 2011). 애니 머피 폴, 박인균 옮김, 《오리진: 엄마 뱃속 9개월에 관한 모든 오해와 진실》(추수밭, 2011)

12　G. di Pellegrino et al. "Understanding Motor Events: A Neurophysiological Study," Experimental Brain Research 91, no. 1 (1992): 176–80.

13　Gianpiero Petriglieri, "I spoke to an old therapist friend today, and finally understood why everyone's so exhausted after the video calls. It's the plausible deniability of each . . ." Twitter, 4:43 PM, April 3, 2020, https://twitter.com/gpetriglieri/status/1246221849018720256.

14　Mattias Desmet, "Some Preliminary Notes on Empirical Test of Freud's Theory on Depression," Frontiers in Psychology 4 (May 2013): 158, http://dx.doi.org/10.3389/fpsyg.2013.00158.

15　Marjolijn Vanslembrouck, "Nooit meer die tijd van de maand: volgens artsen is menstrueren 'compleet nutteloos'" [Never that time of the month again: according to these doctors, menstruating is "completely useless"], De Morgen, July 19, 2020, https://www.hln.be/fit-en-gezond/nooit-meer-die-tijd-van-de-maand-volgens-artsen-is-menstrueren-compleet-nutteloos~ac76aebc.

16　Emily A. Partridge et al., "An Extra-Uterine System to Physiologically Support the Extreme Premature Lamb," Nature Communications 8: 15112, https://doi.org/10.1038/ncomms15112.

17　Tech Insider, "Concept Incubator Would Grow Your Babies at Home," YouTube, 1:46, July 4, 2017, https://www.youtube.com/watch?v=cgmd-F9l7K9o.

18　Tech Insider, "Concept Incubator."

19　PVZ, "Volgens Elon Musk hebben we binnen 5 jaar geen menseli- jke taal meer nodig" [According to Elon Musk, we will no longer need human language within 5 years], De Morgen, May 9, 2020, https://www.hln.be/ihln/volgens-elon-musk-hebben-we-binnen-5-jaar-geen-menselijke-taal-meer-nodig~a35bc439.

20 Sven de Jong, "Geo-engineering als laatste redmiddel" [Geoengi- neering as a last resort], Nemo Kennislink, January 8, 2010, https://www.nemo-kennislink.nl/publicaties/geo-engineering-als-laatste-redmiddel.

21 George van Hal, "Wetenschappers binden strijd aan met anti-aanbaklaag en waterafstotende regenjas" [Scientists challenge the adverse effects of non-stick coatings and water-repellent raincoats] De Morgen, July 1, 2020, https://www.demorgen.be/tech-wetenschap/wetenschappers-binden-strijd-aan-met-anti-aanbaklaag-en-waterafstotende-regenjas~b79d1f20.

22 Wim Schepens and Tijs Neirynck, "Supermarkten halen opnieuw tientallen producten uit winkelrekken door ethyleenoxide, wat is er aan de hand?" [Supermarkets once again have to remove dozens of products from store shelves due to ethylene oxide, what's going on?], VRT NWS, September 22, 2021, https://www.vrt.be/vrtnws/nl/2021/08/06/ethyleenoxide-terugroepingsactie.

23 M. Martin, "Waarschuwing voor directe link tussen chemicaliën en de 'wildgroei' aan beschavingsziekten: zo zit het" [Warning for direct link between chemicals and the "proliferation" of civilization diseases: this is how it is], De Morgen, August 7, 2019, https://www.demorgen.be/nieuws/waarschuwing-voor-directe-link-tussen-chemicalien-en-de-wildgroei-aan-beschavingsziekten-zo-zit-het~bd2839f3.

24 Max Weber, "Wissenshaft als Beruf " [Science as a profession], 1919, https://de.wikisource.org/wiki/Wissenschaft_als_Beruf. 막스 베버, 전성우 옮김, 《직업으로서의 학문》(나남출판, 2017)

25 Hannah Arendt, The Origins of Totalitarianism (London: Penguin Books, 1951): 585. 한나 아렌트, 박미애, 이진우 (옮김), 《전체주의의 기원 2》(한길사, 2006) p.232.

26 Arendt, The Origins of Totalitarianism: 507. 한나 아렌트, 《전체주의의 기원 2》 pp.142-143.

27 Plato, De ideale staa [The ideal state], Politeia (Amsterdam: Athenaeum— Polak & Van Gennep, 2010): 182.

28 Eric Voegelin, "The Origins of Scientism," Social Research: An International Quarterly 15, no. 4 (December 1948): 462–94. 한나 아렌트, 《전체주의의 기원 2》 p.79

4 측정 (불)가능한 우주

1 Benoit Mandelbrot, "How Long Is the Coast of Britain? Statistical Self-Similarity and Fractal Dimensions," Science 156, no. 3775 (May 1967): 636–38, https://doi.org/10.1126%2Fscience.156.3775.636.

2 E. H. Simpson, "The Interpretation of Interaction in Contingency Tables," Journal of the Royal Statistical Society, Series B 13, no. 2 (July 1951): 238–41, https://doi.org/10.1111/j.2517-6161.1951.tb00088.x.

3 C. Peeters et al., "De PCR test is onbetrouwbaar en het testbeleid faalt" [The PCR test is unreliable and the test policy is failing], September 27, 2020, HP/De Tijd.

4 Luc Gochel, "Le Liégeois qui a fait plier les experts" [The Liège professor who causes problems for the experts.] Sudinfo Lameuse, December 8, 2020, https://lameuse.sudinfo.be/619193/article/2020-08-12/le-liegeois-qui-fait-plier-les-experts.

5 Scottish Government, "Counting People in Hospitals with COVID-19," September 15, 2020, https://blogs.gov.scot/statistics/2020/09/15/counting-people-in-hospital-with-covid-19.

6 Jeroen Bossaert, "Sjoemelen ziekenhuizen met coronacijfers? Documenten wijzen op 'financiële optimalisatie'" [Are hospitals cheating with corona figures? Documents point to "financial optimization"], HLN May 14, 2021, https://www.hln.be/binnenland/hln-onderzoek-sjoemelen-ziekenhuizen-met-coronabeelden-schrijven-wijs-op-financiele-optimisatie~aef03627.

7 Peter C. Gøtzsche, Dodelijke medicijnen en georganiseerde misdaad: achter de schermen van de farmaceutische industrie [Deadly drugs and organized crime: behind the scenes of the pharmaceutical industry] (Rotterdam: Lemniscate, 2021).피터 괴체, 윤소하 옮김, 《위험한 제약회사》(공존, 2017)

8 National Center for Health Statistics, "Weekly Updates by Select Demographic and Geographic Characteristics: Provisional Death Counts for Coronavirus Disease (COVID-26)," Centers for Disease Control and Prevention, August 26, 2020, https://stacks.cdc.gov/view/cdc/92550.

9 Redactie, "Studie: '90% coronadoden valt in landen met veel obesitas'" [Study: "90% of corona deaths occur in countries with a lot of obesity"], De Morgen, March 6, 2021, https://www.demorgen.be/nieuws/studie-90-coronadoden-valt-in-landen-met-veel-obesitas~ba1823fc.

10 Liaoyi Lin et al., "CT Manifestations of Coronavirus Disease (COVID-19) Pneumonia and Influenza Virus Pneumonia: A Comparative Study," American Journal of Roentgenology 216, no. 1 (January 2021): 71–79.

11 E. Ooms, "Wetenschap in haar blote kont: de illusie van de zekerheid der cijfers" [Bare-assed science: the illusion of the certainty of numbers], March 24, 2021, https://www.artsenvoorvrij.be/blog/2021/03/24/wetenschap-in-haar-blote-kont-de-illusie-van-de-zekerheid-der-cijfers-de-speurtocht-naar-sciensanos-108-000-verwachte-doden.

12 Luc Bonneux, "De slechtst georganiseerde ouderenzorg van de EU" [The worst organized elderly care in the EU], De Standaard, June 12, 2020, https://www.standaard.be/cnt/dmf20200611_04988858.

13 JVH, "Duitse longarts: 'Grootste fout tijdens eerste golf was massale intubatie'" [German pulmonologist: "Biggest mistake during first wave was massive intubation"], Het Nieuwsblad, December 24, 2020, https://www.nieuwsblad.be/cnt/dmf20201224_96693948.

14 Mattias Desmet, "De angst voor het coronavirus is gevaarlijker dan het virus zelf " [The fear of the coronavirus is more dangerous than the virus itself], VRT NWS, March 25, 2020, https://www.vrt.be/vrtnws/nl/2020/03/25/angst-voor-het-virus.

15 S. V. Subramanian and Akhil Kumar, "Increases in COVID-19 Are Unrelated to Levels of Vaccination across 68 Countries and 2947 Counties in the United States," European Journal of Epidemiology, 36 (2021): 1237–40, https://doi.org/10.1007/s10654-021-00808-7.

16 A. R. Brock, "Spontaneous Abortions and Policies on COVID-19 mRNA Vaccine Use During Pregnancy," Science, Public Health Policy, and the Law 2021, no. 4 (2021): 130–43.

17 Günter Kampf and Martin Kulldorf, "Calling for Benefit-Risk Evaluations of COVID-19 Control Measures," The Lancet 397, no. 10274 (February 13, 2021): 576–77, https://doi.org/10.1016/S0140-6736(21)00193-8.

18 Oxfam, "Honger kan eind 2020 dodelijker worden dan coronavirus zelf " [Hunger could become more deadly than the coronavirus itself by the end of 2020], Knack, June 9, 2020, https://www.knack.be/nieuws/wereld/oxfam-honger-kan-eind-2020-dodelijker-worden-dan-coronavirus-zelf/article-news-1618511.html; World Health Organization, "Impact of

COVID-19 on People's Livelihoods, Their Health and Our Food Systems," October 13, 2020, https://www.who.int/news/item/13-10-2020-impact-of-covid-19-on-people's-livelihoods-their-health-and-our-food-systems; and United Nations World Food Program, "2020—Global Report on Food Crises," April 20, 2020, https://www.wfp.org/publications/2020-global-report-food-crises.

19 House of Commons, "Science and Technology Committee—Oral Evidence: UK Science, Research and Technology Capability and Influence in Global Disease Outbreaks, HC 136," April 16, 2020, https://committees.parliament.uk/download/file/?url=%2Foralevidence%2F289%2Fdocuments%2F3825%3Fconvertiblefileformat%3Dpdf&slug=oe00000289pdf.

20 Jon Miltimore, "How Finland and Norway Proved Sweden's Approach to COVID-19 Works," FEE Stories, November 13, 2020, https://fee.org/articles/how-finland-and-norway-proved-sweden-s-approach-to-covid-19-works.

21 Hannah Arendt, The Origins of Totalitarianism (London: Penguin Books, 1951): xxxviii. 한나 아렌트, 박미애, 이진우 옮김, 《전체주의의 기원 1》(한길사, 2006) p.69.

22 Arendt, The Origins of Totalitarianism: 622. 한나 아렌트, 《전체주의의 기원 2》 p.276.

23 Arendt, The Origins of Totalitarianism: 621. 한나 아렌트, 《전체주의의 기원 2》 p.274.

5 주인을 갈망하게 되기까지

1 Sofie Geusensand Jens Vancaeneghem, "Bromfiets gevaarlijkst voor schoolverkeer: 'Puber op brommer naar school in de spits is vragen om problemen'" [Mopeds most dangerous for school traffic: "Adolescents on a moped to school in rush hour is asking for problems"], De Standaard, December 20, 2020, https://www.standaard.be/cnt/dmf20200212_04845116.

2 MTM, "Een verfrissende duik in de rivier of de vijver de komende dagen? Geen goed idee: 'Te gevaarlijk, doe het niet'" [A refreshing dip in the river or pond in the coming days? Not a good idea: "Too dangerous, don't do it"], Het Nieuwsblad, June 23, 2019, https://www.nieuwsblad.be/cnt/

dmf20190623_04475442.

3   BELGA, "Orale seks veroorzaakt meer keelkanker bij Belgen" [Oral sex causes more throat cancer in Belgians], VRT NWS, May 8, 2014, https://www.vrt.be/vrtnws/nl/2014/05/08/orale_seks_veroorzaaktmeerkeel-kankerbijbelgen-1-1961069.

4   Marjan Temmerman, "Is elkaar de hand schudden voorgoed verleden tijd? 'Ik hoop het een beetje,' zegt viroloog Marv Van Ranst" [Is shaking hands a thing of the past? "I kind of hope so," says virologist Marc Van Ranst], VRT NWS, June 16, 2020, https://www.vrt.be/vrtnws/nl/2020/06/16/elkaar-de-hand-schudden-voorgoed-verleden-tijd.

5   EVDG, "Zelfs naast een roker zitten die niet rookt, kan schadelijk zijn voor de gezondheid" [Even sitting next to a smoker who is not smoking can be harmful to health], De Standaard, July 7, 2020, https://www.standaard.be/cnt/dmf20200306_04879315.

6   Henry David Thoreau, Walden: Life in the Woods (Utah: Gibbs M.Smith Inc, 2017): 77.헨리 데이비드 소로, 강승영 옮김, 《월든》(은행나무, 2011) p.116.

7   Annick Wellens, "Onweersschade? Verzekeringsmaatschappij legt uit wat je moet doen" [Lightening and thunderstorm damage? Your insurance company will explain what to do], HLN, September 8, 2018, https://www.hln.be/binnenland/onweersschade-verzekeringsmaatschappij-legt-uit-wat-je-m oet-doen~a61148aa.

8   Donna van der Kolk, "Sterren verzekeren hun benen, kont en . . . sperma" [Stars insure their legs, ass and . . . sperm], Metro, March 10, 2015, https://www.metronieuws.nl/entertainment/2015/03/sterren-verzekeren-hun-benen-kont-en-sperma.

9   Dylan Haegens, "10 gekste verzekeringen!" [10 craziest insurance policies!], September 14, 2014, YouTube video, 2:33, https://www.youtube.com/watch?v=KNpc6jHjXQA.

10 Koen Snoekx, "Proffen stellen screening borstkanker in vraag: 'Niet minder kans om kankerpatiënt te worden, integendeel'" [Professors question breast cancer screening: "No less chance of becoming a cancer patient, on the contrary"], De Standaard March 16, 2019, https://www.standaard.be/cnt/dmf20190316_04261562.

11 Michaéla Schippers, "For the Greater Good? The Devastating Ripple Ef-

fects of the COVID-19 Crisis," Frontiers in Psychology 11 (September 29, 2020): https://doi.org/10.3389/fpsyg.2020.577740.

12 Michel Foucault, Histoire de la folie a l'age classique [A history of insanity in the age of reason] (Paris: Gallimard, 1972). 미셸 푸코, 이규현 옮김, 《광기의 역사》(나남출판, 2020)

13 Manon Dupont, "Universiteit Gent leert studenten 'legaal flirten': 'Ik heb nog geen klacht gehad, dus ik flirt wel goed'" [Ghent University teaches students about "legal flirting": "I haven't had a complaint yet, so I assume my flirting is OK"], VRT NWS, January 23, 2020, https://www.vrt.be/vrt-nws/nl/2020/01/23/universiteit-gent-leert-studenten-legaal-flirten-ik-heb-nog.

14 Michiel Martin, "Studentendopen liggen meer dan ooit onder vuur: 'Meisjes kregen een banaan om te tonen wat ze ermee konden. Vreselijk'" [Freshmen baptisms are under fire more than ever before: "Girls were given a banana to show what they could do with it. Despicable"], De Morgen, September 15, 2021, https://www.demorgen.be/nieuws/studentendopen-liggen-meer-dan-ooit-onder-vuur-meisjes-kregen-een-banaan-om-te-tonen-wat-ze-ermee-konden-vreselijk~b1e908633.

15 A. G. Fransen, "Pas als het sekscontract getekend is, mogen de Zweden vrijen" [Only when the sex contract has been signed, the Sweden are allowed to have sex] De Morgen, June 20, 2018, https://www.demorgen.be/nieuws/pas-als-het-sekscontract-getekend-is-mogen-de-zweden-vrijen~b5b55230.

16 P. van Tyghem, "Zijn blote borsten gevaarlijker dan de Holocaust ontkennen?" [Are bare breasts more dangerous than denying the Holocaust?], De Standaard, July 23, 2018, https://www.standaard.be/cnt/dmf20180722_03627256.

17 MVO, "Netflix legt vreemde regels op tegen misbruik: 'Iemand niet langer dan 5 seconden aankijken'" [Netflix imposes strange rules against abuse: "Don't look at someone for more than 5 seconds"], HLN, June 14, 2018, https://www.hln.be/showbizz/netflix-legt-vreemde-regels-op-tegen-misbruik-iemand-niet-langer-dan-5 -seconden-aankijken~af8736b6.

18 M. Boudry, "Ook links omarmt ontkenners" [The left also embraces deniers], De Standaard, May 11, 2019, https://www.standaard.be/cnt/

dmf20190510_04390639.

19 Wim Winckelmans, "Nieuwe coronaregels eindelijk bekend: openings-dans kan, polonaise liever niet" [New coronavirus rules finally known: opening dance is possible, polonaise rather not], De Standaard, June 30, 2020, https://www.standaard.be/cnt/dmf20200630_94008414.

20 Stijn Cools, "Online zingt het vogeltje ranziger dan ooit tevoren" [Online, the bird is singing more raunchy than ever before], De Standaard, June 17, 2020, https://www.standaard.be/cnt/dmf20200616_04992948.

21 Doha Madani, "JK Rowling Accused of Transphobia after Mocking 'People who Menstruate' Headline," NBC News, June 7, 2020, https://www.nbcnews.com/feature/nbc-out/j-k-rowling-accused-transphobia-after-mocking-people-who-menstruate-n1227071.

22 TTR, "Duitse verzekeraars willen alcoholslot in alle nieuwe auto's in Europese Unie" [German insurers want alcohol locks in all new cars in the European Union], HLN, January 26, 2020, https://www.hln.be/buitenland/duitse-verzekeraars-willen-alcoholslot-in-alle-nieuwe-auto-s-in-europese-unie~a12f69c7.

23 Michael Persson, "Opiniechef New York Times sneuvelt na rechts opruiend stuk" [New York Times editor in chief has to resign after right-wing incendiary opinion piece] De Morgen, June 11, 2020, https://www.demorgen.be/politiek/opiniechef-new-york-times-sneuvelt-na-rechts-opruiend-stuk~b1ea2933.

24 TIB, "'Fawlty Towers' te racistisch voor BBC" ['Fawlty Towers' is too racist for BBC], Het Nieuwsblad, January 26, 2013, https://www.nieuwsblad.be/cnt/dmf20130126_022; BELGA, "San Francisco verwijdert standbeeld Columbus" [San Francisco removes Colum- bus statue], De Morgen, June 19, 2020, https://www.zeelandnet.nl/nieuws/san-francisco-verwijdert-standbeeld-columbus; and GHO, "Met corona besmette man slaat op de vlucht in Australië, polite opent jacht op 'volksvijand nummer één'" [Man infected with coronavirus flees in Australia, police open a man hunt for "public enemy number one"], Gazet van Antwerpen, August 24, 2021.

25 Sigmund Freud, Cultuur en Religie 4: Totem en taboe [Culture andreligion 4: Totem and taboo] (Amsterdam: Boom, 1984): 39. 지그문트 프로이트, 김종엽 옮김, 《토템과 타부》(문예마당, 1995) p.31.

26 James Frazer, Totemism and exogamy (London: McMillan, 1910): retrieved from https://archive.org/details/totemismexogamyt01fraz.

27 David Graeber, Bullshit Jobs (Amsterdam: Business Contact, 2018): 155.데이비드 그레이버, 김병화 옮김, 《불쉿 잡》(민음사, 2021) p.250.

28 Graeber, Bullshit Jobs: 170. 데이비드 그레이버, 《불쉿 잡》 p.272.

29 Graeber, Bullshit Jobs: 49. 데이비드 그레이버, 《불쉿 잡》 pp.66-68.

30 Erich Fromm, Escape from Freedom (New York: Rinehart & Co., 1952). 에리히 프롬, 김석희 옮김, 《자유로부터의 도피》(휴머니스트, 2020)

31 James Anthony, "Australian Government Plans Chinese-Style 'Social Credit' System for Social Media Users," The Post Millennial, September 2, 2021, https://thepostmillennial.com/watchaustralian-government-plans-chinese-style-social-credit-system -for-social-media-users.

32 Mathieu Verstichel, "Sint-Niklaas heeft vanaf 2022 een eigen digitale stadsmunt: '125 handelaars doen al mee'" [The town of Sint-Niklaas will have its own digital city currency from 2022: "125 retailers are already participating"], VRT NWS, June 15, 2021, https://www.vrt.be/vrtnws/ nl/2021/06/15/betalen-mensen-hun-brood-in-2022-met-een-digitale-stadsmunt-in-s.

33 R. Andersen, "Opgepakt door het algoritme: hoe China met orwelliaanse technologie massaal burgers vastzet" [Picked up by the algorithm: how China is detaining civilians en masse with Orwel- lian technology], De Morgen, November 26, 2019, https://www.demorgen.be/politiek/opgepakt-door-het-algoritme-hoe-china-met-orwelliaanse-technologie-massaal-burgers-vastzet~b1b6aa682.

34 Tobias Santens, Gianni Paelinck, "Peeters en De Block: 'Dit is alarmerend. Label voor rundvlees moet onderzocht worden'" [Peeters and De Block: "This is alarming. Beef label needs to be investigated"], VRT NWS, November 16, 2018, https://www.vrt.be/vrtnws/nl/2018/11/16/ peeters-over-onbetrouwbaar-kwaliteitslabel-rundsvlees-zeer-ala.

35 Isabelle Saporte, Vino Business: The Cloudy World of French Wine (New York: Grove Press, 2016).

36 MV, VHN, and LOB, "Rubicon, de geheime 'inlichtingencoup van de eeuw'" [Rubicon, the secret "intelligence coup of the century"],

De Standaard, February 12, 2020, https://www.standaard.be/cnt/dmf20200211_04844292.

37 Cathy Galle, "Patiënten klagen over privacy e-dossiers: 'Data worden gedeeld zonder toestemming'" [Patients complain about e-file privacy: "Data is shared without permission"], De Morgen, December 24, 2019, https://www.demorgen.be/nieuws/patienten-klagen-over-privacy-e-dossiers-data-worden-gedeeld-zonder-toestemming~b0eba24c.

38 Galle, [Patients complain about e-file privacy].

39 Cathy Galle, "Verzekeringsartsen kunnen meekijken in uw medisch dossier" [Insurance doctors have access to your medical file], De Morgen, January 23, 2020, https://www.demorgen.be/nieuws/verzekeringsartsen-kunnen-meekijken-in-uw-medisch–dossier~bbcbb6c3.

6 대중의 부상

1 Immanuel Kant, Beantwortung to the Frage: Was it Aufklärung? [Answer to the question: What is enlightenment?] Berlinische Monatsschrift [Berlin Monthly] (December 1784): 481–94.

2 Hannah Arendt, The Origins of Totalitarianism (London: Penguin Books, 1951): 399. 한나 아렌트, 박미애, 이진우 (옮김), 《전체주의의 기원 2》(한길사, 2006) 제10장 1. 대중.

3 Committee P, Annual Report 2019, https://comitep.be/document/jaarverslagen/2019NL_act.pdf.

4 MatthiasVerbergt, "Camera's in joodse wijk controleren nu synagogegangers" [Cameras in Jewish quarter are now used to surveil synagogue-goers], De Standaard, March 13, 2021, https://www.standaard.be/cnt/dmf20210312_98151173.

5 Kristof Clerix, "Privacy in corontijden: 'Op de duur zijn we niet meer veraf van Chinese toestanden'" [Privacy in coronavirus times: "In the end, we will not be far away from situations as in China"] Knack, February 3, 2021, https://www.knack.be/nieuws/belgie/privacy-in-coronatijden-op-den-duur-zijn-we-niet-meer-veraf-van-chinese-toestanden/article-longread-1695703.html.

6 Melinda Pater, "Je buren verklikken als ze zich niet aan de anderhalve meter houden, het kan" [Denouncing your neighbors if they don't stick to the one and a half meters, it's accepted], NPO Radio 1, April 10, 2020, https://www.nporadio1.nl/binnenland/22996-je-buren-verklikken-als-ze-zich-niet-aan-de-anderhalve-meter-houden-het-kan.

7 Collectief van academici [Collective of Academics], "Zonder tegenspraak kan er van wetenschappelijke vooruitgang geen sprake zijn" [There can be no scientific progress without contradiction] Knack, April 9, 2021, https://www.knack.be/nieuws/belgie/zonder-tegenspraak-kan-van-wetenschappelijke-vooruitgang-geen-sprake-zijn/article-opinion-1721153.html.

8 International Institute for Democracy and Electoral Assistance Nobelprijswinnaars en wereldleiders: "Coronacrisis bedreigt democratie" [Nobel laureates and world leaders: "Coronavirus crisis threatens democracy"] Knack, June 5, 2020, https://www.knack.be/nieuws/wereld/nobelprijswinnaars-en-wereldleiders-coronacrisis-bedreigt-democratie/article-news-1614169.html.

9 Arendt, The Origins of Totalitarianism: 428. 한나 아렌트, 《전체주의의 기원 2》 p.48.

10 Gustave LeBon, Psychologie des foules [The crowd: a study of the popular mind] (Paris: Books on Demand, 1895): 17. 귀스타브 르봉, 강주헌 옮김, 《군중심리》(현대지성, 2021) p.35.

11 Le Bon, [The crowd]: 40. 귀스타브 르봉, 《군중심리》 pp.76-80.

12 Le Bon, [The crowd]: 95–98. 귀스타브 르봉, 《군중심리》 pp.203-206.

13 Le Bon, [The crowd]: 11–12. 귀스타브 르봉, 《군중심리》 pp.19-20.

14 Le Bon, [The crowd]: 11. 귀스타브 르봉, 《군중심리》 pp.18-19.

15 Vivek Murthy, "Work and the Loneliness Epidemic," Harvard Business Review, September 26, 2017, https://hbr.org/2017/09/work-and-the-loneliness-epidemic.

16 Liana DesHarnais Bruce, "Loneliness in the United States: A 2018 National Panel Survey of Demographic, Structural, Cognitive, and Behavioral Characteristics," American Journal of Health Promotion 33, no. 8 (November 1, 2019): 1123–33, https://doi.org/10.1177/0890117119856551.

17 DesHarnais Bruce, "Loneliness in the United States."

18 Arendt, The Origins of Totalitarianism: 415. 한나 아렌트, 《전체주의의 기원 2》 p.33.

19 David Graeber, Bullshit Jobs (Amsterdam: Business Contact, 2018). 데이비드 그레이버, 김병화 옮김, 《불쉿 잡》(민음사, 2021)

20 Steve Crabtree, "Worldwide, 13% of Employees Are Engaged at Work," Gallup World Poll, October 8, 2013, https://news.gallup.com/poll/165269/worldwide-employees-engaged-work.aspx.

21 DesHarnais Bruce, "Loneliness in the United States."

22 Le Bon, [The crowd]: 25-30. 귀스타브 르봉, 《군중심리》 pp.48-60.

23 VRT, De Afspraak [The Appointment], "Het journal—22 maart 2020," YouTube, 35:23, March 22, 2020, https://www.youtube.com/watch?v=NliNQquAH5M.

24 Freek Willems, "Virologe Vlieghe: 'Mondmasker verplichten creëert bewustzijn dat virus er nog is,' De Block: 'Discussie niet gesloten'" [Virologist Vlieghe: "Mandating a face mask creates awareness that the virus is still there," De Block: "Discussion not closed"] VRT NWS, June 28, 2020, https://www.vrt.be/vrtnws/nl/2020/06/28/erika-vlieghe-over-mondmaskers-creeren-awareness-dat-virus-nog.

25 KVE, De Wever (N-VA) haalt uit naar premier en minister Vandenbroucke: "Als je middenstanders te gronde wil richten, dan moet je het zo aanpakken" [De Wever (N-VA) lashes out at Prime Minister and Minister Vandenbroucke: "If you want to destroy retailers, you have to approach it like this"], HLN, November 29, 2020, https://www.hln.be/binnenland/de-wever-n-va-haalt-uit-naar-premier-en-minister-vandenbroucke-als-je-middenstanders-te-gronde-wil-richten-dan-moet-je-het-zo-aanpakken~a808260d.

26 Solomon E. Asch, "Effects of Group Pressure upon the Modification and Distortion of Judgment," in H. Guetzkow (ed.), Groups, Leadership, and Men: Research in Human Relations (Pittsburgh, PA: Carnegie Press, 1951).

27 Arendt, The Origins of Totalitarianism: 148–49. 한나 아렌트, 《전체주의의 기원 1》 pp.254-255.

28 Le Bon, [The crowd]: 21-22. 귀스타브 르봉, 《군중심리》 pp.39-40.

29 Arendt, The Origins of Totalitarianism: 422–24. 한나 아렌트, 《전체주의의 기

원 2》 pp.42-44.

30 Torck, L. (2021, April 12). Marc Van Ranst na tragisch weekend: "Onfortuinlijk, maar nul compassie voor feestende jongeren" [Marc Van Ranst after a tragic weekend: "Unfortunate, but zero compassion for young people
    who party"], Het Nieuwsblad, April 12, 2021, https://www.nieuwsblad.be/
    cnt/dmf20210412_92686979.

31 귀스타브 르봉, 《군중심리》 p.68.

32 Arendt, The Origins of Totalitarianism: 455–57. 한나 아렌트, 《전체주의의 기
    원 2》 pp.82-84; 한나 아렌트, 《예루살렘의 아이히만》 p.179.

33 Le Bon, [The crowd]: 26. 귀스타브 르봉, 《군중심리》 p.50.

34 Félix Julien, Courants et révolutions de l'athmosphère et de la mer [Currents
    and revolutions of the atmosphere and the sea] (Montana: Kessinger Publishing, 1860); Le Bon, [The crowd]: 27. 귀스타브 르봉, 《군중심리》 pp.51-52.

35 Arendt, The Origins of Totalitarianism: 563–64. 한나 아렌트, 《전체주의의 기
    원 2》 pp.207-208.

36 Paul Aubry, La contagion du meurtre: étude d'anthropologie criminelle. [The
    contagion of murder: a study of criminal anthropology] (Paris: Alcan,
    1888).

37 Taine, H. (1893). Les origines de la France contemporaine: La Revolution
    (tome IIV). [The origins of contemporary France: The revolution (volume
    IIV)] Paris: Hachette.

38 Le Bon, [The crowd]: 32–33. 귀스타브 르봉, 《군중심리》 pp.64-65.

7 대중의 지도자

1 Gustave Le Bon, Psychologie des foules [The crowd: a study of the popular mind] (Paris: Books on Demand, 1895): 67. 귀스타브 르봉, 강주헌 옮김, 《군
   중심리》(현대지성, 2021) p.142.

2 Hannah Arendt, Eichmann in Jeruzalem [Eichmann in Jerusalem](Amsterdam: Olympus, 1963): 195. 한나 아렌트, 김선욱 옮김, 《예루살렘의 아이히만》(한
   길사, 2006) p.174.

3 Arendt, Eichmann in Jeruzalem. 한나 아렌트, 《예루살렘의 아이히만》

4 Arendt, Eichmann in Jeruzalem: 211. 한나 아렌트, 《전체주의의 기원 2》 pp.272-

273. (저자가 기록한 《예루살렘의 아이히만》 원서 211쪽에 해당하는 곳에는 이 내용이 없고, 《전체주의의 기원 2》 pp.272-273에 이 내용이 있다.)

5 Arendt, Eichmann in Jeruzalem: 220–21. 한나 아렌트, 《예루살렘의 아이히만》 p.195.

6 Le Bon, [The crowd]: 33–36. 귀스타브 르봉, 《군중심리》 pp.67-71.

7 Arendt, Eichmann in Jeruzalem: 208–9. 한나 아렌트, 《예루살렘의 아이히만》 p.185.

8 Arendt, Eichmann in Jeruzalem: 212. 한나 아렌트, 《예루살렘의 아이히만》 p.187.

9 Arendt, Eichmann in Jeruzalem: 63. 한나 아렌트, 《예루살렘의 아이히만》 p.61.

10 Aleksandr Solzhenitsyn, The Gulag Archipelago (London: The Harvey Press, 1986). 알렉산드르 솔제니친, 김학수 옮김, 《수용소군도 1~6》(열린책들, 2020)

11 Arendt, Eichmann in Jeruzalem: 307. 한나 아렌트, 《예루살렘의 아이히만》 p.271.

12 Solzhenitsyn, The Gulag Archipelago: 19–38. 알렉산드르 솔제니친, 《수용소군도 1》 1부 1, 2장.

13 Hannah Arendt, The Origins of Totalitarianism (London: Penguin Books, 1951): 452. 한나 아렌트, 《전체주의의 기원 2》 p.78.

14 Arendt, The Origins of Totalitarianism: 575. 한나 아렌트, 《전체주의의 기원 2》 p.221.

15 Arendt, The Origins of Totalitarianism: 500. 한나 아렌트, 《전체주의의 기원 2》 p.135.

16 Gunter D'Alquen, Die SS. Geschichte, Aufgabe, und Organisation der Schutzwaffen der NSDAP [The SS. History, mission and organization of the Schutztaffeln of the NSDAP] (Berlin: Junker und Dunnhaupt Verlag, 1939).

17 Gunter D'Alquen, Die SS. Geschichte, Aufgabe, und Organisation der Schutzwaffen der NSDAP [The SS. History, mission and organization of the Schutztaffeln of the NSDAP] (Berlin: Junker und Dunnhaupt Verlag, 1939). 한나 아렌트, 《전체주의의 기원 2》 p.18-20; 조지 오웰, 도정일 옮김, 《동물농장》(민음사, 1998)

18 Arendt, The Origins of Totalitarianism: 402–3. 한나 아렌트, 《전체주의의 기원

2》 p.18-20.

19 Solzhenitsyn, The Gulag Archipelago. 알렉산드르 솔제니친, 김학수 옮김, 《수용소군도 1~6》(열린책들, 2020)

20 Arendt, The Origins of Totalitarianism: 601. 한나 아렌트, 《전체주의의 기원 2》 p.250.

21 Le Bon, [The crowd]: 67–70. 귀스타브 르봉, 《군중심리》 pp.142-147.

22 Bruno Bettelheim, On Dachau and Buchenwald. Nazi Conspiracy, vol. VII (1946): https://forum.axishistory.com/viewtopic.php?t=68993; David J. Dallin, From Purge to Coexistence: Essays on Stalin's and Krushchev's Russia (Chicago: Henri Regnery Company, 1964); and Eugen Kogon, The Theory and Practice of Hell: The German Concentration Camps and the System Behind Them (New York: Farrar, Straus and Giroux, 1956).

23 Arendt, The Origins of Totalitarianism: 571, 562, 597, 601. 한나 아렌트, 《전체주의의 기원 2》 pp.206, 216, 246, 251.

24 Arendt, The Origins of Totalitarianism: 318–19. 한나 아렌트, 《전체주의의 기원 1》 pp.452-454.

25 Arendt, The Origins of Totalitarianism: 515–16; Solzhenitsyn, The Gulag Archipelago: 120-128. 한나 아렌트, 《전체주의의 기원 2》 pp.152-153

26 Arendt, The Origins of Totalitarianism: 621. 한나 아렌트, 《전체주의의 기원 2》 p.274.

27 Arendt, The Origins of Totalitarianism: 619. 한나 아렌트, 《전체주의의 기원 2》 p.272.

28 Arendt, The Origins of Totalitarianism: 589. 한나 아렌트, 《전체주의의 기원 2》 p.236-237.

29 Arendt, Eichmann in Jerusalem: 348. 한나 아렌트, 《예루살렘의 아이히만》 pp.306-307.

30 Arendt, The Origins of Totalitarianism: 593–94. 한나 아렌트, 《전체주의의 기원 2》 pp.241-242.

31 Orwell, Animal Farm. 조지 오웰, 도정일 옮김, 《동물농장》(민음사, 1998)

32 United Nations World Food Program, "2020—Global Report on Food Crises," April 20, 2020, https://www.wfp.org/publications/2020-global-report-food-crises.

33 Arendt, The Origins of Totalitarianism: 628. 한나 아렌트, 《전체주의의 기원 2》

p.283.

34 Arendt, The Origins of Totalitarianism: 402. 한나 아렌트, 《전체주의의 기원 2》 p.18.

35 Solzhenitsyn, The Gulag Archipelago: chapter 2. 솔제니친, 《수용소군도》.

36 Arendt, The Origins of Totalitarianism: 566; Solzhenitsyn, The Gulag Archipelago: 19–38. 한나 아렌트, 《전체주의의 기원 2》 p.210; 솔제니친, 《수용소군도 1》 1부 1, 2장.

37 Solzhenitsyn, The Gulag Archipelago: 436–38. 솔제니친, 김학수 옮김, 《수용소군도 6》(열린책들, 2020).

38 Arendt, The Origins of Totalitarianism: 446–508. 한나 아렌트, 《전체주의의 기원 2》 pp.71-143.

39 Solzhenitsyn, The Gulag Archipelago: 130–31. 솔제니친, 《수용소군도 2》 pp.202-204.

40 Solzhenitsyn, The Gulag Archipelago: 9. 솔제니친, 《수용소군도 1》 p.35.

41 Solzhenitsyn, The Gulag Archipelago: 216–17, 221–23. 솔제니친, 《수용소군도 3》 p.258.

42 Le Bon, [The crowd]: 13. 귀스타브 르봉, 《군중심리》 p.22.

43 Solzhenitsyn, The Gulag Archipelago: 430. 솔제니친, 《수용소군도 6》 p.53.

44 Le Bon, [The crowd]: 13. 귀스타브 르봉, 《군중심리》 p.22.

8 음모와 이데올로기

1 Aleksandr Solzhenitsyn, The Gulag Archipelago (London: The Harvey Press, 1986). 알렉산드르 솔제니친, 김학수 옮김, 《수용소군도 1》(열린책들, 2020) p.257.

2 Henri Rollin, L'apocalypse de notre temps: Les dessous de la propagande Allemande d'après des documents inédits [The apocalypse of our times: The hidden side of German propaganda according to unpublished documents] (Paris: Gallimard, 1939), 40.

3 Maurice Joly, Dialogue aux enfers entre Machiavel et Montesquieu ou la politique de Machiavel au XIX siècle [Dialogue in hell between Machiavelli and Montesquieu or the politics of Machiavelli in the XIX century] (Brussels: A. Mertens et fils, 1864).

4 Chevalier de Malet, Recherches politiques et historiques qui prouvent l'existence d'une secte revolutionnaire [Political and historical research that proves the existence of a revolutionary sect] (Paris: Gide Fils, 1817).

5 Hieronim Zahorowski, Monita Secreta (1612), last accessed March 3, 2022, https://ia800503.us.archive.org/32/items/secretamonitasoc00brec/secretamonitasoc00brec.pdf.

6 "Conspiracy," Wikipedia, last updated November 4, 2021, https://en.wikipedia.org/wiki/Conspiracy.

7 Gustave Le Bon, Psychologie des foules. [The crowd: a study of the popular mind] (Paris: Books on Demand, 1895): 17. 귀스타브 르봉, 《군중심리》 p.35.

8 Le Bon, [The crowd]: 70–73. 귀스타브 르봉, 《군중심리》 pp.148-153.

9 Niko Tinbergen, Inleiding tot de diersociologie [Introduction to animal sociology] (Gorinchem: Noorduijn and son, 1946).

10 Elias Canetti, Massa en macht [Mass and power] (Amsterdam: Athenaeum—Polak & Van Gennep, 2017). 엘리아스 카네티, 강두식, 박병덕 옮김, 《군중과 권력》(바다출판사, 2010) p.18-19.

11 Matthias Hides, "Camera's in Joodse wijk controleren nu synagogegangers" [Cameras in Jewish Quarter now monitor synagogue-goers] De Standaard, March 13, 2021, https://www.standaard.be/cnt/dmf20210312_98151173.

12 Yuval Noah Harari, Homo Deus (London: Vintage, 2015). 유발 하라리, 김명주 옮김, 《호모 데우스》(김영사, 2017), pp.452-471.

13 Zia Khan, "Innovating for a Bold Future," Rockefeller Foundation [blog], October 27, 2020, https://www.rockefellerfoundation.org/blog/innovating-for-a-bold-future.

14 "Event 201," Center for Health Security, last accessed March 3, 2022, https://www.centerforhealthsecurity.org/event201.

15 Klaus Schwab and Thierry Malleret, COVID-19: The Great Reset (Agentur Switzerland: World Economic Forum, 2020). 클라우스 슈밥, 티에리 말르레, 이진원 옮김, 《클라우스 슈밥의 위대한 리셋》(메가스터디북스, 2021)

16 Noam Chomsky, Necessary Illusions: Thought Control in Democratic Societies (Boston: South End Press, 1989). 놈 촘스키, 황의방 옮김, 《환상을 만드는 언론》(두레, 2004)

17 Departement MOW [MOW Flemish Government Department], "Vlaamse

mobiliteitsvisie 2040 : Digi-kosmos" [Flemish mobility vision 2040: Digi-cosmos], YouTube, 1:15, August 11, 2020, https://www.youtube.com/watch?v=mfN3EJMVOQ4.

18 Hannah Arendt, The Origins of Totalitarianism (London: Penguin Books, 1951): 541, 569. 한나 아렌트, 《전체주의의 기원 2》 pp.182, 214.

19 Hannah Arendt, Eichmann in Jeruzalem [Eichmann in Jerusalem] (Amsterdam: Olympus, 1963): 209. 한나 아렌트, 김선욱 옮김, 《예루살렘의 아이히만》 (한길사, 2006) pp.185-186.

20 Alex Stern, "Sterilization Abuse in State Prisons: Time to Break with California's Long Eugenic Patters," Huffington Post, updated September 22, 2013, https://www.huffpost.com/entry/sterilization-california-prisons_b_3631287.

21 Arendt, The Origins of Totalitarianism: 470. 한나 아렌트, 《전체주의의 기원 2》 pp.99-100.

22 Arendt, The Origins of Totalitarianism: 428. 한나 아렌트, 《전체주의의 기원 2》 p.48.

23 Charles Eisenstein, "The Conspiracy Myth, Charles Eisenstein" [blog], May 2020, https://charleseisenstein.org/essays/the-conspiracy-myth.

24 Arendt, The Origins of Totalitarianism: 426. 한나 아렌트, 《전체주의의 기원 2》 p.46.

25 Arendt, Eichmann in Jeruzalem: 286. 한나 아렌트, 《예루살렘의 아이히만》 p.251.

26 Solzhenitsyn, The Gulag Archipelago. 알렉산드르 솔제니친, 김학수 옮김, 《수용소군도 1~6》(열린책들, 2020)

9 죽어 있는 우주 대 살아 있는 우주

1 Pierre-Simon Laplace, Essai philosophique sur les probabilites [A philosophical essay on probabilities] (Cambridge: Cambridge University Press, 1795): 4. 피에르 시몽 라플라스, 조재근 옮김, 《확률에 대한 철학적 시론》(지만지, 2012) p.28.

2 Bertrand Russell, Letter to Frege (1902), in Jean van Heijenoort (ed.) From Frege to Gödel: A Source Book in Mathematical Logic, 1879–1931 (Cam-

bridge, Massachusetts: Harvard University Press, 1967): 124–25.

3 Werner Heisenberg, "Über den anschaulichen Inhalt der quanten- theore-
tischen Kinematik und Mechanik" [On the physical content of the quan-
tum theoretical kinematics and mechanics], Zeitschrift für Physik [Journal
of Physics], 43 (1927): 172–98.

4 James Gleick, Chaos: Making a New Science (London: Penguin Books,
1987): 93. 제임스 글릭, 박래선 옮김, 김상욱 감수, 《카오스》(동아시아, 2013)
p.142.

5 Gleick, Chaos: 299. 제임스 글릭, 《카오스》 p.418.

6 Gleick, Chaos: 262–67. 제임스 글릭, 《카오스》 pp.368-374.

7 Gleick, Chaos: 43. 제임스 글릭, 《카오스》 p.76.

8 Hans Meinhardt, The Algorithmic Beauty of Sea Shells (Berlin: Springer,
1995).

9 Galileo Galilei, "Il saggiatore/6" [The Taster/6] (1623), last updated April
17, 2011, https://it.wikisource.org/wiki/Il_Saggiatore/6.

10 Edward Lorenz, "Deterministic Nonperiodic flow," Journal of the Athmo-
spheric Sciences 20 (March 1963): 130–41.

11 Gleick, Chaos: 135. 제임스 글릭, 《카오스》 p.201-203.

12 Werner Heisenberg, Das naturgesetz und die Struktur der Materie [Natural
law and the structure of matter] (Stuttgart: Belser Verlag, 1967).

13 Henri Poincare, Science and method (London: T. Nelson, 1914): https://
archive.org/details/sciencemethod00poinuoft/page/n5. 앙리 푸앵카레, 조진
남 옮김, 〈과학과 방법〉, 《과학과 방법/생명이란 무엇인가?/사람 몸의 지혜》(동서문
화사, 2016)

14 Gleick, Chaos. 제임스 글릭, 《카오스》 p.27.

10 물질과 정신

1 tephen Hawking and Leonard Mlodinow, Het grote ontwerp: een nieuwe
verklaring van het Universum [The grand design: A new statement from
the universe] (Amsterdam: Bert Bakker, 2010): 75. 스티븐 호킹, 레너드 플로디
노프, 전대호 옮김, 《위대한 설계》(까치, 2010)

2 Hawking and Mlodinow, [The grand design]: 93. 스티븐 호킹, 레너드 플로디

노프, 《위대한 설계》 p.105.

3 Niels Bohr, cited in Karen Barad, Meeting the Universe Halfway: Quantum Physics and the Entanglement of Matter and Meaning (London: Duke University Press, 2007): 254.

4 Werner Heisenberg, Das naturgesetz und die Struktur der Materie [Natural law and the structure of matter] (Stuttgart: Belser Verlag, 1967).

5 Bertrand Russell, The Analysis of Mind (Gutenberg Ebook, 1921): 808. 버트런드 러셀, 박정환 옮김, 《러셀, 마음을 파헤치다》(북하이브, 2022) p.374.

6 Lionel Feuillet, Henry Dufour, and Jean Pelletier, "Brain of a White-Collar Worker," The Lancet 370, no. 9583 (July 1, 2007): 262, https://doi.org/10.1016/S0140-6736(07)61127-1; Roger Lewin, "Is Your Brain Really Necessary?" Science 210, no. 4475 (December 12, 1980): 1232–34, https://doi.org/10.1126/science.7434023.

7 Lionel Feuillet, "Brain of a White-Collar Worker."

8 Jan Scholz et al., "Training Induces Changes in White-Matter Architecture," Nature Neuroscience Online 12, no. 11 (November 2009): 1370–71, https://doi.org/10.1038/nn.2412; A. M. Clare Kelly and Hugh Garavan, "Human Functional Neuroimaging of Brain Changes Associated with Practice," Cerebral Cortex 15, no. 8 (August 2005): 1089–102, https://doi.org/10.1093/cercor/bhi005.

9 Elisabeth Wieduwild et al., "β2-adrenergic Signals Downregulate the Innate Immune Response and Reduce Host Resistance to Viral Infection," Journal of Experimental Medicine 217, no. 4 (April 6, 2020): https://doi.org/10.1084/jem.20190554.

10 Anders Prior et al., "The Association between Perceived Stress and Mortality among People with Multimorbidity: A Prospective Population-Based Cohort Study," American Journal of Epidemiology 184, no. 3 (August 1, 2016): 199–210, https://doi.org/10.1093/aje/kwv324.

11 Naja Rod Nielsen et al., "Perceived Stress and Cause-Specific Mortality among Men and Women: Results from a Prospective Cohort Study," American Journal of Epidemiology 168, no. 5 (September 1, 2008): 481–91, https://doi.org/10.1093/aje/kwn157.

12 H. F. Ellenberger, The Discovery of the Unconscious (New York: Basic

Books, 1970).

13 Christine Watremez and Fabienne Roelants, "Hypnose in de anesthesie" [Hypnosis in anesthesia], Bloedvaten, Hart, Longen [Blood Vessels, Heart, Lungs] 15, no. 1 (2010): 30–34.

14 Arthur Shapiro, The Powerful Placebo (Baltimore: The Johns Hopkins University Press, 1997); Bruce E. Wampold, "The Placebo Is Powerful: Estimating Placebo Effects in Psychotherapy and Medicine from Randomized Clinical Trials," Journal of Clinical Psychology 61, no. 7 (July 2005): 835–54, https://doi.org/10.1002/jclp.20129.

15 A. Hróbjartsson and P. C. Gøtzsche, "Is the Placebo Powerless? An Analysis of Clinical Trials Comparing Placebo with No Treatment," New England Journal of Medicine 344, no. 21 (May 24, 2001): 1594–1602, https://doi.org/10.1056/NEJM200105243442106.

16 Robert A. Hahn, "The Nocebo Phenomenon: Concept, Evidence, and Implications for Public Health," Preventive Medicine 26 (1997): 60711.

17 L. Harrison Matthews, "Visual Stimulation and Ovulation in Pigeons," Proceedings of the Royal Society, Series B (Biological Sciences) 126, no. 845 (February 3, 1939): 557–60.

18 Rémy Chauvin, "Contribution à bétude physiologique du criquet pèlerin et du déterminisme des phénomènes grégaires" [Con- tribution to the physiological study of the desert locust and the determinism of gregarious phenomena], Bulletin de la Société entomologique de France 85, no. 7–8 (1980): 133–272, https://doi.org/10.3406/bsef.1980.18263.

19 Marcel Mauss, Essai sur le don: Forme et raison de l'echange dans les societes primitives [Essay on the gift: Form and purpose of exchange in primitive societies], February 2002), https:// anthropomada.com/bibliotheque/Marcel-MAUSS-Essai-sur-le-don.pdf. 마르셀 모스, 이상률 옮김, 《증여론》(한길사, 2002), https://anthropomada.com/bibliotheque/Marcel-MAUSS-Essai-sur-le-don.pdf.

20 Claude Lévi-Strauss, "L'efficacité symbolique" [Symbolic efficiency], Revue de l'histoire des religions 135, no. 1 (1949): 5–27, https://doi.org/10.3406/rhr.1949.5632.

21 Aleksandr Solzhenitsyn, The Gulag Archipelago (London: The Harvey

Press, 1986): 318–19. 알렉산드르 솔제니친, 김학수 옮김, 《수용소군도 4》(열린책들, 2020) p.411.

11 과학과 진실

1 Bertrand Russell, The Impact of Science on Society (1953; London: Routledge, 2013).

2 Jacob Fox, "Essay: COVID-19, Utopianism, and the Reimagination of Society," Collateral Global, October 17, 2021, https://collateralglobal.org/article/covid-19-utopianism-and-the-reimagination-of-society.

3 Georg W. F. Hegel, Vorlesungen über die Philosophie der Religion [Lectures on the philosophy of religion] (1821; Hamburg: Felix Meiner Verlag, 1993).

4 Niels Bohr, cited in Steve Giles, Theorizing Modernism: Essays in Critical Theory (1920; London: Routledge, 1993).

5 Max Planck, Scientific Autobiography and Other Papers, trans. Frank Gaynor (New York Philosophical Library: 1949; Westport, CT: Greenwood Press, 1971): 184.

6 Ken Wilber, Quantum Questions: Mystical Writings of the World's Greatest Physicist (Boulder: Shambala, 1998): 16. 켄 윌버, 박병철, 공국진 옮김, 《현대물리학과 신비주의》(고려원미디어, 1991) pp.18-20.

7 René Thom, Predire n'est pas expliquer [To predict is not to explain], trans. Roy Lisker (Champs Sciences, Editions Eshel, IHES edition, 2010): 92.

8 Masaaki Hatsumi, Essence of Ninjutsu: The Nine Traditions (Chicago: Contemporary Books, 1988).

9 Max Jacob, Le cornet a des [Dice box] (Paris: Jourde and Allard, 1917).

10 Michel Foucault, De moed tot waarheid [The courage of truth] (Amsterdam: Boom, 1983).

11 Foucault, [The courage to truth]: 45.

옮긴이 김미정

인문, 사회 분야의 책을 우리말로 옮기고 있으며, 번역 에이전시 엔터스코리아의 전문 번역가로도 활동하고 있다.

주요 역서로는 『퓨처프루프: 당신의 미래를 보장해줄 9가지 법칙』, 『어떻게 아이 마음을 내 마음처럼 자라게 할까: 실패와 좌절에도 무너지지 않는 단단한 마음 연습』, 『심층적응(공역)』, 『멘탈이 강해지는 연습: 어떤 상황에 부딪혀도 주저앉지 않는 독한 멘탈 키우기 프로젝트』, 『오십, 어떻게 살아야 할까: 삶의 길목 위에서 찾은 해답』, 『성공한 사람들의 기상 후 1시간』, 『최소 노력의 법칙: 더 쉽고, 더 빠르게 성공을 이끄는 힘』, 『감정 회복력』, 『이기적인 사회』, 『나는 어떤 사람일까』, 『내적 불행』, 『용서』, 『내일을 위한 선택』, 『행복에 걸려 비틀거리다』 등이 있다.

전체주의의 심리학

2023년 2월 6일 초판 발행

지은이	마티아스 데스멧(Mattias Desmet)
옮긴이	김미정
펴낸이	류지호
책임편집	이상근
편집	이상근, 김희중, 곽명진
디자인	단새우

펴낸 곳 원더박스 (03150) 서울시 종로구 사직로10길 17, 301호
대표전화 02) 720-1202 · **팩시밀리** 0303-3448-1202
출판등록 제2022-000212(2012. 6. 21)

ISBN 979-11-90136-97-6 (03300)
값 18,000원

- 잘못된 책은 구입하신 서점에서 바꾸어 드립니다.
- 독자 여러분의 의견과 참여를 기다립니다.
  블로그 blog.naver.com/wonderbox13 · 이메일 wonderbox13@naver.com